集人文社科之思　刊专业学术之声

集 刊 名：应用伦理研究

中国社会科学院应用伦理研究中心　编

STUDIES IN APPLIED ETHICS No.6

《应用伦理研究》编辑委员会

主　编：孙春晨

委员（按姓氏拼音排序）

曹　刚　戴茂堂　付长珍　甘绍平　侯杰耀　黄云明　靳凤林

李　伦　李亚明　李　涛　路　强　曲红梅　任　丑　鄁爱红

孙春晨　王露璐　王淑芹　王幸华　向玉乔　徐　嘉　徐艳东

杨义芹　张　霄　张永义　朱金瑞

第6辑

集刊序列号：PIJ-2016-188

中国集刊网：www.jikan.com.cn/ 应用伦理研究

集刊投约稿平台：www.iedol.cn

AMI（集刊）入库集刊

集刊全文数据库（www.jikan.com.cn）收录

第6辑

应用伦理研究

STUDIES IN APPLIED ETHICS

中国社会科学院应用伦理研究中心　编

社会科学文献出版社

SOCIAL SCIENCES ACADEMIC PRESS (CHINA)

应用伦理研究

第 6 辑
2024 年 10 月出版

自由：作为道德的基点

毕芙蓉[*]

摘 要：每个人都可以以自由的名义行事，而单个人的自由之间总是充满冲突，由此表现出自由的多重面相。因此，自由必然是普遍的、理性的和有意志的。启蒙运动之后，自由成为反对神学的一面旗帜。自由是自律、自我设定和自在自为，所有不是善良意志的意志，不是主体，就不是真正的自由意志。自由意志经历自在到自为，抽象到特殊，最后达到普遍物——真正自由的普遍意志；达到自由意志的定在，即法；从抽象法到自为的法——伦理世界，自由得到了实现。然而，先验哲学的抽象性与形式主义倾向，导致了自由理念在实践上的困难。试想，如果按照康德对道德的要求，只有真正有义务，才具有道德性；那么，如何辨识和判定这种纯粹的道德动机呢？它总是伴随着各种感性要素和感性冲动。绝对的善是一种现实的存在吗？那么，是否能够建构一种"无形而上学的伦理学"，或者说建构一种伦理学自己的理论体系？《自由伦理学》一书在这一方面做出了巨大的努力与贡献。

关键词：自由 意志 自律 自由伦理学

自由，作为人类文明的灯塔，成为无数志士仁人的毕生追求。"生命诚可贵，爱情价更高。若为自由故，两者皆可抛"，此类箴言，振聋发聩。然而，也有对自由痛彻心扉的指斥："自由，多少罪恶假汝之名以行。"罗兰夫人临刑前的控诉，恐怕也没有人反驳，这毕竟是她以生命为代价获取的认知。自由，究竟在人生中扮演了一个什么样的角色？

一 自由的多重面相

自由，经常以反抗的面目出现。为了反抗父母的管教，小孩子会离家

* 毕芙蓉，中国社会科学院哲学研究所研究员。

出走，甚至做出更为激烈的举动；为了反抗令人窒息的婚姻，娜拉出走、安娜·卡列尼娜卧轨；为了反抗剥削，工人罢工；为了反抗资本主义制度，无产阶级发动革命。在这些反抗活动中，人们往往举起争取自由的大旗。诚然，每个人都有自己的自由，以及维护自己的自由的权利。然而，正是在法国人民争取"自由、平等、博爱"的大革命中，雅各宾派大开杀戒，从 1794 年 6 月 10 日到热月政变发生时的 7 月 27 日，在短短的 48 天内，仅在巴黎一地，就处死了 1376 人。[①] 这也无怪乎罗兰夫人发出那样的感慨。由此可见，自由的反抗，并非没有限度。那么，哪些是可以自由地加以反抗的，哪些是超出合理限度的自由反抗呢？

自由，也常常是越轨的理由。谁没有追求爱情的权利呢？即便是已经身处婚姻之中的人。假如婚姻已经成为爱情的坟墓，我们又何必把不再相爱的两个人强行束缚在一起呢？这难道不是一种道德绑架吗？这难道不违反人性吗？我们不是曾经把离婚制度看作一种进步吗？但是，是否任何对婚姻的越轨再出发，都是合乎人性的呢？当某些人以追求爱情为名，朝三暮四、招蜂引蝶的时候，我们为什么骂他们"渣"呢？什么样的越轨是我们支持的，什么样的越轨是我们反对的呢？

自由，也表现为某种宽容，甚至是令人痛苦的宽容。在美国曾经发生这样一个真实的案例。两个正值花样年华的青年男女即将订婚。两个人都是虔诚的基督徒，他们一起参加了一项慈善活动。在这项慈善活动结束的那一天，他们决定出游，去海滩度过订婚前的最后一天。然而，人们发现他们被枪杀在大海边。几年以后，警察才抓到凶手，一个反宗教人士。凶手与那一对青年男女素不相识，只是因为他们在海边小木屋的一个公用日志里写下了宗教话语，就将其杀害。这样一个极端的反宗教人士，触犯了法律自然要被绳之以法，但在他具体触犯法律之前，人们对他却束手无策，尽管我们清楚地知道，这样的人很有可能做出这样极端的行为。宗教自由，也包括不信仰宗教的自由。即便我们相信，与我们意见不合的人是错的，也不能因此剥夺他们思考的权利。因为，怎么想，的确是他们的

---

① Pierre Gaxotte, *The French Revolution*, New York: Charles Scribner's Sons, 1932, p. 312.

自由。

自由，也是狭隘的。萨特说，他人是地狱。几年前，某高校曾经发生一起刑事案件。年轻的博士精力充沛，晚上不睡觉，他的中年舍友本来就入睡困难，因此更加彻夜难眠，两人的矛盾日积月累终于爆发，年长的博士杀死了年轻的博士。这是多么令人心痛的事！我有不睡觉的自由和权利，他有睡觉的自由和权利，我与他的自由和权利无法并存。我有爱他的自由和权利，他有不爱的自由和权利，强扭的瓜不甜，总有人的自由和权利无法实现。

自由，有时候是对个人权利的尊重。一个班级参加歌咏比赛，如果为了取得好成绩，让一个爱跑调的学生只张嘴不发声，这显然是剥夺了这个学生唱歌的权利；个人自由，有时候又必须让位于集体的需要。例如，"图书馆内不得喧哗"，哪怕这时候你再想唱歌，也只得忍住。

自由，到底是什么？

二　自由：自律与自我设定

为什么自由表现为一种反抗？为什么自由总是要越出一定的界限？为什么自由既是宽容的，也是狭隘的？为什么自由有个体与群体的对立？这都是因为：自由是自我设定。

启蒙运动以来，世俗世界兴起，神与人渐行渐远。即便我们认识到，神不过是按照我们的愿望被我们设想出来的，神毕竟也为我们提供了行为的规则。那么，当神日益远离人的生活时，我们是否应该自己来设定我们的行为规则呢？人又依照什么来设定行为规则呢？

奥古斯丁认为，人具有自由意志，而且这种意志必然是自由的，尽管它来自上帝。他说："因只有当我们意愿某物时它也不存在，才能说它不在我们权能下；但若我们意愿时仍缺乏意志，则我们实际上并没有意愿。而如果我们意愿时并没有去意愿乃是不可能的，所以有所意愿的人都有意志；而且若我们意愿某物时它便出现，它就在我们的权能之下。所以说若意志不在我们权能之下，它就不会是一个意志。而既然它在我们权能之下，我们对它就是自由的。"① 因此，虽然意志有善良意志与恶的意志的区分，但人类意志能够去选择成为善良意志或恶的意志。也就是说，成为善良意志，是出于人类的自由意志。虽然在奥古斯丁那里，恶会在最终审判中受到惩罚，但是，如果我们不再畏惧上帝，那么还有什么能够保证我们去选择善呢？

在康德看来，"在世界之中，一般地，甚至在世界之外，除了善良意志，不可能设想一个无条件善的东西"。② 这就是说，善的行为只能出自善良意志自身，除此之外没有任何其他来源。那么，这里是否产生了一种矛盾呢？我们在上文提到，人类意志有选择成为善良意志和恶的意志的自由，因此能够做出这种选择，我们称之为自由意志。如果说善良意志只来自善良意志本身，那么自由意志是否就被否定了呢？在这里答案只有一个，即自由意志与善良意志是同一意志，而选择恶的意志不是真正的自由意志。因为，在康德那里，善良意志是理性的善，只有理性本身，才能够成为主体，能够自我设定。如果没有理性，任何选择都不是主体自我的真正选择，而是被动的、被役使的。因此，这种理性意志也必然是具有普遍性的。这样一来，善良意志、自由意志与普遍意志就统一起来，我们也就无须从别处寻找善良意志的来源。自由意志、善良意志自身，就是绝对的善。正如康德所认为的，人为自然立法，人也为自己立法，道德是人的自律。但是，人如何才能做到自律，实现善良意志呢？

费希特把作为基础存在的先验主体"自我"，看作包括知识、道德等人类一切成果的源泉。这种"自我"不是一个自然人个体，而是能够自我设定、自我生产、建构行动的"先验自我"。这种自我之所以能够去认知、去意欲而成为主体，是因为其建构行动之目的就在于自身，不在于任何外物。这就是费希特知识学的第一条原理：自我原初地、无条件地设定其自身的存在，即"自我"的自我设定，或者说自由的本原行动。费希特知识学的第二条原理是自我原初地设定非我。这条原理表明，自我的先验生产

① 奥古斯丁：《论自由意志——奥古斯丁对话录二篇》，成官泯译，上海人民出版社，2010，第145~146页。

② 康德：《道德形而上学原理》，苗力田译，上海人民出版社，1986，第42页。

力需要独立的对立面，即非我。这正是自由的内涵，它回溯自我，并获得规定性。知识的对立面是对象，是被认知的东西，意欲的对立面则是他人的自由。自由与自由的关系、自由与自由之间的交流是自由的本质，"我与你的统一就是道德世界秩序之下的我们"。① 在费希特这里，十分重要的一点其实是第二条，即，自我的先验生产力需要独立的对立面，即非我。这就是说，自我不能停留于抽象而单纯的自我设定，它必须超出自身达到非我来获得实现；而对于自由，其实现则必须通过对他人自由的意欲，即达到自为的法——伦理世界。关于这一点，黑格尔给予了极为详尽的说明。

黑格尔指出："法的基地一般说来是精神的东西，它的更切近的位置和出发点是意志。意志是自由的，所以自由就构成法的实体和规定性。至于法权体系是实现了的自由王国，是精神从它自身产生出来的、作为一种第二自然的那个精神的世界。"② 需要说明的是，这里的法不是指成文的法律，而是泛指人类社会一切正当的理性法则。正是自由意志的自我设定，生产出人类社会的法则。具有这种自我生产、自我设定能力的自由意志，是自由与意志的统一体，"因为自由的东西就是意志。说意志而无自由，只是一句空话；同时，自由只有作为意志，作为主体，才是现实的"。③ 但如果自由意志仅仅停留在抽象的自我设定阶段，不去实现自己，则这种自由是空洞和抽象的。

黑格尔把自由的实现过程区分为三个环节。他认为："意志包含了纯粹无规定性的环节或者自我在自身中纯反思的环节。在这种反思中，所有的限制，所有因本性、需求、欲望和冲动而直接现存的或者因之而存的、被给予的和被规定的内容都消融了。这就是绝对抽象性或普遍性的无限制的无限性，对它自身的纯思维。"④ 这就是第一个环节，即纯反思的环节，也就是把经验性的自我中所有的规定性全部撇开，从而抽象出一个纯粹的

① 奥特弗利德·赫费：《世界哲学简史》，张严、唐玉屏译，社会科学文献出版社，2010，第145页。
② 《黑格尔著作集》（第七卷），邓安庆译，人民出版社，2016，第34页。
③ 《黑格尔著作集》（第七卷），第35页。
④ 《黑格尔著作集》（第七卷），第38页。

自我，一个纯粹的主体意识。这种纯粹自我，是一种否定性的自由，它鼓动自身去否定一切，冲决一切规定。这是一种抽象的自由观。这种抽象的自由观如果停留在纯粹理论层面，就有可能导致印度宗教中的那种片面追求灵魂的自我解脱的"纯沉思"狂热，或者表现为中国古代哲学中那种比较极端的、隔绝于外在事物的自我心性的修养，生怕沾惹外物而污损心灵的自我满足或自我超越；这种抽象的自由观如果被应用于现实，很可能表现为一种破坏一切现存社会秩序的政治或宗教狂热。因为这种自由观所坚持的就是那种无规定性的、无限制的抽象自由，任何规定或限制，亦即任何秩序性的要求，都会被理解为限制自由并与之对立的东西，从而应当是被否定的东西。我们在上文谈到自由的多重面相时所列举的各种反抗（包括法国大革命恐怖时期的破坏活动）以及越轨行动都带有这种否定性自由的特征。

黑格尔认为，"自我就是从作为一种内容和对象的无差别的无规定性向区分、规定和设定一种规定性过渡。进而言之，这种内容或是自然所予，或是从精神之概念中产生。通过把它自身设定为一个有规定性的东西，自我进入一般定在。这就是自我的有限性或特殊化的绝对环节"，[①] 即自由的第二个环节，是从无规定性过渡到特定的规定的环节。这就是说，自由意志作为意志，不会停留在抽象的自我中，而是要去意欲什么，例如我们总是想要去做什么、成为什么等。那么，自由意志所意欲和希求的东西对于普遍性的自由意志本身来说，总是一种具体和特殊的东西，就是特殊的和有限的。例如，你如果希望成为运动员，与此同时，也就可能失去成为音乐家的机会。因此，自由意志的特殊化，对于自由而言，也是片面的。

自由的第三个环节是前两个环节的统一，是经过在自身中反思而返回到普遍性的特殊性——单一性，这正是自由意志的自我设定环节。这里的单一性不是指单个的事物，而是一种思维的具体，是特殊性与普遍性的统一。也就是说，虽然自我成为有规定性的特殊的自我，但在这种具体的自

---

① 《黑格尔著作集》（第七卷），第40~41页。

我中，普遍性仍然保留下来。例如，我是一名运动员，但我仍然有可能成为一名音乐家，也可以去成为一名音乐家。我仍然是自由的，能够自我设限、自我创造。自由的包容性就在于此。虽然当前这个社会总体上运转良好，但我们不能以当前社会的规定性来限定这个社会的未来发展，一个闭合的社会也是一个僵死的社会，会阻断人类自由发展的未来。对于具体的个人而言，要防止两种偏向：一种是持守自我，不肯着眼于任何现实的追求，认为任何现实的目标都会害自己失去自我；另一种是特殊化的沉沦，使自己沉陷在对特殊事物的追求中不能自拔，在声色犬马的诱惑中丧失自己。

　　自由从第二个环节到第三个环节的过渡，是自由从自在向自为的过渡，而只有自为的自由才是真正实现自身的真正的自由，即真正自由的普遍意志。"意志只是自在地自由的，或者只是对我们来说是自由的，或者一般地说，这是存在于自己概念中的意志。只有在意志把自身当作对象时，它才自为地就是它自在地所是的东西。"① 沉溺在特殊追求中的意志，虽然在做出选择和做出决定的时候，体现了意志自身，但这种选择和决定仍然依赖自己的自然冲动和外部提供的对象进行选择和决定，因而只是一种任性。由此可见，不具有社会性的所谓个人自由，不过是一种任性。如果要突破自由的对象局限在特殊性上的限制，自由意志必须把自己的对象设定在普遍物上，此即黑格尔所谓"满足的总和"——幸福。幸福是人类整体的幸福，是自己的幸福，也是他人的幸福。这种普遍的、无限的幸福，为自由意志提供了无限的可能性，这种无限的普遍性，就是自由本身。只有以被称为幸福的普遍物为对象，自由才能够从自在的自由转变为自为的自由。

　　这种普遍物既不是特定个人的意志，也不是所谓共同体的共同意志，而是普遍意志，它首先体现为理性法则。意志是自由的，它以自由为对象的时候，就是以自身为对象。这时候，它的外在规定，即定在，也就是它的内在性，即自身。这是法的理念，也是自由的理念。法，就是自由意志

---

① 《黑格尔著作集》（第七卷），第49页。

的定在，从抽象法到自为的法——伦理世界，自由得到了实现。

三 自由伦理学的建构

在第二部分中，我们没有对各位哲学家的哲学主张进行细致的区分，只是按照自由理念发展的线索，对自由作为自律、自我设定的自我，从自在过渡到自为，从而达至伦理世界的整个过程做了描述。但这一描述是以德国古典先验哲学为基础的，这样一种把自由看作理念，从而把伦理世界描述为自在自为的自由意志的实现的做法，体现的是现代以来启蒙理性的形而上学追求。这并非没有积极的意义，然而，先验哲学的抽象性与形式主义倾向，导致了自由理念在实践上的困难。试想，如果按照康德对道德的要求，只有真正有义务，才具有道德性，那么，如何辨识和判定这种纯粹的道德动机呢？它总是伴随着各种感性要素和感性冲动。绝对的善是一种现实的存在吗？反过来看，如果伦理学的确先于形而上学，也许伦理学并不需要形而上学为我们奠基，那么是否能够建构一种"无形而上学的伦理学"，或者说建构一种伦理学自己的理论体系？

甘绍平教授的新作《自由伦理学》，在这一方面做出了巨大的努力与贡献。哲学家的形而上学描述与伦理学家的建构是不同的，前者抽象而思辨，后者丰富而生动，富有人性与道德的启迪。该著作从自由伦理学何以可能入手，以个体自由为基点，阐发了伦理规范、道德架构、道德思维、道德尺度、集体自决、整体伦理的自由内涵，又从伦理智慧、社会生活、科技挑战等方面彰显了自由对伦理社会各方面的建构性作用。"所谓自由伦理学，拥有着基于自由的伦理学和为了自由的伦理学这双重涵义。"[1] 自由伦理学从现代社会的现实出发，把意志自由作为"人对自身本性理解的一个基础性概念"，认为它"构成了人的全面发展的基础、道德产生的前提、社会建构的原则"。[2] 以此为基点，建构了一个无比丰富而又契合社会

---

① 甘绍平：《自由伦理学》，贵州大学出版社，2020，第7~8页。
② 甘绍平：《自由伦理学》，第1页。

常识的伦理世界，人们当下的道德疑惑基本上都能从中得到解答。这是理论的力量，也是实践的洞悉，是二者完满的结合。

自由伦理学何以可能？自由与伦理不是矛盾的吗？自由作为自我决定，伦理作为行为规范，不就是对自由的限制吗？如果把自由划分为精神自由与行为自由两种，问题就会迎刃而解。精神自由需要理论的支撑，能够自主地确立伦理规范；而行为自由需要伦理规范的制约，制约的目的是更大和更长远的行为自由的实现；二者和谐地贯通在一起。这正对应了自由伦理学的双重含义。"自由不仅是一种事实，而且还是一种需要人们努力追求的价值。"[1] "伦理规范的终极价值基础是个体的意志自由。"[2] 正是这一点，表明伦理学作为实践学科与哲学形而上学的差别。人是个体的存在，可以设想没有集体的个人，却无法想象没有个人的集体。社会也终究是为了个人而存在。但个人毕竟是社会中的个人，"一种健全的自由概念，既是指行为主体自主决断与选择的行动权利，同时也关涉到与情境相系的不伤害及正义原则的考量，具体而言就包括有关自己的自由不能妨碍他人的自由的顾及，否则自身的自由也就无从谈起。可见，自由的投射必然会导致与道德的关联。从自由中产生了道德。反过来，自由产生道德的目的，还是在于自由能够得到施展"。[3]

在一个文明社会中，伦理学拥有三大基本规则：不伤害、公正、仁爱。而自由则构成了这三大基本规则的前提与基础。就此而言，"对于违背不伤害、公正以及紧急救援意义的仁爱之道德规则者，因其行为之违背道德，社会相关者应对其进行惩处，令其承担道德甚至法律责任。但在精神上，则要让他享有自由。如果对他实施精神强制，则侵犯了人不被侮辱的意义上的尊严，而使之被贬低成了工具。故任何人在任何环境下都享有不被精神强制的自由。即所谓行为应规范，精神要自由"；[4] 对于违背泛泛意义上的仁爱之道德规则者，不仅不得精神强制，行动上也不得谴责、惩

---

① 甘绍平：《自由伦理学》，第 30 页。
② 甘绍平：《自由伦理学》，第 48 页。
③ 甘绍平：《自由伦理学》，第 50 页。
④ 甘绍平：《自由伦理学》，第 58 页。

处。这是现代文明社会的道德性质的逻辑架构，提供了对道德行为进行判断和辨析的基本标准。

道德性质的逻辑架构，就是"从人的本质图景出发，体现为自主选择权利的人权位居于道德思维的逻辑结构的顶端，自由权利或人权是道德的基础，也构成道德本身最根本的内容"。① 从事道德实践活动，必须遵循这一道德思维的逻辑结构。因此，作为制度化道德的法律，首先必须保护人的自由权利，同时强调基本的行为规范："不伤害他人、公正处事、必要时伸出援手，秉持一种在意他人、顾及他人和帮助他人的道德关切。这种道德关切是一种软约束，是一种内心恒常的有关'被他人需要就是自己存在的价值'的默默提醒。"② 在强调自由权利作为道德思维的逻辑结构顶端的逻辑架构中，现代文明社会呈现与古代社会不同的道德诉求和道德面貌。

在现代社会中，人人平等，大家都是常人。常人就是平常之人，是享有权利和履行义务的主体。社会是平等成员的共同体，社会成员依据契约关系在权利与义务之间相互服务、相互制约。"人活着本身就有价值，这种价值就不再是指向任何一种外在目的，活着本身就是目的。"③ "一种好的生活在于，对其自我形象感到满意或者甚至是感到幸福。……适度富裕，一群好友，一点点影响，都不是什么坏事。谁要是有幸不贫困，不生病，不伤残，不衰弱，也不受不成器的孩子的拖累，则他便拥有了好生活所需要的一切。"④

然而，个体价值的建构过程却是长期的、曲折的，"即便是到了20世纪仍然遭遇到以个体的牺牲为代价来论证一种国家秩序的法西斯主义逆流的冲击，但是人类个体意识的觉醒却早已坚实地构成了一种不可逆的历史必然"。⑤ 个体的自由发展是集体存在和发展的前提和目的，集体作为能够

---

① 甘绍平：《自由伦理学》，第 67 页。
② 甘绍平：《自由伦理学》，第 69 页。
③ 甘绍平：《自由伦理学》，第 85 页。
④ 转引自甘绍平《自由伦理学》，第 85 页。
⑤ 甘绍平：《自由伦理学》，第 87 页。

独立自主做出决定的行为主体同样拥有人权。一方面，作为集体人权集中体现的集体自决权的本质特点在于不与个体人权发生冲突；另一方面，人权也是集体保护的目标。这表明，国家作为让人免于自然界恐怖的集体，其主权的存在是合理的，但"主权地位的特权，只有在其事实上对个体权利的保障做出贡献之时，才必须得以维护"。① 对于这一保护的责任，联合国安理会做出了一系列说明，并就此提出了限制国家主权的主张，不干预内政的原则就要让位于保护的责任。

那么，如何更好地建立我们当代文明社会的道德架构？"一种整体性的伦理在一个民主的时代将无可逆转地定义我们的道德世界，表现我们道德的生存方式与运作方式。"② 为什么会这样？这恰恰是因为现代社会是自由的公民组成的民主社会、一个人人平等的常人社会。在这个社会中，个体榜样的示范作用减弱，社会主导价值建构的重要性提升，民主的商谈程序的构建与运作成为必然。"这一商谈程序的构建体现了民主时代道德的一种基本面貌，即解决伦理困境的方案已不再是个别精英人物可以垄断的专利，而是取决于每一位作为利益当事人的行为主体自身自由自主的意愿，这些意愿支撑着在没有任何强制因素的民主商谈程序中所提出的各种理据，这些理据又通过一种所有商谈参与者均事先认同的规则而凝聚成一道最终的道德解答。这一解答方案并不代表传统意义上的道德真理，而仅仅是民主时代拥有不同观念背景与复杂的利益诉求的人们经过一定程序所能达成的道德共识。这种共识由于产生其程序的形式上的合法性的传导而拥有内容上的合法性，但这样一种内容却无法享有道德正确意义上的绝对担保。"③ 但正是无法享有绝对担保，使商谈程序所产生的道德共识可以不断深化和发展，在未来产生更多的可能性，为个体自由开辟更大的空间。从自由走向更大的自由，正是自由伦理学的主旨和内涵。

《自由伦理学》一书以自由的醒觉，面向现代文明社会，主动迎接伦理世界的各种挑战。书中对道德思维模式，非常态伦理，尊严，自由与安

---

① 转引自甘绍平《自由伦理学》，第100~101页。
② 甘绍平：《自由伦理学》，第110页。
③ 甘绍平：《自由伦理学》，第109页。

全的伦理困境，市场自由的伦理限度，知识与自由之间的伦理关系，机器人伦理，自主性、开放的未来与人类增强，信息伦理，隐私权，绿色价值，代际伦理等问题，从自由与伦理智慧、自由与社会生活、自由与科技挑战、自由与未来人类四个方面进行了详尽探讨。对于这些丰富的论题，书中即便没有形成最终的答案，也提供了思考的角度。

中国特色社会主义空间正义的预备性研究[*]

中国特色社会主义空间正义的预备性研究[*]

李武装[**]

摘　要：目前国内外学术界关于空间正义的研究主要聚焦四个方面：关于西方马克思主义的空间生产和空间正义理论；关于空间生产、空间正义与历史唯物主义之关系；关于马克思主义经典作家的空间正义思想；关于社会主义空间正义理论之建构。面对新时代我国社会主要矛盾变化引发的新一轮"实践—价值"空间忧思，中国特色社会主义空间正义研究亟待被提上议事日程。作为一种开拓性、引领性研究，中国特色社会主义空间正义发微，理应在如下方面先行做出努力：界定科学内涵，明确研究目的，廓清价值意蕴，厘定论证框架。中国特色社会主义空间正义的基本原则，是该研究得以深入展开的一个前提性问题，我们不妨从平等性原则、差异性原则、补偿性原则和开放性原则四个维度说开去。

关键词：空间正义　中国特色社会主义　美好社会　补偿性

开宗明义，尽管空间生产和空间正义是在西方马克思主义批判晚期资本主义城市空间非正义问题中出场的，但必须承认两点。第一，马克思主义经典作家的空间批判才是空间正义理论真正的"思想原典"和"精神原乡"。因为早在西方马克思主义之前，马克思、恩格斯就站在人类道义的制高点上，分别从宏观、中观和微观三个维度对资本积累的全球"中心—边缘"空间展开、资本主义社会的"城市—乡村"空间对峙，以及资本主义城市内部的"居住空间"情状进行了振聋发聩的政治经济学批判，而后者即西方马克思主义只不过结合晚期资本主义的新变化和新特点，对前者的空间批判思想进行了"精致"阐发罢了。在此，

---

* 本文为国家社会科学基金项目"伦理学视野下中国特色社会主义空间正义理论谱系与实现路径研究"（项目批准号：22BZX087）成果。

** 李武装，西安工程大学马克思主义学院教授。

我们完全可以援引马克思的"世界历史"理论和"用时间消灭空间"思想来证成。第二，作为社会正义的一个全新视角，抑或作为一种批判视角下的空间正义探讨，同样适用于中国。换言之，空间正义的中国叙事亟待开启，我们必须理直气壮地探究中国特色社会主义空间正义理论谱系及其实现路径。其缘由在于，20世纪90年代以降，在中国社会快速现代化和城市化（都市化）进程中诸多"非正义"乃至"伪正义"问题的凸显，特别是新时代我国社会主要矛盾变化引发的新一轮"实践—价值"空间忧思，使中国特色社会主义空间正义研究必须走向前台。限于学术积累和研究旨趣，本文在梳理空间正义研究现状基础上，主要对中国特色社会主义空间正义的科学内涵、价值意蕴、论证框架和基本原则等前提性问题进行一番学理检讨，或曰预备性研究，旨在推进中国特色社会主义空间正义问题的深入持久研究。

一　空间正义的研究现状及存在问题

如果承认马克思、恩格斯对空间正义的先行"逢山开路"，再洞观西方马克思主义的接续"遇水架桥"以及国内学者们的不懈"守正创新"成果，那么整体来看，国内外学术界关于空间正义的研究不外乎聚焦如下四个方面，至少到目前为止是如此。

第一，关于西方马克思主义的空间生产和空间正义理论。列斐伏尔在《空间的生产》（1974）中提出了融"时间—空间—社会"于一体的三元空间辩证法和"城市权"思想，认为空间正成为晚期资本主义进行资本积累的最重要手段。该书不仅从城市异化、空间剥夺、空间隔离、空间殖民主义等方面批判了资本主义，而且提出了无产阶级参与城市规划、争取城市权利、进行城市革命等一系列较为激进的改革措施。哈维在《资本的限制》（1982）、《资本的空间》（2001）、《新自由主义化的空间》（2005）等论著中用"时空压缩"和"历史—地理唯物主义"来指涉晚期资本主义因运输和通信成本降低而在全球空间造就的时间缩短现象，即时空压缩现象，认为正是资本主义通过时间延迟和地理扩张缓解资本主义危机的方法，才使马克思的"两个必然"论断至今没有实现。苏贾则在其集大成之作《寻求空间正义》（2010）中系统论述了空间正义的理论基础、新本体论起源以及关于空间正义的争论，并对哈维的"正义的城市化"和列斐伏尔的"城市权"思想进行了全面评述，最终以美国洛杉矶城市化进程为例，尝试开辟出空间正义从理论到实践的康庄大道。当然，山西大学陈治国一语道破了上述西方马克思主义空间批判理论难以克服的内在缺陷：西方马克思主义空间批判理论具有鲜明的时代特征，但因为弱化了马克思主义政治经济学与空间阶级斗争的理论视野，所以其未能超越资本主义的空间问题框架。[①]

第二，关于空间生产、空间正义与历史唯物主义之关系。秉承哈维发起的"历史—地理唯物主义"批判理路，苏州大学任平率先基于空间生产视角审视马克思主义的出场路径，指出空间生产和资本全球化引发了一系列空间问题和空间现象，人们日益对自己空间的存在状况深表忧虑。如此这般，来自空间经济学、空间政治学、空间社会学、空间城市学和空间哲学等多学科的关注便凸显了当代研究的"空间视域"，进而叩响马克思主义哲学大门。[②]江苏大学王志刚强调，空间正义视角的介入充分发挥了马克思主义的历史叙事、政治经济学批判和干预世界功能，为当下超大规模的全球空间重组提供了理论方案。[③]中国政法大学孙全胜认为，马克思批判了资本主义空间生产引起的非正义现象，让空间正义的出场建立在劳动实践、市民社会和共产主义立场基础上，从而在实践论、社会论、价值论等方面表达了空间正义的需求，呈现了显性的空间非正义批判逻辑、隐性的空间政治批判逻辑和超显性的空间生态批判逻辑。[④]与上述"赞成派"不同，中国人民大学沈江平显然属于"保守派"，他指出，虽然"空间转向"丰富和发展了历史唯物主义，但绝不

①　陈治国：《重审 21 世纪国外马克思主义空间批判理论形态》，《山东社会科学》2022 年第 4 期。

②　任平：《论空间生产与马克思主义的出场路径》，《江海学刊》2007 年第 2 期。

③　王志刚：《马克思主义空间正义的问题谱系及当代建构》，《哲学研究》2017 年第11 期。

④　孙全胜：《马克思"空间主义"出场的基础、逻辑与路径》，《深圳大学学报》2022 年第 4 期。

能用"空间本体论"置换马克思的"生产逻辑",进而放逐社会革命阶级,消弭"解放逻辑"。①

第三,关于马克思主义经典作家的空间正义思想。这一方面的研究集中对《资本论》及其手稿和《共产党宣言》等的空间正义思想进行挖掘。厦门大学林密认为,在《资本论》中,马克思告别早期泛分工论视域下的城乡对立观,从产业分工、劳动力空间流动、社会关系与社会基础服务体系的不平衡发展问题等视域,迈向了一种以生产方式同质化运动为基础的城乡不平衡发展观。并不限于此,他进一步就《共产党宣言》蕴含的两种空间生产思想进行了论述:一种是人类物质生活生产与交往活动普遍具有的空间性与社会历史效应;一种是资本主义特定生产方式空间矛盾运动的机制与后果——空间生产思想的主体之维——无产阶级在世界范围内的生成、壮大等客观条件,以及构成无产阶级联合行动重大挑战的资本主义不平衡发展问题的大量涌现。②

第四,关于社会主义空间正义理论之建构。中国政法大学孙全胜认为,要建立社会主义空间正义,必须推动空间生产方式转型,协调好人与自然空间、国内与国外空间生产以及不同区域和不同空间生产主体之间的利益关系。③ 江苏大学王志刚的学术专著《社会主义空间正义论》(人民出版社,2015)在梳理空间正义的一般理论框架基础上,寻绎公正的社会主义空间生产治理之道,旨在规范和引导作为社会主义的中国的城镇化和现代化,但实事求是地讲,该书主要关注的依然是资本积累、资本循环等因素对城市空间变迁的决定作用,而有意无意忽视了人的主体能动性对城市社会发展和变迁的作用。另外,还有一批学人基于空间正义视角探讨当代中国的城市哲学、居住空间、城市治理等问题。譬如北京建筑大学高春花断言,中国城市哲学是中国城市发展逻辑的哲学表达。在日益走向城市化的当代中国,我们必须直面中国城市发展实践,并在此过程中自主自觉建

---

① 沈江平:《历史唯物主义空间转向的当代审思》,《世界哲学》2020年第4期。
② 林密:《马克思视域中的城乡不平衡发展及其超越——以〈资本论〉为中心的再考察》,《厦门大学学报》2020年第1期。
③ 孙全胜:《空间正义的价值诉求及实现路径》,《学术交流》2020年第12期。

构起中国的城市哲学。①

毋庸讳言，上述空间生产和空间正义研究已取得巨大成绩，为我们提供了理论视界和学术资源，但坦率地讲，依然存在短绌，譬如：①西方马克思主义固有的意识形态偏见和理论缺陷必将影响乃至限制中国特色社会主义空间正义理论重构；②以往的空间批判，包括马克思主义经典作家的空间正义思想，主要面向宏观的全球空间和中观的城市空间，而对微观的"生命—身体"空间②的正义性鲜有论述；③如何走出"城市，让生活更美好"的既有学术藩篱，并进一步关注包括"新农村""新社区""新媒体""新城市群"等在内的新的中国话语主导下的空间正义性体验渊薮，需要有人破墙开围；④"共同富裕""美丽中国""人类命运共同体""人类共同价值""人类文明新形态"等新时代中国特色社会主义空间正义理论的核心范畴及其辩证关系亟待澄清。如此等等，不一而足。事实上，这些短绌昭示我们的，无非就一个命题：中国特色社会主义空间正义研究亟待被提上议事日程。

二 中国特色社会主义空间正义的科学内涵、价值意蕴和论证框架

应当承认，基于不同社会历史情境，中西方空间正义拥有各自的出场背景、问题语境、理论品格和实践方位。不仅如此，由于中国学界长期忽略空间视域，或者至少没能设置一个相对成形的空间研究范式及其思维向度，因此，中国特色社会主义空间正义研究尚属一种探索式或实验性研究。但无论如何，我们还是锚定了这一研究的大致方位和基本方略，即我们笃行的中国特色社会主义空间正义，并不是一味模仿西方空间生产和空

① 高春花：《城市哲学建构的理论逻辑》，《探索与争鸣》2020 年第 12 期。
② 所谓"生命—身体"空间，主要强调作为空间主体的人及其行为选择方面。如果说马克思主义经典作家以前更注重基于政治经济学批判的社会关系的革命与改造，那么，基于生命政治学批判的对理性自由的个体进行革命和改造维度就显得语焉不详，或者至少没有彰明较著地展开论述。

间正义理论的翻版，也不是简单套用马克思主义经典作家空间批判的模板，更不是建筑学、地理学、经济学和社会学等学科业已展开的空间实证性考察的再版。换言之，作为一种开拓性、引领性研究，中国特色社会主义空间正义理论发微，理应在如下方面先行做出努力：界定科学内涵，明确研究目的，廓清价值意蕴，厘定论证框架。

第一，科学内涵。着眼于空间正义之理论重构和实践重塑，立足"中国伦理学故乡"之文化理论自觉，中国特色社会主义空间正义，当是一种以改革开放以来的现代化、城市化、全球化和网络化等社会变革为历史大背景或基本参照，以"城市正义"（社会空间）、"环境正义"（自然空间）和"全球正义"（世界社会）为中心，以保护公民（特别是边缘人群、弱势群体和底层民众）的空间权益为本位，以作为空间主体的人的自由全面发展为价值旨归的中国式空间正义叙事。因为在当代中国，"空间正义要求我们既要从自然空间的角度去关注全球生态系统的平衡和资源永续利用问题，也要从社会空间的角度去关注处在当代社会发展差序格局中的不同国家和地区可持续发展的愿望和相应行为模式之间的公平关系问题"。①"中国特色社会主义在平等空间、美好空间、良善空间的建构中塑造生产正义、分配正义和伦理正义，有力验证了共产主义是完成了的自然主义和完成了的人道主义的'真正联合体'，廓清了空间正义'何以实现'这一终极性问题，为正义的生长指明了光明的制度进路。"②

第二，研究目的。如果把中国特色社会主义空间正义的科学内涵界定为直面改革开放以来特别是新时代中国社会发展实践和最广大人民的正义性体验，还原中国人对空间正义的真实认知图谱，凝练空间正义的中国话语及其内在逻辑，创制中国特色社会主义空间正义的理论谱系及其践行方案，那么，其研究目的或研究旨趣就在于，以唯物史观为基础，面向新时代中国社会的空间实践与人们对美好生活空间（美好社会）的价值追求，

①　冯鹏志：《时间正义与空间正义：一种新型的可持续发展伦理观——从约翰内斯堡可持续发展世界首脑会议看可持续发展伦理层面的重建》，《自然辩证法研究》2004年第1期。
②　袁堂卫、张志泉：《马克思恩格斯空间正义思想的批判逻辑、革命逻辑与实践逻辑》，《思想教育研究》2022年第8期。

立志从伦理学视域勘定中国特色社会主义空间正义的思想基础、本质要求、核心范畴、影响因素与实现路径，即通过反思当代中国现代化、城市化进程中的空间正义问题，破解 21 世纪马克思主义的"出场路径"和存在形态，丰富马克思主义话语资源。当然，如果站在更高处，着眼推动马克思主义理论可持续发展，着力构建中国特色哲学社会科学学科体系、学术体系、话语体系，那么，启动空间正义的中国叙事或者自觉投身于中国特色社会主义空间正义研究，其目的或曰终极目的则在于，在传统马克思主义研究的历史叙事中加入空间视域，致力于从学理上拓展深化对马克思主义空间维度及其相关重大理论和前沿问题的研究。

第三，价值意蕴。在理论上，基于改革开放以来特别是新时代"不平衡不充分的发展"勾连的空间不公平、非正义问题，探讨中国特色社会主义空间正义理论谱系及其实现路径，不但能够推进学术界由来已久的正义问题探讨，而且可以对国内日渐兴起的城市社会学、马克思主义地理学、城市哲学乃至空间伦理学等学科体系、学术体系和话语体系建设起到积极的促进和推动作用；在实践上，基于新时代社会主要矛盾变化，爬梳剔抉中国特色社会主义空间正义理论谱系及其实现路径，对当下中国正在进行的"全面建设社会主义现代化国家"，尤其是乡村振兴、区域协调发展、城乡一体化建设、人类命运共同体建设等战略安排和理念实践具有方法论指导功效，能够为相关政府部门提供智力支持和决策建议。

需要补充的是，在这个学术交流日益全球化的时代，中国特色社会主义空间正义研究既不需要削足适履地对标看齐，也不需要一厢情愿地自我画像，而需要抱持一种"他山之石，可以攻玉"之姿态。因为无论是西方马克思主义重启的空间正义批判，还是马克思主义经典作家原创的空间正义思想，都可以成为中国特色社会主义空间正义理论建构和实践创制的理论参照。质言之，中国特色社会主义空间正义理论原本就是对经典马克思主义空间批判理论的丰富、发展和完善，一如中国特色社会主义之于马克思主义的贡献。在这个意义上，也是在关系论视域中，这一研究的价值意蕴还在于，马克思主义经典作家的空间正义批判，既是我们研究中国特色社会主义空间正义的基本遵循和指导思想，又是当代中国空间正义的重要话语构成；而中国特色社会主义空间正义的科学内涵与价值意蕴，不仅是对马克思主义空间正义思想的继承发展，而且是对中西社会文明的历史镜鉴，更是对改革开放以来特别是新时代中国社会建设与发展实践的现实把握。

第四，论证框架。关于论证框架，我们不妨从三个层面着手搭建。首先，回观马克思主义经典作家的空间正义思想和西方马克思主义的空间批判，追寻中国特色社会主义空间正义的思想基础和出场逻辑。这一方面的阐述可以分解为三个具体的学术问题：马克思主义经典作家的空间正义思想奠定中国特色社会主义空间正义的根本遵循、西方马克思主义的空间批判提供中国特色社会主义空间正义的理论资源、改革开放以来特别是新时代中国社会的空间发展实践赋予中国特色社会主义空间正义的现实依据。其次，依托新时代中国社会重置的一系列空间不公正和不公平问题，揭示中国特色社会主义空间正义的本质要求、核心范畴和鲜明特质等。这一方面的展开同样可以从三个方面介入：基于中西价值目标之异同审视中国特色社会主义空间正义的科学内涵、本质要求和伦理原则；立足改革开放以来中国社会发展变迁的新思想和新理念，梳理归纳中国特色社会主义空间正义的核心范畴；提炼概括中国特色社会主义空间正义的鲜明特质。最后，分析中国特色社会主义空间正义的影响因素，形成中国特色社会主义空间正义的实现路径。这一方面的论述也可以一分为三：结合当代中国现代化和城市化进程中的不公正和不公平问题，探蠡中国特色社会主义空间正义的本土语境；立足社会结构和生命——价值主体两大逻辑，条分缕析中国特色社会主义空间正义的影响因素；分别从国家制度、社会主体、"治理型正义"和"全生态正义"四个方面，创构中国特色社会主义空间正义的实现路径。

三　中国特色社会主义空间正义的基本原则

一般认为，空间正义既可以从社会制度视角介入，也可以从价值目标维度说开去。作为价值目标的空间正义，寄托着人们对美好生活、美好社会和美好世界的空间想象，在本质上，当是一种具有"原则高度"的"实践—价值"空间承诺。"原则高度"在这里一方面竭力保有平衡与和谐的空间正义之实质，另一方面（也是最重要的一点）力求彰显作为空间主体的大写之人的自主自觉的行动能力与过程。在某种意义上，空间正义的"原则高度"圭臬就是空间正义的基本原则。本文接下来的任务是致力于平等性、差异性、补偿性和开放性四个向度的中国特色社会主义空间正义基本原则之勘定。

需要先行强调两点。首先，下文所要讨论的基本原则表面看来依然属于一般意义上的、缺乏个性的泛观博览，但由于中国特色社会主义空间正义本身就是空间正义理论的一个构成板块，特殊性无法脱离普遍性而存在，因此，这些"已有"原则同样适用于中国特色社会主义空间正义，只是各原则的具体内涵、外延和适用度不同罢了。换言之，中国特色社会主义空间正义基本原则的出场，意味着一种新原则的亮相，意味着空间正义理论和实践的条件已经不同于前，抑或以新的方法来证成和实现。其次，因为城市往往是社会矛盾爆发的聚集地，又十分具有社会空间代表性，所以本文的讨论还是遵循学界传统，主要面向改革开放四十多年的中国城市正义。但应当承认，随着中国改革开放进程不断推进，随着中国乡村振兴战略的实施，这些城市正义的基本原则同样适用于中国农村正义，遑论中国城乡一体化建设正在如火如荼地进行着。

第一，平等性原则。平等性是政治哲学和伦理学最基本的范畴，也是空间正义的首要价值原则，难怪罗尔斯要优先栖思于"作为公平的正义"。中国特色社会主义空间正义的平等性原则，主要指向空间生产领域起点、机会分布的均等以及空间资源和产品分配的正义。因为从道理上讲，任何公民对空间生产模式、空间产品、空间秩序、空间形态、空间制度等都具有平等的享有权和支配权。首先，空间正义应保护公民能够平等地占有生产和生活的空间，这些空间包括适当的住房、环境、保健、教育、营养、就业等方面。正如某学人的评价："平等地占有或拥有空间资源是生产资料所有权中一项重要内容。……如果一个社会的多数成员不能通过正常的合法收入得到他应当得到的空间产品，例如房地产价格被资本和某些地方

'联合'抬高到暴利的程度，那么，就在实际上剥夺了公众对基本生存所需要的空间产品的享有权。"① 其次，空间正义应保护公民对空间形态的平等的合法支配权。"空间形态宏观地指一定的空间存在的规模、样态和形式，如山林或是平原，耕地或城市用地，包括土地附着的一切存在物样式（城市空间的地下、地表建筑体和天际样式）等等；微观地指某一特定空间（如民屋建筑内部空间）的形状和结构等。空间形态表明人们占有的空间质量和内容，是产业、财富、文化和资本的积聚方式。"② 社会地位和财富的差别可以表现为空间形态的差别，譬如摩天大楼与茅草屋、名品店与贫民窟等。虽然这在某种程度上反映着贫富差距，但差距的存在有其一定的合理性。我们必须正视贫富差距的客观性存在，进而正视空间形态在一定程度上的合理性与正当性。最后，空间正义呼唤空间制度的公平性。如果空间制度存在地域"歧视"，譬如户籍制度、某些"歧视性"的房地产金融信贷政策等，那么，生活空间就会沦落为一个高度彰显着贫富的符号性特质的场域，极易引起人们心理的不平衡，造成社会断裂，形成空间排斥，最终使空间贫困处于一种不断的再生产状态。我们要警惕这种城市空间发展的"马太效应"，否则，就会引起更多因空间生产不平等、制度不公正而导致的恶性事件。

第二，差异性原则。一般认为，正义包含两个基本原则：平等性和差异性。平等性原则是指相同的人得到相同的对待，差异性原则是指不同的人通过符合比例原则得到不同的对待，但归根结底，"平等关系是一种差异关系"。③ 不仅如此，差异性原则还可以进一步一分为二：贡献原则和应得原则。古罗马法学家乌尔庇安就认为："正义乃是使每个人获得其应得的东西的永恒不变的意志。"④ 应得原则是指人们在经济生活中凭自己的努力和贡献获得相称的收入，在这个意义上，应得原则包含贡献原则。而贡

---

① 任平：《空间的正义——当代中国可持续城市化的基本走向》，《城市发展研究》2006年第5期。
② 任平：《空间的正义——当代中国可持续城市化的基本走向》，《城市发展研究》2006年第5期。
③ 黄春晓：《城市女性社会空间研究》，东南大学出版社，2008，第16页。
④ 孙凌云：《分配正义的实现》，《枣庄师范专科学校学报》2004年第4期。

献原则，顾名思义就是依据社会成员不同的贡献进行有所差别的分配。既然人生而有别，无论是先天资质还是后天能力，贡献自然也有差异，那么，这种差异就该在分配中得到体现。简言之，按贡献分配就是按差异分配。

不难理解，差异性是推动社会发展的一个动力源。哈维在《正义、自然与差异地理学》中把差异性视为"不平衡性"，并进一步阐发了他的作为不平衡地理发展产物的城市化理论，其实就是强调差异性原则的合理性。哈维指出："任何一个城市体系都处在永恒的具有差异的不平衡状态中。"① 而资本主义不外乎是"在一个高度一体化的全球性资本流动的空间经济内部的分裂、不稳定和短暂的不平衡发展"。② 改革开放以来，中国社会呈现"差异性社会"的特征。所谓差异性社会，"是指的人民根本利益趋于一致，局部利益和当下利益存在各种差别和分层的共同体社会"。③ 可以说，在社会主义初级阶段，一定的物质利益的差异和分层是公平合理的；差异的客观性和秩序性是良性的社会主义市场经济的必然结果。在更广的意义上，差异性也可以理解为多样性、异质性、丰富性甚至个性等。有学人批判，如今的空间生产附属于资本同质化逻辑，其所造就并带来的一个严重后果，就是城市多样性的消失。当然，"差异的正义并非不公平，恰好相反，是需要有多层的公平设计"。④ 事实上，无论平等性原则还是差异性原则，对人类社会的发展都是不可或缺的，两者的生成与运动是不断推动社会和谐和发展实践的内在动力。

第三，补偿性原则。如果说差异性原则只注重经济效率，那么补偿性原则更注重实质上的平等。众所周知，平等可分为形式上的平等与实质上的平等，形式上的平等指公民追求自身利益、自我发展、自我完善和机会平等，但由于存在自然天赋和社会条件的先天差异，"机会的平等可能会

① David Harvey, *Social Justice and the City*, Oxford: Basil Blackwell, 1973. p. 56.
② David Harvey, *The Conditions of Post Modernity: An Inquiry into the Origin of Cultural Change*, Oxford: Basil Blackwell, 1989, p. 296.
③ 刘琳：《差异性社会的伦理逻辑与包容性增长的实现》，《苏州大学学报》2011年第2期。
④ 任平：《论差异性社会的正义逻辑》，《江海学刊》2011年第2期。

导致事实上的不平等",因此,社会有责任和义务给予弱势群体足够的人道关怀乃至分配倾斜,于是,补偿性原则应运而生。就此而论,空间正义不仅应关注空间生产领域的起点和机会分布之均等,而且应强调再分配领域对城市普通居民尤其是弱势群体基本的福利保障,因为无论如何,个体主客观因素带来能力差异,进而导致分配结果的不公平,这是个不争的事实,我们必须践行补偿性原则。

事实上,无论是资源配置还是社会空间治理,都可能由于政策和制度的设计缺陷或"整体利益优先"的原则,侵害弱势群体权益。如果无法避免对弱势群体造成空间剥夺和排斥,那么,就注定依托社会福利制度对他们进行补偿,维护其空间生存和发展权益。当前,中国政府提供的"廉租房"和"经济适用房",就属于补偿性原则的运用。当然,这与改革开放进程中中国旧城改造、城市住宅区更新等空间生产过程中不得不直面的补偿问题有着直接关系。质言之,补偿性原则在中国特色社会主义空间正义建构中不可或缺,我们必须"适度"利用该原则。

第四,开放性原则。卡斯特指出,开放的对立面是隔离,"隔离的情形包括了位居不同地方的区位,以及某些只开放给精英的空间之安全控制。从权力的顶峰与其文化中心起始,组织了一系列的象征性社会—空间层级,而在一个层级性隔离的转移过程里,低层的管理者可以构成次级的空间社区,也将他们与社会其他人隔绝开来,以便模仿权力的象征并且挪用这些象征,而这一切共同造成了社会—空间的片断化"。①将开放性作为中国特色社会主义空间正义的又一个基本原则,其实是缘于城市空间的一个特质——城市社会结构是一个开放的系统,其空间系统结构具有开放式特征,这是城市空间与乡村空间的本质性差异。作为一个开放的系统空间和充满活力的集聚地,城市需要不断与包括农村在内的外界进行物质上、精神文化上的交换与交流。在经济哲学视野下,城市的开放性是指破除各种阻碍资源和市场自由流动的体制壁垒,消除地方保护,消弭条块分割,

---

① 曼纽尔·卡斯特:《网络社会的崛起》,夏铸九等译,社会科学文献出版社,2001,第511页。

建构一个全要素自由流动的空间，实现机会均等和经济发展。

中国特色社会主义空间正义不仅要求起点的开放性原则，而且要求空间分配和再分配的开放性原则，更要求在空间规划决策上建立开放的城市更新公众参与系统。以后者为例，随着时代发展和民主政治的进步，加之城市空间生产与城市居民切身利益关系日趋紧密，居民参与城市规划和管理的意识逐渐增强，这个问题遂引起社会广泛关注。然而事实上，在中国现行城市规划中，公众参与主要还是规划教育居多，辅助决策较少。因此，我们还需要努力构建全新的开放式城市更新的公众参与体系，增加诸如听证会这样的法定参与程序，将公众参与进行到底。

余　论

面对新时代中国社会主要矛盾变化引发的新一轮"实践—价值"空间忧思，中国特色社会主义空间正义研究亟待被提上议事日程。问题在于，这一"希望的空间"不可能一蹴而就，只能走渐进式发展之路。质言之，关于中国特色社会主义空间正义，还有如下问题横亘在我们面前，亟待厘定：中国特色社会主义空间正义理论与习近平新时代中国特色社会主义思想的关系如何？中国特色社会主义空间正义理论的核心范畴究竟有哪些？这一理论的基本特征又是什么？其论证框架何以勘定？其实现路径又该如何在现实中得以全面把握？如此等等，不一而足。对此，我们只能在接下来的研究中持续跟进。

美德论还是义务论？ [*]

——以不可解决的伦理困境为中心

毛华威^{**}

摘 要：关于不可解决的伦理困境，是伦理学界探索的重要问题之一。美德伦理学主张基于伦理美德的角度，阐释伦理困境问题；规范伦理学则认为应该从伦理规范的视域，诠释伦理困境问题。因为规范伦理学提出的义务论方案具有较强的理想化倾向，所以这种方案往往不被人们认可。相反，美德伦理学提出的美德论，从美德伦理品质出发，思考解决伦理困境的方案。这种美德论的方案既克服了义务论的缺陷，又阐明了基于美德论阐释伦理困境问题的合理性。因此，回到美德论不失为走出伦理困境问题的有效路径。

关键词：伦理规范 美德 伦理困境

长期以来，对于伦理困境而言，美德伦理学与规范伦理学之间的争论，受到人们的普遍关注。这种争论的实质在于，究竟应该运用怎样的方案或路径，才能解决或走出伦理困境。换言之，到底是美德论，还是义务论，才是解决伦理困境的有效方案。在解决不可解决的伦理困境方面，情况更是如此。问题是，在现实的伦理实践交往活动中，人们应该怎么对待伦理困境？面对这些伦理困境，人们究竟应该怎么做才能走出困境？从美德伦理学与规范伦理学之间的争论中不难发现，美德论才是走出伦理困境的有效路径。为论证上述观点，本文首先分析不可解决的伦理困境指的是什么；其次考察出现不可解决的伦理困境的原因；最后通过评论伦理美德

---

* 本文为2023年度吉林省教育厅社会科学基金项目"伦理实践的善问题研究"（JJKH20230467SK）成果。

** 毛华威，吉林师范大学马克思主义学院副教授。

与伦理规范之争，得出美德论不失为走出伦理困境的有效路径。

一　何为不可解决的伦理困境？

在伦理学的研究领域中，伦理困境一直是人们思考的重要问题。古今中外的先贤哲人无不对此有着深入的思索和追问，他们对该问题思考立场的不同，导致得出各种各样的答案。但可以肯定的是，这些思索和追问的最终指向是如何走出伦理困境，解决人们生活中所遇到的实际伦理问题。这表明，对伦理困境的追寻不仅是伦理理论问题，还是和人们的伦理生活息息相关的伦理实践问题。说到底，伦理问题直接左右着人们对幸福生活的追求，以及对人生本真意义的求索。

然而，对于伦理困境而言，学术界却存有争议。诚如罗莎琳德·赫斯特豪斯（Rosalind Hursthouse）所言：“在当前有关困境问题的哲学文献中，我们发现存在着一种奇怪的分离。一方面，大多数文献讨论的是一个理论问题，即，是否存在甚或是否可能存在‘不可解决的’道德困境。……另一方面，在应用伦理学中，也有大量文献涉及各种‘棘手情况’（亦称为‘困境’），比如，是否应该杀死有缺陷的婴儿，或者，……是否应该告诉那个身处重症监护的人如下事实：她是她们家在车祸中唯一的幸存者，等等。”① 也就是说，关于伦理困境，确实存在不同的观点，而且这些观点之间有着巨大的差异。之所以如此，是因为不同的思考者立足于不同的伦理立场。一句话，伦理问题往往和人们所生活的具体伦理环境，以及生活方式和思维方式息息相关。这样一来，即使是同一个伦理问题，随着时代和社会的发展，人们所给出的答案也会发生一定的变化。

实际上，所谓的不可解决的伦理困境是相对于可解决的伦理困境而言的，它们都是对伦理问题的不同表述而已。只是在不同的伦理学派那里，对于究竟什么是不可解决的伦理困境存有争议罢了。

按照规范伦理学的观点，对于伦理问题的阐释，完全能够诉诸伦理规

---

① 罗莎琳德·赫斯特豪斯：《美德伦理学》，李义天译，译林出版社，2016，第49~50页。

范给予相应的说明。正是在这一意义上,在规范伦理学的理论视域中,不存在所谓的不可解决的伦理困境。换句话说,只要能够确立伦理规范的有效性,那么依据伦理规范解释伦理问题就是可行的。与之相似,在功利主义伦理学的理论视野内,"最大多数人的最大幸福"(the most happiness of the most people)是解释伦理问题的关键,只要能够提升或增加"最大多数人的最大幸福",那么依据这种原则解释伦理问题同样被认为是可行的。由此可见,无论是规范伦理学,还是功利主义伦理学,都主张不存在不可解决的伦理困境。

问题是,规范伦理学和功利主义伦理学对伦理困境的解释能否经得住伦理实践的检验?或者说,按照规范伦理学和功利主义伦理学的阐释,真的能够解决人们生活中遇到的所有伦理问题?答案是否定的。之所以如此,是由伦理问题的实践性特征决定的。

如果一种伦理理论妄想通过某种论证解决所有的伦理问题,那么这种想法必然会以失败告终。正如阿多诺在《道德哲学的问题》中所言:"无论怎么说,由于理论和实践最终都来源于生活这个同一性,这两个分离的部分不可能总是互不相干,所以,实践终归需要一个因素——我想立即对这个因素加以确定,因为我认为,这个因素在对道德进行规定中是根本性的,但这个因素并非属于理论,而我们又很难称呼它,我们或许最好用自发性(Spontanitaet)这个表述来称呼这个因素,因为这个表示直接行动反应的表述可以指出特定的情景。"① 也就是说,伦理问题的实践性特征,决定了对它的思索不能仅从理论层面进行,而必然要考虑到伦理问题实践性的特殊维度,否则给出的解决伦理问题的方案是无法发挥效用的。因此,规范伦理学和功利主义伦理学所宣称的解决伦理问题的方案是值得商榷的。

事实上,所谓的可解决的伦理困境往往指的是可以解决的伦理冲突问题。在人们的日常生活中,诸如此类的可解决的伦理困境非常多,而且这种伦理冲突问题并未给人们应该如何做出伦理行为带来困惑。所以,对于

---

① T. W. 阿多诺:《道德哲学的问题》,谢地坤、王彤译,人民出版社,2007,第8页。

可解决的伦理困境而言，它们都能够通过人们的具体伦理交往实践予以化解。之所以能够如此，一方面是因为这类可解决的伦理冲突问题并不是极端的冲突问题；另一方面是因为在伦理共同体中，这类可解决的伦理冲突问题，完全可以通过人们的伦理交往实践获得解决。这意味着，在伦理共同体中，可解决的伦理困境不足以造成人们的伦理行为困惑，而真正对人们的伦理行为造成困惑的是不可解决的伦理困境。

虽然对于不可解决的伦理困境，学术界至今仍存有分歧，但在这些分歧中，关于何为不可解决的伦理困境，依然有章可循。按照迈克尔·斯洛特（Michael Slote）在《源自动机的道德》中的说法，"如今，主导哲学舞台的道德哲学是（功利主义）后果论和康德主义，两者都有现成的答案去回答我们为何必须关切（至少在某种范围内）所有其他人类的问题。要接受任何没有为对（其他）人的普遍关切提供辩护的总体道德哲学（就像亚里士多德的道德哲学）已变得很难"。① 这表明，在斯洛特的伦理学思想中，伦理意义上的普遍关切问题是比较棘手的伦理问题。虽然对该问题有不同的回答，但这些回答并未达到理想的程度，它们是有待深化的。不可解决的伦理困境往往具有这样的特点，对它的解决不可能给出一劳永逸的方案，而且诸如此类的伦理困境通常和人们的幸福生活紧密相关。换言之，无论伦理行为者采取何种伦理行为方案来解决这一伦理困境，最终都会影响伦理行为者自身幸福生活的获得感。

值得注意的是，在赫斯特豪斯的伦理学理论视域中，所谓的不可解决的伦理困境指的是，"这样一种情形，在其中，行为者的道德选择介于 x 和 y 之间，但是，缺乏道德的根据可以让人更倾向于做 x 而不是做 y"。② 可见，这样的伦理困境对于伦理行为者来说，确实非常棘手，也很难彻底地解决。因为不但对伦理行为者来说情况是这样的，而且对伦理评价者而言情况也是如此，也即是说，给不出更好的伦理理由让伦理行为者做 x 而不是做 y。在伦理共同体中，伦理行为者面临诸如此类的伦理困境，必将

---

① 迈克尔·斯洛特：《源自动机的道德》，韩辰锴译，译林出版社，2020，第 2 页。
② 罗莎琳德·赫斯特豪斯：《美德伦理学》，第 70 页。

陷入进退两难的境地。在伦理行为者那里，伦理行为 x 或 y 都应该付诸实践，但由于种种原因，只能选择其中一个伦理行为。虽然这种选择是痛苦的，但是只能如此。如果不采取任何伦理行为的话，那么其结果必定比选择其中一个伦理行为付诸实践要糟糕得多。

不可否认，这样的伦理行为选择必然关系着伦理行为者的伦理价值判断，有怎样的伦理价值判断，就有与之相应的伦理行为被付诸实践。正是在这一意义上，不可解决的伦理困境和人们的伦理价值判断紧密相连，它是人们思考伦理价值问题的关键性环节。当然，伦理行为者对伦理价值问题的回答，直接影响着伦理行为的实践情况。因此，不可解决的伦理困境不仅是单纯的伦理理论问题，更是伦理实践问题。

既然不可解决的伦理困境是一种两难伦理问题，那么对于如此棘手的伦理问题是否有解决的方案？人们对不可解决的伦理困境的探索，其意义究竟体现在哪里？就不可解决的伦理困境来说，人们为何还要对其进行思索，并孜孜不倦地求取解决的方案？如果不能合理地回答这些问题，那么对伦理困境的追寻终将得不出令人满意的答案。

二 为何思考不可解决的伦理困境？

无论是可解决的伦理困境，还是不可解决的伦理困境，都是人们思考伦理问题必然会遇到的。因为伦理问题和人们的实际生活息息相关，它不仅和伦理行为者自身的利益有关，而且和伦理行为者生活于其中的伦理共同体密切相连。从伦理行为的视角看，伦理行为之所以能够在伦理共同体中成为人们认可的行为，是因为它和伦理共同体中的风俗，以及人们的生活习惯相融合。

这样一来，只要是生活在同一个伦理共同体中的伦理行为者，就必然会有相似的伦理行为习惯。诚如阿拉斯戴尔·麦金泰尔（Alasdair MacIntyre）在《追寻美德：道德理论研究》中所宣称的那样，"城邦是监护人，是父母，是导师，纵然从城邦所学的东西可能导致对城邦生活的这样那样的方面提出疑问。于是，做一个好公民与做一个好人之间的关系就成了核心问题，而有关人类实践可能的多样性（无论希腊人的还是野蛮人的）的认识，为提出这样的问题提供了实际的背景"。[①] 这意味着，对伦理困境的思考必须在伦理共同体中进行，并且和人们的具体伦理行为习惯相结合，否则不能真正给出解决伦理困境的可行方案。

人们之所以探索伦理困境，是因为思考和解决该困境能够促进对幸福生活的追求。一方面，对伦理困境的思考直接影响着人们的实际伦理行为，而伦理行为的做出又和人们的幸福生活相互关联；另一方面，既然伦理困境和人们的幸福生活相互关联，那么伦理行为者自然希望人们能够共同认可某种伦理行为，并且在伦理实践中做出合乎人们幸福生活的伦理行为。可见，在伦理共同体中，伦理行为者对幸福生活的追求并不是纯粹的个体行为，而是和伦理共同体中的所有成员相关的行为。如此一来，无论出于什么样的伦理行为目的，思索解决伦理困境的方案，都不能无视其他伦理成员的存在，更要考虑到伦理共同体中左右伦理行为付诸实践的具体因素。

关于人类如何才能获得幸福的问题，历来都是人们探索的主要伦理问题之一。在伦理共同体中，对幸福的追求已经成为人们普遍关注的重要问题。特别是在伦理学的研究领域中，对该问题的探讨尤为深刻，而且不同伦理观点之间的争论也异常激烈。规范伦理学和功利主义伦理学也在该问题上存在分歧，它们所给出的关于幸福的获得方案也是不同的。前者认为，人们获得幸福的关键在于伦理规范的确立，只要确立了普遍有效的伦理规范，人们便会依据伦理规范寻求幸福生活；后者则主张通过伦理行为的实际后果，来决定人们追求幸福生活的趋向，并把伦理行为产生的实际后果，作为评判行为者是否做出伦理行为的标准。由于这两个伦理学派所持有的伦理立场不同，因此，它们都无法驳倒对方关于幸福的伦理观点，也无法说服对方信服自身关于幸福的伦理观点。

实际上，"在伦理思想史上，人们历来把幸福纳入道德领域，幸福成

[①] 阿拉斯戴尔·麦金泰尔：《追寻美德：道德理论研究》，宋继杰译，译林出版社，2011，第168页。

为最重要的道德范畴之一。幸福的概念不仅仅是一种感觉、一种状态、一种意向、一种'对自身状态的满意',而且是对自身价值观念的一种追求"。① 这表明,幸福概念本身含有人们的伦理价值判断,同时也是人们所向往、追求的价值目标。所以,在伦理共同体中,人们对幸福生活的追求,难免遇到不可解决的伦理困境。其原因在于不可解决的伦理困境和人们幸福生活的实现紧密相关,倘若不能合理而有效解决该困境,那么人们的幸福生活终将无从谈起。由此足见,如何解决伦理困境直接影响着人们幸福生活的获得,也左右着人们在伦理实践中采取什么样的伦理行为。

虽然对伦理困境的思考与解决,会影响人们的实际伦理行为,但伦理行为的实践也和具体的伦理环境相关。因为在不同的伦理共同体中,必然存在不同的伦理行为习惯,以及大相径庭的伦理认同。正是在这一意义上,对于伦理行为的实践而言,必须考虑到伦理行为者所生活的伦理环境。按照伯纳德·威廉斯(Bernard Williams)在《伦理学与哲学的限度》中的说法,"在一个给定场合,我们可以问:'从伦理角度来看我应该怎么做'或'从我自己的利益角度来看我应该怎么做'。这类问题要的是审思的一个分支所得出的结果,这时,在与这个问题相关的种种考虑中,我们检视一类特殊的考虑,想想这类考虑单独说来会支持什么结论"。② 换言之,伦理行为带有应然性,是伦理行为者应该或不应该做出的伦理行为。因此,它不具有法律意义上的强制性。这意味着,对于伦理行为者而言,在伦理实践活动中是否做出伦理行为,或者做出什么样的伦理行为往往带有应然性。

正是伦理行为的应然性,致使人们在思考和解决伦理困境的过程中,会遇到进退两难的窘境。从伦理理论层面看,对于伦理行为 x 和 y 来说,它们都是伦理行为者应该付诸实践的,但在现实的伦理生活中,伦理行为者却只做了伦理行为 x 或 y,而对它们的选择就是一种两难伦理困境。有鉴于此,规范伦理学把确立伦理规范的有效性,作为解决伦理困境的关

---

① 陈根法:《德性论》,上海人民出版社,2004,第223页。

② 伯纳德·威廉斯:《伦理学与哲学的限度》,陈嘉映译,商务印书馆,2017,第11页。

键，并期望通过伦理规范的约束力使伦理行为者做出相应的伦理行为。从伦理实践层面看，伦理行为者对伦理行为的实践并不能完全依据伦理规范进行，其中必然有偶然性因素影响着伦理行为的实践。所以，规范伦理学试图完全从伦理规范的视角探索解决伦理困境的方案是有待完善的。这表明，伦理行为的应然性是思考伦理问题不得不考虑的，而且这种性质必然会影响人们对伦理价值的评判。

其实，人们之所以思考不可解决的伦理困境，是因为对该困境的追问能够促使对伦理价值问题的探索。既然不可解决的伦理困境是一种两难伦理困境，那么其中必然含有伦理行为者对伦理价值的抉择问题。也就是说，面对这一两难伦理困境，伦理行为者必须基于伦理价值评判做出抉择，否则根本无法找到走出这种两难伦理困境的途径。这样一来，对伦理价值问题的解答成为解决伦理困境的关键性环节，伦理行为者所持有的伦理价值评判结果将决定解决伦理困境的走向。

关键的问题是，如何解决不可解决的伦理困境，对于这类两难伦理困境究竟应该采取什么样的方案给予阐释？功利主义伦理学和规范伦理学，以及美德伦理学都给出了相应的解决方案。功利主义伦理学试图通过理论层面的"计算"来说明解决伦理困境的方案，这导致其忽视伦理实际因素对伦理行为的影响，所以这种解决方案带有较强的理想化倾向。所以，功利主义伦理学对该困境的解决方案往往不被人们采纳，最主要的原因在于，伦理行为的实际后果不能通过理论层面的"计算"得出，它还需要考虑到人们伦理实践生活中的具体因素。

需要注意的是，对于规范伦理学和美德伦理学之间的争论，这两种伦理学派给出的解决方案存在差异，并且双方的争论异常激烈。那么，这两种伦理学派给出的解决方案到底是什么？它们之间争论的焦点集中在哪里？换句话说，如何才能解决不可解决的伦理困境，应该采取什么样的方案来解决该伦理困境？

三 伦理美德与伦理规范之争

伦理问题之所以成为人们永恒的思考话题，是因为它和人们追求生活的本真意义密切相关。在伦理共同体中，人们不禁发出"人应该怎样生活"① 的追问，而这种追问本身则含有伦理意蕴。因为伦理实践活动或伦理行为是伦理行为者应该（ought to）做出的行为，它所具有的应然性决定了对伦理问题的思考方式。对于不可解决的伦理困境而言，情况也是如此，规范伦理学和美德伦理学分别就该困境给出了不同的解决方案。

当然，正是它们给出的解决方案不同，造成它们之间的争论。依据赫斯特豪斯的说法，"在应用伦理学语境中，我们总把困境视为一种不得不在恶与恶之间进行的选择，一种让我们感到极度纠结的东西。……我们会面对一种介于善与善之间的选择，在那里，没能获得其中某种善并不是什么损失，也'没有什么道德依据可以让人更倾向于做 x 而不是做 y'"。② 也就是说，在伦理实践中，真正让人们感到困惑的是在恶与恶之间进行的伦理选择，而不是在善与善之间进行伦理选择。虽然在善与善之间进行选择不涉及令人极度纠结的困境问题，但仍然需要对之进行选择。这意味着，对伦理行为的实践必然和伦理行为者的伦理价值评判紧密相连，如果一种伦理行为不符合伦理行为者的伦理价值评判结果，那么该伦理行为将不会被实践。因此，美德伦理学主张通过伦理行为者自身的美德品质来评判伦理行为的价值，把美德伦理品质作为解决伦理困境的关键。

在当代西方伦理学的理论视域中，美德伦理学以伦理行为者为中心的伦理特质，使其成为学术界关注的对象。其原因在于这种伦理学思想并不把伦理行为与伦理行为的结果视为阐释伦理问题的核心因素，而是另辟蹊径，从伦理行为者的视角出发，思索解决伦理困境的方案。在人们所生活的伦理共同体中，伦理行为往往需要得到其他伦理成员的认同，如果没有

---

① 伯纳德·威廉斯：《伦理学与哲学的限度》，第5页。
② 罗莎琳德·赫斯特豪斯：《美德伦理学》，第73~74页。

这种伦理认同的话，那么伦理行为也无法得到整个伦理共同体的认可。正如夸梅·安东尼·阿皮亚（Kwame Anthony Appiah）在《认同伦理学》中所言：" '认同'这个词的当代用法指的是人类当中诸如人种、种族、国籍、性别、宗教或性等这样一些 20 世纪 50 年代后在社会心理学领域引起关注的特征，……在当代生活中这个信念正变得愈加明显。在今天的政治和道德思考中，假设一个人的计划将受到他/她的认同特征的影响是很普遍的，这即使不是道德所要求的，也至少是道德允许的。"① 正是在这一意义上，伦理认同同样会影响伦理行为者做出相应的伦理行为，以及左右伦理行为者对伦理价值的评判结果。

美德伦理学以伦理行为者为中心探索解决伦理困境的方案，自然把伦理认同因素考虑在内。因为伦理行为者的美德伦理品质是在伦理共同体中形成的，它本身便含有伦理认同的因素，否则这种美德伦理品质不会得到伦理共同体成员的认可和继承。这表明，在伦理共同体中，美德对伦理行为者的影响是自然的，而伦理行为者自身的美德伦理品质也是在这种环境中逐步形成和深化的。所以，对于伦理行为者来说，美德伦理品质具有持久的稳定性，而且对伦理行为者的影响也是深远的。

事实上，之所以产生伦理困境，是因为伦理问题的实践特征。在人们生活的伦理共同体中，伦理行为者所追求的生活目的是多样性的，进而在追寻这些目的时，难免产生相互冲突的行为。相应的，如何解决这些冲突问题，成为人们探索的重点。美德伦理学则把伦理行为者的美德伦理品质作为解决伦理冲突问题的关键，从美德伦理品质的视角出发，思索化解伦理冲突的方案。因为在美德伦理学的理论视域中，伦理行为者自身的美德伦理品质极具稳定性，这种稳定性的品质是伦理行为者长期生活实践的结果。换言之，在美德论者看来，伦理行为者基于美德伦理品质做出的伦理行为，必然会得到其他伦理行为者的赞同和认可。当然，诉诸伦理行为者自身的美德伦理品质解决伦理困境势必事半功倍。归根结底，美德论者把伦理行为者和美德伦理品质视为解决伦理困境的关键，从伦理实践的维

---

① 夸梅·安东尼·阿皮亚：《认同伦理学》，张容南译，译林出版社，2013，第 93~94 页。

度，探索消解伦理困境或冲突问题的方法。

与美德伦理学不同，规范伦理学则把伦理规范作为解决伦理困境问题的核心，并从义务论的视角对伦理问题进行诠释。按照规范伦理学的理论解释，伦理行为者依据伦理规范做出伦理行为，并且把遵守伦理规范当作一种义务，始终遵守伦理规范的要求，那么所谓的伦理困境自然得到解决。换言之，在规范伦理学那里，伦理行为者是纯粹的理性存在者，而理性则是其自由本性的显现。因此，按照理性的本性做出的伦理行为，必然符合伦理规范的要求，进而在伦理共同体中能够得到人们的广泛认可。

这样一来，在规范伦理学的理论视域内，如何论证并确立伦理规范的普遍有效性，成为合理解决伦理困境的关键。因此，在规范伦理学的伦理思想中，伦理行为者遵守伦理规范，依据伦理规范的要求行事是其应尽的义务。

虽然规范伦理学的论证有一定的合理性，但这种论证难免带有较强的理想化倾向。按照 G. E. 摩尔（George Edward Moore）在《伦理学原理》中的解释，这种伦理论证方式属于形而上学伦理学的范畴，"这些伦理理论在这样一点上是一致的：他们将某些形而上学的命题当作推导出某些基本的伦理命题的基础。他们都暗示着，许多还明确地主张：伦理真理可逻辑地从形而上学真理得出——伦理学应该建基于形而上学"。① 不可否认，这些形而上学伦理学命题的暗示却有着致命的缺陷，它们不能为形上对象的存在状况给出有力的证明。也即是说，这些形上对象是否存在的问题，依然是悬而未决和不可知的。所以，试图将伦理命题建基于悬而未决的形而上学命题之上必然会遭到质疑。

如果说，美德伦理学将美德伦理品质作为解决伦理困境的核心视为一种美德论的话，那么，规范伦理学把伦理规范作为解决伦理困境的关键则被视为一种义务论。如此一来，关于伦理困境问题，美德伦理学与规范伦理学争论的实质在于，到底是运用美德论的观点还是义务论的主张解决伦理困境？也就是说，面对伦理困境，伦理美德和伦理规范二者哪一个能够

---

① G. E. 摩尔：《伦理学原理》，陈德中译，商务印书馆，2017，第124页。

更好地帮助人们走出伦理困境，进而解决现实生活中遇到的伦理问题？

由于规范伦理学的论证带有较强的理想化倾向，因此，这种论证方式自然遭到其他伦理学派的诟病。其根本原因在于，在人们生活的伦理共同体中，理想化的伦理环境往往是不存在的，这种理想化的伦理环境通常只是理论层面的假设，终究不能在伦理生活中成为现实。说到底，伦理问题不仅具有理论问题的特点，还具有实践问题的特征。在人们所生活的实际伦理共同体中，这种伦理问题的实践特征往往表现得更加显著。这意味着，对伦理问题的思考绝不能仅仅停留在理论层面，还要考虑到伦理问题的实践特征，并从实践层面思索解决伦理困境的方案和路径。正是在这一意义上，试图完全诉诸伦理规范解决伦理困境的做法是不会取得成功的。

然而问题是，对于伦理困境而言，人们应该基于怎样的立场进行思考和解决？或者说，究竟应该运用什么样的方案和路径才能走出伦理困境并解决伦理问题？美德伦理学与规范伦理学的争论表明，对伦理困境的探索，既要考虑到伦理问题的理论特点，又要关注伦理问题的实践特征，否则对伦理问题的解决将难以获得成功。

结　语

伦理问题之所以成为人们探索的永恒话题，是因为它和人们的实际生活息息相关。在现实的伦理交往实践生活中，有很多偶然性因素影响着人们的伦理行为，甚至左右着人们对伦理问题的思考和理解。然而，对于伦理问题来说，人们仍然能够找到适当的方法和途径予以解决。关于不可解决的伦理困境，通过美德伦理学与规范伦理学之间的争论不难发现，回到伦理美德是走出该困境的途径，而且诉诸伦理美德解决伦理困境不失为一种有效的方法。

虽然在人们的具体伦理实践交往活动中，伦理行为往往受到"运气"①

---

① Bernard Williams, "Moral Luck," *Proceedings of the Aristotelian Society*, Supplementary Volumes, 1976, p. 40.

的影响，但这种影响并不起决定性的作用。其原因在于，伦理困境的解决主要还是基于伦理美德的维度，通过伦理行为者自身的美德伦理品质来消解，而不是把解决伦理困境的希望完全放在所谓的"运气"层面。

综上，关于究竟是伦理美德还是伦理规范的问题，与规范伦理学提出的伦理规范相比，美德伦理学主张的伦理美德更具吸引力。伦理美德既是在伦理共同体中产生的，同时又是被伦理行为者认同的。因此，在伦理实践生活中，伦理美德所具有的实际指导力是不可估量的，它对伦理行为者的影响也是深远的。虽然伦理问题具有复杂性，但是从伦理美德的视角探索伦理困境的解决方案具有较强的可行性。

网络时代道德敬畏弱化问题及其消解

朱金德　武文颖*

摘　要：心怀道德敬畏感是培养个体道德意识的前提和基础，也是维系人际关系和谐和社会秩序稳定的重要保障。然而，网络技术在将人从现实社会关系中解放出来的同时，也引发了个体道德敬畏弱化的精神危机。当前阶段，道德敬畏弱化问题主要包括数字信任异化、个体共情能力缺失、公私界限模糊和人际交往关系变质。受此影响，人的思维方式呈现碎片化、跳跃性、单向性和二元性的特点，这侵蚀了个体的爱智精神、笃志精神、至善精神和情理精神，破坏了道德敬畏意识得以生发的精神根基。从自我修养的层面上讲，重塑个体的道德敬畏意识，可从中国传统文化的身心合一、知行合一、物我合一、天人合一等思想中汲取智慧，从而重新找回个体失落的精神家园，为道德敬畏意识的培养提供道路指引和信念支撑。

关键词：网络时代　道德敬畏　精神危机　困境超越

道德敬畏是指"道德主体内心对道德终极价值、道德法则、善之物的强烈的崇敬和畏惧之情"。① 由此可知，道德敬畏意识的形成源于人们对自身生存命运的忧思，出于消除周遭环境不确定性和不稳定性因素的渴望，以及受主体内在本性谋求人类社会生生不息愿望的驱使，个体会自觉地将社会普遍认同的道德共识内化于心，以此锤炼自身高尚的道德品格，并将其作为理想人格塑造的重要组成部分。因此唯有敬畏道德，生命的历程才会在时间的悄然流逝中被赋予无限的生机，心灵的栖居才会在岁月的无情侵蚀下常有理想精神的依赖，从而使个体无限领悟关于人生最为原初本真的智慧和幸福。在此意义上，道德敬畏感的培养不仅是人们道德意识生成

---

* 朱金德，大连理工大学人文学院博士研究生；武文颖，大连理工大学人文学院教授。
① 龙静云、熊富标：《论道德敬畏及其在个体道德生成中的作用》，《道德与文明》2008年第6期。

的精神支撑和内在动力，更是个体行为符合社会公众道德期望的必然要求和现实需要。

然而，随着网络技术对日常生活方式和行为习惯的改造，人们的内心已然难以再为道德敬畏意识的培养提供足够的精神养分。例如，目光随着移动设备界面流转漂浮的精神麻醉，使人忘却了自我独处时追问内心良知的道德自省；片面追求由瞬时高强度视觉刺激带来的短暂快感，使人遗忘了严肃思考之于自我精神丰盈的价值意义；一味沉醉于算法喂养下茧房生存的浅层兴趣满足，使人忘记了公共空间和道德共识之于个体生存的情感内涵。诸如此类，都最终指向一个问题，当下道德主体内心的道德敬畏意识存在被稀释和弱化的风险。有鉴于此，只有探明道德敬畏弱化的现实表现，厘清个体道德敬畏弱化与陷入精神困境之间的关系，并寻求培养良好道德品质的合理路径，才能够有效地保障人们在虚实转换的二重世界里自在栖居，并自觉承担起传承和延续人类道德品质的历史责任。

一 网络时代道德敬畏弱化的现实表现

他人往往难以察觉个体细微心理活动的变化，但人们自然状态下的实践活动却可以直观真实地呈现这种变化，并成为他者对自我行为进行道德评判的重要依据。换言之，我们无法以个体道德知识的有无衡量其敬畏道德的程度，而只有在具体的道德实践中才能够真正地发现人们道德素养的高低。因此只有在澄清道德敬畏弱化的现实表现之后，才能够由表及里、由浅入深，最终在精神层面上把握道德敬畏意识弱化后人的生存困境。与此同时，网络技术对个体思维习惯的驯化和改造，也使人们在思索道德敬畏弱化这一现象时，需要基于网络发展的时代背景进行考察。

1. 数字信任异化：道德权威的光辉消散

人们敬畏道德的前提是崇敬和信任道德权威，即理解和认同道德价值共识，而道德价值共识的形成需要人们相互之间拥有足够的信任，默认彼此能够信奉并遵守公共道德秩序。在此意义上，信任属于与个体情感相关联的认知范畴，它以非制度化的约束方式，唤醒人们守护现有道德价值体系的强烈意愿，从而实现不同个体之间价值诉求上的统一与协调。因此弥足珍贵的现实信任关系是道德权威得以确立的重要保障。然而，在网络社会的兴起衍生出数字信任这一概念以后，传统意义上的信任准则无法继续适用，这是因为网络空间上的人们往往生活在不同的兴趣圈层内，小规模的群体生活难以给个体的幸福带来足够的道德保障，同时又因为人们往往忽略了与其他兴趣群体的交流，道德价值共识难以凝聚，由此产生了"道德小型化"的问题。"人们一边继续参与团体生活，而团体本身的权威同时也在下降，所产生的信任半径也在变小。"① 因此，肉身缺席而意识在场的虚拟实践方式，使道德权威的价值约束力受到极大削弱，数字信任异化问题由此产生，信任的概念内涵和价值属性被掺杂了与信任本身并不兼容的其他杂质。同时，值得注意的是，数字信任异化并不代表信任的消失，相反，信任从未离开过人们的生活视域，只是异化的信任失去了原有的纯粹和美好。

具体而言，理解数字信任异化现象，需要从信任主体的扩容、信任条件的变化和信任意识的模糊三个层面进行把握。首先，在信任主体方面，现实信任关系的主体只有生命实体本身，信任既可以表现为人与人之间的信任，也可以是人与动物之间的信任，但无论信任主体如何改变，信任都是内含情感因素的双向信任，信任双方都具有平等的相互依赖关系。然而，网络空间上的信任主体则不再局限于生命实体本身，人机关系的建立意味着技术也成为人们信任依赖的对象，但这种信任是单向的，它只是表现为人对技术的信任，信任的天平由此失衡，这导致个体逐渐陷入对技术过度信任的困境。例如，对于当下几乎所有的认知困惑，人们都倾向于向网络技术询问答案，却遗忘了"绝知此事要躬行"的切身实践意义。其次，在信任条件方面，现实生活中人与人之间信任确立的前提是进行身份识别，人们会自觉或不自觉地根据熟悉程度的强弱划分信任等级，关系亲密的双方一般具有更加牢固的信任关系。网络空间上信任确立的前提则是

---

① 弗朗西斯·福山：《大分裂：人类本性与社会秩序的重建》，刘榜离、王胜利译，中国社会科学出版社，2002，第 55 页。

基于兴趣识别，人们乐于与持相同观点或拥有共同兴趣爱好的他者建立信任关系，身份的未知或关系的陌生不再成为建立信任的阻碍，这导致熟人社会所奉行的信任秩序逐步走向瓦解。最后，信任意识模糊也是数字信任异化的典型特征。现实社会的信任具有程度上的显著差异，人们针对不同的情况、面向不同的个体，其信任感会呈现上下起伏的变化。而网络空间上人的信任意识则日渐模糊，变得简单化和两极化，个体或是无原则信任与自我观点相一致的内容，或是无原则排斥与自我观点相左的观点。总之，数字信任异化消解了道德价值共识对自我心灵守护的屏障，道德权威的光辉也因此失去原有的色彩。

2. 个体共情能力缺失：道德意识的情感偏离

道德敬畏本质上是一种情感体验，人们在经过长期的道德实践活动之后，内心会自然涌现对不道德行为后果的忧惧意识，因此敬畏道德的复杂情感是人们后天习得的结果。与此同时，作为社会化存在的个体，人们道德意识觉醒的前提是自我与他者产生道德情感共鸣，即具备"换位思考，来理解别人的思想和感受"① 的共情能力。由此可知，个体道德意识的培养需要经过道德实践活动的反复操练，使自我在长期的身体力行中深切地感知道德的力量。而问题在于，网络空间的虚拟实践方式使人们摆脱了受道德惩罚的担忧，参与道德实践的意愿也因此降低，故而难以丰盈内心的道德情感。此外，网络环境下人们认知浅薄化的倾向也日益明显，个体在网络空间上浏览信息的行为逐渐成为工具性的机械行为，不知疲倦地滑动屏幕忘记了时间的流逝，脑海里却没有留下关于信息的深刻记忆，更没有情感元素融入认识活动的过程，这导致人们难以在细心品味的感悟体会中产生道德情感共鸣。

详而论之，个体共情能力的缺失主要表现为自身的冷漠和无思。一方面，游走于液态流动网络空间上的人们，惯于以看客的旁观者姿态打量一切事物，热衷于消费信息符号的浅层意义，以此填充虚无的精神世界，这加剧了人们内心的道德冷漠。究其根本，人的冷漠心态在很大程度上与网

---

① 吴飞：《共情传播的理论基础与实践路径探索》，《新闻与传播研究》2019 年第 5 期。

络技术对情感价值的剥离有关，作为中介的技术成为人们直接交流的无形障碍，从而导致联络双方往往无法走入对方的内心世界，遑论能够在道德共识上达成一致。此外，受技术规制的影响，网络空间上意义的输入和输出需要服从于既定的符号使用规则，人的声调、动作、手势等其他非语言个性信息则被直接过滤，人与人之间的交往由此无可避免地陷入同质化的困境。有鉴于此，当前各类社交平台上人们的交流热情看似空前高涨，人与人之间的对话频率远远高于历史上的任何时期，但在虚假繁荣表象的背后，依旧是个体内心的无限孤独。总之，线上交流面临着意义贫乏的危机，人与人之间也因情感的流失而难以再进行深度交流，从而无法在相互理解的基础上产生道德情感共鸣。另一方面，无思指的是个体逐渐在网络的虚假迷幻中失去理性思考的能力，人的道德意识由此发生了情感偏离。事实上，心怀道德善念本应该是个体对自身行为选择的理性价值约束，然而网络空间上的个体却将这种道德约束转移到他者身上，即对别人往往有着过高的道德期望，却不再反思自身的行为是否符合道德规范，"严于律己，宽以待人"的道德自律转变成"严于律人，宽以待己"的荒唐闹剧。长此以往，人们势必会陷入道德意识错乱的泥潭沼泽，而这也正是个体共情能力缺失后无法回避的道德隐患。

3. 公私界限模糊：道德想象力匮乏

长期以来，我们潜在地默认遵守道德规范是属于个体公共生活领域的事情，即当个体处在公共空间时，应当具有高度的道德敏感性，会自觉想象行为正在受到身边他者的注视，一旦做出不道德的行为，就意味着势必需要承受身份锁定所带来的道德惩罚压力。换言之，道德价值共识此时实际上已悄然弥漫在公共生活场域的各个角落，个体能够感受到道德扑面而来的气息，并产生敬畏道德的意识。与之相对应的是，当人们身处私人生活场域时，在保证不侵犯他人正当利益的前提下，其行为可以在一定程度上接近内心本性。总之，理想状态下个体对于公共领域和私人领域的认识，应该有明确的边界意识。然而，互联网在培养人们参与网络生活积极性的同时，也带来了公私界限模糊的问题，即由于网络公共意识的缺失，人们在虚拟空间上的行为逐渐变得随心随性，个体的道德想象力由此被无限弱化。

进而论之，道德想象力对驱退个体私我意识对公我意识的侵占作用明显，这是因为道德想象力的结构包括"敏锐地把握潜在行为的多种可能性及其所可能给他人带来损益的后果想象"。[①]而网络空间上公私界限的模糊则极大地降低了人的道德想象敏感度，因为行为往往受制于私人情感而非受到公共理性的价值约束，所以人们欠缺对行为潜在可能性及其后果的周全考虑。具体而言，公私界限模糊主要体现在个体的行为活动和认识活动上。首先，在行为活动方面，网络空间上数字主体的虚拟性导致人与人之间"贴"得太近，社交距离的缩短势必会造成公共场域的消失。与此同时，隐形透明的身份与随意穿梭的自由也加剧了私人意识的扩展趋势，个体行为由此倾向于无限地接近本性，而不再想象建构自我的公共形象。其次，在认识活动方面，网络技术对生活的介入也导致人的公共理性正在经历式微的危机，这表现在算法牢笼的口味窄化了个体的认知视野，瞬间高强度的视觉刺激降低了个体的认知阈值，人们的认识活动不再是理性自主的反思性行为，而是受制于网络技术的情绪化选择。换言之，个体对本性欲望的追求遮蔽了对公共意识的向往，人们难以将注意力聚焦涉及公共利益的社会问题上，而是一味地沉浸在能够给自我带来短暂欢愉的浅层信息之上。例如，就当前而言，审视网络空间的各类热点信息不难发现，人们对公共问题的关注度正在日益减弱，而对私人问题的关注度却在不断提升，私人领域的事情成为人们乐于窥探的焦点内容，这导致个体在潜意识里逐渐忘却了自身的公共责任和社会义务。总之，由于缺少对公共自我的道德想象，人们难以在网络空间以敬畏道德的虔敬心态从事各项活动，人心也因此由敞开的澄明陷入混沌的迷失。

4. 人际交往关系变质：道德思维的实践困境

如前文所言，敬畏道德的意识只有在具体的道德实践中才能彰显价值意义，而道德实践又需要在人与人之间的具体交往实践中才能进行，"我

---

① 杨慧民、王前:《道德想象力:含义、价值与培育途径》,《哲学研究》2014年第5期。

们之所以能够拥有我们的道德本性，在很大程度上是出于一种演化的'机运'"。① 换言之，敬畏道德虽然归属个体思维层面的认识，但只有通过人的社会交往实践，将道德敬畏意识和道德实践行为联结起来，使个体的道德思维运用到现实生活中去，人们才具备真正意义上的道德敬畏意识。正如马克思所言："人对自身的任何关系，只有通过人对他人的关系才得到实现和表现。"② 因此，与他者道德关系的建立，本质上也是个体对自我道德良心的行为回应，从而形成关于自身道德水平的清醒认识。而在当下，网络的虚拟属性所带来的不真实感和不确定性，使人们的交往无法做到如线下那般坦诚相见，这无疑加深了人们的猜测和疑虑，随之带来的问题是道德思维的现实运用陷入了实践困境。这主要表现在网络空间上个体的道德思维日渐极端，常以道德品格高尚自诩，但往往在不了解事实真相的情况下对各种现象肆意评判，进行无端指责和道德绑架，以此达到宣泄私人情绪的目的，最终造成道德思维和道德实践的脱节。

道德思维陷入实践困境的背后是网络空间人际交往关系变质的无奈事实。展开来讲，交往关系变质主要体现在人们的联系变成无关系的联系，人们的交流变成了无交集的交流。一方面，现实生活中人们的交往联系往往建立在一定的关系基础之上，个体之间的关系也具有相对稳定性、直接性和长期性的特点，由此使人们的联系在大多数情况下并非无缘无故的偶然巧合，联系的内容也绝非千篇一律的同质话语，而是在面对不同关系的个体时，人们脑海里会自动唤醒与之相对应的特定情感记忆，从而在不同的关系语境下展开交流，并且随着交往次数的增加，相互之间的关系也会由疏远走向亲密，抑或由亲密走向疏远。总之，传统意义上的人际交往始终围绕人与人之间的关系展开，是一个动态变化的过程。然而，当网络技术将人际交往关系从人人关系改造成人机关系时，个体之间的联系则变得随机、短暂和不确定，人们无法预知下一刻将会

---

① 克里斯托弗·博姆：《道德的起源：美德、利他、羞耻的演化》，贾拥民、傅瑞蓉译，浙江大学出版社，2015，第385页。

② 中共中央马克思恩格斯列宁斯大林著作编译局编译《马克思恩格斯文集》（第一卷），人民出版社，2009，第164页。

和何者建立联系，也难以知晓上一刻联系对象的具体身份，陌生的交流成为网络空间联系的常态。与此同时，这种无关系的联系是技术拼凑的结果，即人类将部分选择交流对象的权利让渡给了技术，因此造成了人们交往自主性的削弱，从而无法在虚无被动的交往关系中运用基于自主控制的道德思维。另一方面，交流变成无交集的交流也是人际交往关系变质的重要表现形式。网络空间意义交换的最大特点是即时的意义输出与延时的信息输入，人们虽然参与不同话题讨论的渠道多元且形式便捷，但所接收的信息往往是预置的内容，而不是他者的即时表达，延时交流的身体离场也淡化了人们的道德思维。例如，社交平台上发布的图片、视频等信息，甚至包括对话沟通，都是在经过或多或少的一段时间后才可能获得他者的回应。但是线下交流与此不同，线下交流需要联络双方产生交集，即通过身体在场的碰面接触达成即时交流。所以，身体在场的道德顾虑无疑会使个体具有更加敏感的道德规范意识，驱使人们自觉地将道德思维运用到交流实践中。

二 网络时代道德敬畏弱化的精神困境

如果说道德敬畏弱化的现实表现是个体的显性危机，那么人的精神困惑则是道德敬畏弱化的隐性困境。过度的网络依赖对日常时间的全面侵占，导致人们陷入迷惘失序的虚拟困境，进而逐渐遗忘返回道德家园的心灵归途。所以，道德敬畏弱化背后的精神危机，在削弱个体人性光辉的同时，也会改变其人生际遇。同时，应该注意的是，从敬畏弱化到精神危机，贯穿其中的是人的思维活动在起作用，即大脑思维的运作方式在很大程度上决定了人们的精神状态。因此，明确网络技术对思维运作模式的影响，以及澄清拥抱技术的思维如何摧毁了人们的精神家园，具有重要的现实意义。

1. 碎片化思维对爱智精神的瓦解

爱智精神是道德敬畏生成的思想基石。一如亚里士多德所言，幸福在于合德性的活动，这种活动就是爱智慧的沉思活动，"人可以获得的自足、闲暇、无劳顿以及享福祉的人的其他特性都可在沉思之中找到"。① 以此论之，沉思状态下的个体可以全然沉浸在求真向智的思索之中，思维活动的连续性和持久性使人的内心安静闲暇，既无沉思之外的其他目的，又不受外界纷杂事物的干扰拖累，这有效培养了人们思考事物的系统性思维。然而，碎片化的网络环境诱导着人们将追问内心疑惑的沉思时光，花费在感官刺激的娱乐消遣之上，网络空间碎片化的信息似乎成为空气的一部分，弥漫在人们的生存环境之中，个体不得不深受其扰。更为重要的是，这些碎片化信息往往既无深度解读的必要，又无扩展大脑知识储备的可能，个体的记忆能力、理解能力以及学习能力由此失去了实践的操练，进而在碎片化信息的反复消磨下逐渐走向退化。

由此可知，碎片化的信息环境塑造了人们的碎片化思维方式，受此影响，人们的大脑虽然始终处在到处找寻信息的状态，但没有明确的目的，人们亦无法预测接下来哪些信息会映入眼帘。随着在信息海洋中随波逐流漂浮时间的无限延长，个体将难以在内心平静的状态下深入思考某一事物的本质，更无法考虑该事物和其他事物之间的有机联系，从而加大了做出不明智选择的风险。更为重要的是，被加工甚至被反复加工的碎片化信息是肤浅的、不完整的、不真实的，因此，虽然人们在沉思问题和沉醉于信息的状态下都会忘记时间，但前者带来的是精神的舒缓，后者带来的却是精神的疲惫。总之，碎片化思维支配下的个体不再从事爱智的沉思活动，因此导致自身独立思考能力的缺失，从而无法沿着确定的道路完成逻辑严密的因果推理，取而代之的则是具有相关关系的事物依次快速地从眼前掠过，致使人们时常面临思维短路的问题，使其难以穿越人生的层层迷雾去探索真理智慧，合德性的幸福也就变得虚无缥缈而触不可及。

2. 跳跃性思维对笃志精神的漠视

笃志精神是道德敬畏生成的信念支撑。"笃"字原意为"马行顿迟"，指马行走缓慢，脚步稳重踏实，四蹄落地如竹声响起，故有"从马竹声"的说法，后以"笃"喻人精诚专一，能够脚踏实地潜心做事。"志"是指

---

① 亚里士多德：《尼各马可伦理学》，廖申白译注，商务印书馆，2003，第307页。

当个体的意识强化为某种意念时，此种意念能够成为指引人们从事某项活动的精神力量。"笃"和"志"的结合即为"笃志"，该词出自《论语》，"博学而笃志，切问而近思"，① "笃志"在这里包含了个体能够始终坚定自己志向毫不动摇的意思。此后，笃志的含义得到延展，逐渐包含用心专一、信念至诚、意志坚定之意。观之当下，网络时代，人的笃志精神面临着泯灭的危险，这与网络降低了人的专注度密切相关，液态流动的网络使大量不相关联的事物在人的眼前毫无秩序地喷薄涌现，在使人们目光漂移不定的同时，也牵引着个体的思维始终处在来回跳跃的状态，导致人的心性难以专一。换言之，跳跃性思维的形成是人们过度追逐事物之有用性而忽略事物之可靠性的结果，有用的标准是能够取悦感官，界面的划过抑或停留，完全取决于信息是否符合自身兴趣物化的样态，那些不符合自我意愿的内容就意味着没有价值而被直接忽略。然而，在跳跃性思维支配下，人的认识活动看似跳过了许多无用的环节，提升了认识活动的效率，但正是这些环节的抽离，割裂了思维的连续性，从而造成个体精神家园壁垒的崩塌，这促逼着人的心灵只能如浮萍一般，到处流浪漂泊而无家可归。因此，人们衡量信息有用性的过程实质上也是放弃自身可靠性的过程。人们无意识地将自身置于漫无边际的网络海洋里漫无目的地漂浮，没有岸边的停靠，也没有"现实陆地"的踏实，"有用的兴趣"吞噬了"可靠的笃志"，故而心灵失去了安然歇息的场所。

进言之，受跳跃性思维的影响，人们的耐心逐渐消失殆尽，一切的困惑总是试图通过网络这条捷径获得答案，从而跳过各种"无用的困难"，跳过哪些内容完全取决于自身的瞬间决断。事实上瞬间决断并不值得信赖，它没有经过求证确认，只是个体脑海短暂的想法。因此，将瞬间决断作为评判事物有用与否的标准，容易引发个体的迷茫和不确定性，进而在网络空间里陷入不停逃离却逃离不出的泥潭沼泽。这种无所依托、游移不定的模糊状态最终是对笃志精神的伤害，人们不再在内心繁茂的森林里沿着信念的道路坚定不移地缓慢前行，而只是在没有明确边界的海边浪潮末

---

① 《论语》，陈晓芬译注，中华书局，2016，第258页。

梢处随波而动，显然，这不足以支撑起个体内心的道德信念。

3. 单向性思维对至善精神的摒弃

至善精神是道德敬畏生成的根本动力。至善包含两层含义。其一，"至"作动词，指追求、向往之意，至善即追求善，有着虽不能达，然心向往之的道德执着。其二，"至"表程度，有极、最之意，至善即最高善，那么何为最高善？老子给出了答案，"上善若水"。在老子看来，水具有最高善的一切品质，滋养万物而不争，包容万物而不斥，沉淀静滤而不浊，亦有"水往低处流"的谦卑自牧。然而，当下人的至善精神正遭遇深刻的危机，这是由于网络技术形塑了人们的单向性思维，个体的价值取向日趋单一，逐渐失去否定、批判和超越的能力，"这样的人不仅不再有能力去追求，甚至也不再有能力去想象与现实生活不同的另一种生活"。[①] 具体而言，单向性思维对人之心性至善的窒息和遮蔽，可以从三个方面来理解。首先，自我的认知路径陷入方式单一的困境。受单向性思维的影响，人们惯于沿着某条已被验证过的道路开展认识活动，并对此产生路径依赖，从而忽略了其他多元的认知方式，因此，个体的认知视野被无限窄化。其次，自我的价值取向陷入扁平浅薄的陷阱，单向性思维的个体过于追求肯定自己过往观点的相关内容，并对此深信不疑，而对相左的意见则直接忽略，从而难以形成立体化的价值观念和批判性的思维意识。最后，自我的思想自由陷入无形束缚的牢笼，人们看似可以无拘无束地获取自己乐于接收的信息，却往往忽略了自由背后的算法推荐机制，所以在此意义上，个体并没有在自愿且对自身负责的前提下享受自由。

以此论之，单向性的思维消散了人们内心追求至善精神的信念光辉，取而代之的则是网络额外增生的各类虚拟消费所发出的耀眼光芒，这是网络空间上由人的物理身体缺席导致的最大隐患，即除了"视觉扫描"的功能被保留外，身体其他的"通信设施"近乎完全被弃置，由此，信息含义的扁平化趋势在所难免，这意味着信息失去意义的速度变得越来越快，信

---

① 赫伯特·马尔库塞：《单向度的人——发达工业社会意识形态研究》，刘继译，上海译文出版社，1989，第2页。

息甚至成为瞬时的"声音",而不再是具有象征价值的符号,人际交流也因技术的介入而流失了许多情感元素,从而增加了准确理解他者含义的难度。因此,受单向性思维的控制,个体在网络空间上的认识、交流等活动,在一定意义上只能被看作基于信息的刺激反应,而不是理智用心的感悟和沟通,所以此时再去谈论至善精神,显得太过艰难而只能通过想象建构。

4. 二元性思维对情理精神的伤害

情理精神是道德敬畏生成的智慧源泉。情理精神深深植根于中国文化之中,顾名思义,情理在于"通情达理",它区别于单一的情感或纯粹的理性,而是二者的融合,以情为本,情理交融,所以情理精神被认为是一种圆润的人生处世智慧,它可以起到维护人际关系和谐的作用,避免产生极端的认识或发生过激的行为。具备情理精神的人,"通常富有庸常的见解,喜欢随和与克制,在思想上痛恨一切抽象理论与逻辑极端,在道德上对所有过激行为表示厌恶"。[①] 而在当下,网络空间上人的行为却往往"不讲情理",显得"不近人情",这体现在话语表达的情绪化倾向明显,个体常常不是在陈述事实,而是在表明自己的立场观点,态度鲜明、好恶明确,由此导致了二元性思维的蔓延。当然,二元性思维并非完全无益,例如在一些突发、紧急的情况下,人们必须在短时间内做出决策,此时运用二元性思维可以起到趋利避害的作用,但是人们的网络遨游通常是处在身心放松的状态,如果仍以二元性思维评判事物,就显得不合时宜,这容易造成逻辑极端。进而论之,二元性思维蔓延的根本原因在于网络空间上公共领域的消解,网络技术对身体的遮蔽使人们打消了受到他者侵害的顾虑,所有的行为都表现出一种私人化情感的倾向,私人化意味着可以行使特权,"凡是激起人类情感、让人迷惑或者仅仅是引发人们注意的东西,从逻辑上来说,都不可以将它排除在人们的私人生活领域之外"。[②] 公私的边界打破了二者相互制衡的稳定状态,人性和理性的统一也因此走向了

---

① 肖群忠:《论中国文化的情理精神》,《伦理学研究》2003年第2期。
② 理查德·桑内特:《公共人的衰落》,李继宏译,上海译文出版社,2008,第26页。

对立。

私人领域对公共领域的空间侵占意味着秩序和规则的失效，网络行为与责任承担的不对等性使人们难以在公共"理"上取得共识，也就无法保持理性的克制相让，从而极大地增加了极端言论和行为发生的可能性。同时，技术搭建的网络世界本身也暗含着对人们二元思维的训练，例如"赞"与"踩"的二元态度设置、"同意"与"不同意"的二元意愿设置等，除此之外，我们似乎没有第三条道路可以选择，这也在有意无意间强化了人们的二元性思维。最后，需要指出，二元性思维绝不等同于有明辨是非之心，前者是逻辑极端的结果，后者则是秉着真实客观态度的价值判断。总之，二元性思维对个体情理精神的侵蚀，使其行为无法做到"合情合理"，从而逐渐滑向了道德失范的深渊。

三　中华传统文化视角下道德敬畏弱化问题的消解

外部的原则、要求和制度等规范力量的约束对个体道德敬畏感的培养固然重要，但敬畏之心的生发是个体由内而生、自内向外的精神超越，所以重塑道德敬畏之心的关键在于自我能够回归本心、守住本心，在心性修养中推动自我形成敬畏道德的自觉意识，产生崇敬道德的自发情感。同时，强调心性修养绝不意味着道德敬畏之心的培养可以止步于自在的自我对话与思考，应明确敬畏之心培养的最终目的是在实践中得以践行。那么应该如何修心践行？一条可能的路径是汲取中华传统文化中的心学智慧，中国传统的心学注重主体的自律和自觉，重视个体的修身以及健全人格的培养，并将崇高的精神境界作为人生的信念与追求，其"目的是培养个人高雅精神气质与良好人格品质，追求精神和品质层面的完美"。[1] 以此来看，心学的核心结晶对网络时代重塑自我的道德敬畏意识仍具有深刻的现实意义。具体而言，传统心学的身心合一、知行合一、物我合一和天人合一等思想，能够为当下个体道德修养的培育提供有益启迪。同时，从历史

---

① 王凌：《网络表达的道德义务》，《自然辩证法通讯》2022年第5期。

发展的维度看，为避免陷入生搬硬套的陷阱，传统心学的一些观点需要在经过现代性的转化之后，才能够发挥其应有的价值和功效，这一点也不容忽略。

1. 身心合一：塑造仁爱和谐的道德观念

身心合一即身体和心灵的协调发展。传统心学认为身心合一为仁，这在"仁"字的早期构形中得到印证，例如在郭店竹简的儒家典籍中，所有"仁"字的写法都是"身""心"结合的上下结构。① 据此可知，实现关切他人幸福与同情他人痛苦的"仁"，首先应该保证自我的"身""心"合一，即从自身的幸福与痛苦出发，"依赖于对自我、自身的感受和关心而表现出的对他人的'同情心'、'怜悯'和'慈爱'"。② 显然，一个人如果无法做到对自身的关爱，遑论能够对他人表达善意。所以，注重自我的情感变化和内心感受是关爱他人的前提和基础，当然这里所谈及的对自身的维护区别于狭隘的利己主义思想。一方面，以"仁"为目的的自我关爱本质是在听从内心声音的基础上获得爱的力量，爱代表着付出和不求回报，这表明以爱为指引的交往行为本身就是合乎道德的幸福。另一方面，利己主义则是体现在向外索求的永不休止，旨在获得最大的私人利益。因此，关切自身的"身心合一"是生发"仁爱"之心的关键，与之相悖的是，个体网络遨游的最大特点就是身心不一，即意识活动摆脱了物理身体的束缚，导致认识过程忽略了身体的感受和体验，由此削弱了人们对自身关爱的能力。为扭转这一局面，最重要的就是个体应将生活的重心从虚拟网络回归到现实生活中，明确地认识到人生意义的来源是从真实世界里获得切身感悟。因此，人们探索未知事物的方式，不应该局限于在屏幕上追逐光影浮动的视觉刺激，而应该在现实实践中调动身体的各个感官，去触摸和感受生命实体的周围世界，关注现实生活的沿途风景，加强与外在自然事物之间的有机联系，由此将网络空间上肆意宣泄的情绪转化为托物言志、

---

① 王中江：《"身心合一"之"仁"与儒家德性伦理——郭店竹简"（身心）"字及儒家仁爱的构成》，《中国哲学史》2006年第1期。

② 王中江：《"身心合一"之"仁"与儒家德性伦理——郭店竹简"（身心）"字及儒家仁爱的构成》，《中国哲学史》2006年第1期。

借物抒情的个体情感行为，从而不断滋养内心的道德情感，在自我沉淀中体会现实生活的美好和宁静，进而激发个体向上向善的道德意识。最后，生活是有限度的，人的感觉亦是如此，当超过限度，个体就会"膨胀升空"而四处飘荡，因此对自身的关切可以增强内心的"厚重感"，帮助己身重新落回合适的位置，为心灵的栖息搭建可靠的实体场所。简言之，身心合一的状态能够驱动人们的内心迸发出强烈的关爱情感，形塑个体仁爱和谐的道德观念，由此对道德的敬畏之心就会自然而然地涌现。

2. 知行合一：躬行明辨是非的道德良知

知行合一是指知与行本身为同一过程。作为心学的核心概念之一，王守仁认为知行本是一体，不存在先后顺序或对立分离，"知之真切笃实处，即是行；行之明觉精察处，即是知"。① 此外，王守仁强调知行合一的目的在于"致良知"，即除去私欲对"良知"的遮蔽，所以这里所讲的"行"区别于一般的实践活动，它是被作为道德实践和修养行为来论述的，故而"知"的含义为契合于"行"的道德良知、道德真知。进言之，做到知行合一需要认知与实践的相辅相成，即"知"在"行"中显现，"行"在"知"中发生，而一旦知行分离，就会导致两种情况。一种情况是个体会陷入"行而不知"的困境，即行为既没有方法论的指导，也没有思索省察的反思推理，此时的"行"只能算作不自知的茫然忙碌。另一种情况是如果个体只是一味地凭空想象和悬空揣摩，而不去躬行实践，就会陷入"知而不行"的困境，此时的"知"只能称作"伪知"，而不是"实践真知"。以此而言，评判一个人是否做到真正的善，不仅在于其形成了关于善的整体认识，更重要的是个体能够在纯粹善念的指引下，真正地做出善的行为。据此审视网络空间的舆论生态、文化环境和个体行为不难发现，知与行的分离现象较为普遍，"良知"与"善行"未能做到真正的合一。一方面，网络上诸如道德谴责、道德审判以及道德惩罚等舆论狂欢事件层出不穷，个体在不辨是非真相的情况下，自认为是道德正义的化身，对他者行

---

① 陆九渊、王守仁：《象山语录 阳明传习录》，杨国荣导读，上海古籍出版社，2000，第210页。

为进行无端指责、肆意评判。另一方面，个体的道德评判行为表明其内心拥有是非善恶观念，但在实践环节，网络空间上却充斥着侮辱、谩骂、讽刺等不同层面、不同程度的敌视对抗。有鉴于此，实现对个体知行分离的道德纠偏，首先需要其自身能够自觉地进行省思，既要守护自我心灵的善意不被外界虚假迷幻的事物侵袭，又要考虑自我的行为是否合乎道德规范要求。总之，只有在躬行道德认识与反思道德实践的相互作用下，个体才能够知得真、行得实，自我与他者的动态平衡关系才能够建立起来，进而建构自身的生活场域，彰显生命的意义与价值，道德敬畏意识也会在这一过程中潜移默化地得以培养。

3. 物我合一：深化融通万物的道德思维

物我合一即主观意识与外在世界的融合统一。中国传统文化中的物我合一被认为是一种审美价值追求，指的是主体意识在全然沉浸到认识对象所建构的意象世界时，可以达到外在即内心、内心即外在的精神境界，从而在脑海里"取消物我内外的区别和界限，取消主观同客观物的界限，实现二者的合一"。① 人与物的关系由此从主客对立走向和谐统一。以此而言，物我合一所蕴含的"心映万物自然生，万物与我合归一"的思想，对当前重新定义人与网络的关系具有重要的启发意义。具体而言，以往在理解网络时人们通常侧重于网络的中介属性和效用，例如认为网络是便利人们联系的中间介质、了解外部世界动态的窗口等。然而在物我合一的视域下，当我们不再以主客二分的对象化思维去理解网络，而是将其看作人的存在方式，看作自我主体价值意义的实现方式，那么网络就在与人的融合之中具有了维护人类自主性及精神品质的使命，所以"人与世界（包括与各种技术存在物的关系）并不是简单的主客体关系、目的和手段的关系，而是物我两忘、融为一体的共同存在"。② 故而人们对网络的认识应当循着如麦克卢汉所言的"技术是人的延伸"的路径，重新理解人与网络之间的关系，树立网络与人生存环境合一的观念。由此，人们将会逐渐淡化网络

---

① 张晶：《审美物化论》，《求是学刊》2004 年第 3 期。
② 陈昌凤、吕宇翔：《算法伦理研究：视角、框架和原则》，《内蒙古社会科学》2022 年第 3 期。

的中介属性和匿名特征，人人关系的交往理性也将不再被人机关系的虚假表象遮蔽。换言之，强调物我合一的目的是在促进人与网络相通交融的基础上，将融通万物的网络视为与他者交流的"身体类感官"，由此缩短人与人之间网络交流的心理距离。在此意义上，至少在意识领域，人的身体由幕后回到了台前，因网络的匿名特征而无限沉睡的道德敏锐度也将被重新唤醒，人们会自觉地想象建构网络公共道德空间场景，从而重新树立明确的公私界限意识，时刻注意维护自我良好的道德形象。总之，个体追求物我合一精神境界的目的是在融通万物的网络空间中深化自身的道德思维，即个体"身体"在场的感觉始终在线，由此，敬畏道德的意识也会常在心间，而不会因为网络的阻隔和遮蔽走向消散。

4. 天人合一：唤醒敬畏生命的道德意识

天人合一思想的主要内涵包括天命与人生的合一以及人与自然的和谐。作为中国传统思想的核心命题之一，自古至今，解读天人合一思想的版本甚多，此处无意陷入观点之间的纷争，而在于提炼天人合一的智慧精华，以期为道德敬畏意识的培养提供理论支撑，所以这里只列举天人合一思想的两种主流观点作为论述的重点。一种观点认为天人合一中的"天"指的是"天命"，"天命"即世间万物正常运转的秩序规则，故有"知天命""天命不可违"等说法。按照这一解释，衡量个体人格的完善程度，可以将其德性修养与"天命"的远近作为尺度，"人品德性之高下，即各以其离于天命远近为分别"。① 另一种观点基于生态伦理的视角，认为"天"指的是自然，即人类实践活动的改造对象，天人合一在这里被理解为人与自然的和谐统一。所以"自然"与"人"的合一就意味着人的生活视野中应当有自然世界的位置，人的行为必须尊重自然规律，注重关切自我周遭环境的一切事物，从而在感天地万物之浩大、知自身于万物之渺小的对比认识中，产生敬畏自然、尊重自然的意识。进言之，敬畏自然的本质是人类对不同生命有机体存在价值及其合理性的尊重，是敬畏生命的体现，而敬畏生命便是敬畏道德，所以敬畏自然、敬畏生命与敬畏道德本是

---

① 钱穆：《中国文化对人类未来可有的贡献》，《中国文化》1991 年第 1 期。

一体，在此意义上，敬畏道德的目的并不局限于促进人际关系的和谐，同时也适用于促进人与自然万物关系的融洽。以此论之，网络环境下个体道德敬畏意识的培养，实际上也是对个体敬畏生命意识的培养，而遵守不伤害原则是敬畏生命的最低要求。具体而言，不伤害原则的落实包括两个方面。一是对自身的不伤害，即个体能够在理性思维的驱动下保持现实与网络生活之间的平衡，避免由过度的网络沉迷造成的对生命机体的损害。二是对他人的不伤害，个体获得尊重的前提是尊重他人，因此只有当个体的行为准则与社会道德价值共识相一致时，才能有效促进社会运转的和谐有序。此外，敬畏生命也需要人们有意识地亲近自然、关注自然，从而突破技术栅锁的束缚，在感知生命原初本真美好的体验之中，培养自身敬畏生命的道德意识。

结　语

道德敬畏弱化并非某一特定历史时期的独有现象，而是人类社会长期以来无法回避的现实问题之一，特别是在网络时代，新兴数字技术的快速发展和普遍应用，在给人类日常生活带来诸多便利的同时，也加强了技术对人之心性的控制，并造成了包括信任异化、情感冷漠、公私界限模糊和人际交往关系变质在内的一系列后果，这些问题的出现实际上都与道德敬畏弱化有着密切的联系。更进一步来讲，道德敬畏的弱化还对人类精神世界的和谐与丰盈产生了强烈的冲击，即受到道德敬畏意识弱化的影响，个体思维活动中的非理性因素日益增多，这侵蚀了人类自身的爱智精神、笃志精神、至善精神和情理精神。由此，在精神无限沉沦的生存境遇之中，个体生命的独特性和自主性失去了原有的光辉和色彩。面对这一现实困境，中华传统文化中的思想精华为道德敬畏意识的培养提供了一条可行的出路，从而使个体自觉传承人类生命独有的道德品质成为可能。

伪主体、伪道德与伪毕业

——一种关于校园暴力的道德哲学视角

徐艳东[*]

摘　要：校园暴力的实施者往往将自身认作具有清晰理性精神的"主体"，并经常借由"惩恶扬善"的心理"改造"他者。在资本景观社会，只是教导学生机械背诵"对与错"的道德教育课程不仅没有提升学生综合素养，反而使得学生经常以歪曲的"道德直觉意识"打压同学，而这一切都建立在"校园人类学机器"的划分学基础之上。道德暴力令受害者被命名为"非人"，成为"校园赤裸生命"。未完成"道德养成"的伪毕业生继而进入工作岗位，在"工作人类学机器"的作用下，新的"工作学生"在自身存活及培育后代的过程中继续上演"代际校园暴力"。

关键词：校园暴力　伪主体　伪道德教育　"工作学生"

人们对校园暴力的态度，大致经历了"不太关注"、"意识到"、"关注"、"社会讨论"、"形成概念"、"制定措施"和"强化监督"等阶段，于是渐渐形成一种乐观认识，主观以为校园暴力已经被有效抑制甚至基本被抹除，然而这至少是令人生疑的说法。截至目前，人们对校园暴力概念的想象大都还停留在"热的校园暴力"和"冷的校园暴力"的范围之内，而对校园暴力的主体、原因、形式和影响等的理解却是模糊的，其判断根据主要来自"他人的说法"、"影视节目分析"以及"直觉想象"。

虽然大部分人都听说过校园暴力，一些人经受过多年的校园暴力，一些人也直接或者间接地实施过校园暴力，全社会现在都反对校园暴力，但是对校园暴力"究竟是什么"、"谁在对谁暴力"、"这种暴力的促成因素

＊　徐艳东，中国社会科学院哲学研究所、中国社会科学院应用伦理研究中心副研究员。

是什么"以及"与一般的暴力相比，这种暴力有何特殊性"等都未形成明确的认识。同时对校园暴力与后续其他社会暴力等有何具体关系也未进行过深入思考。本文正是针对这些问题，意欲给出几种尝试性的阐释。

一 伪主体与"校园赤裸生命"

通过观察我们注意到，同其他暴力类别相比，校园暴力的组成及表现形式更加复杂。就其主体构成来说，绝不仅仅是"学生对学生的暴力"。通常还包括（或冷或热的）部分教师对学生的暴力、部分学生对教师的暴力，甚至还包括部分教师对家长的暴力、部分家长对教师的暴力、部分学生对家长的暴力，以及部分教师对教师的暴力、部分家长对家长的暴力。[①]

校园暴力有着复杂的情形，施暴者中也有受害者。其中，部分受害者为了避免遭受更大的暴力而加入，也不乏一些想借着施暴组织的力量通过迫害更弱者而获得好处的，但他们同时也要随时忍受自己所在的施暴团体内更强者对自己的控制。与之相对应，受害者团体内（存在被孤立的个人，但情况较少）也有一个隐秘的分级系统，其中也存在施暴者和受害者之间的划分。只不过暴力的程度相对较弱，通常不易被察觉，当然也不乏程度更强的情况。

学校会根据教师的工作业绩和职业态度等对教师进行评级划分，如优秀教师、合格教师、不合格教师。教师对学生的划分往往有"显在区分"和"隐形区分"两种。"显在区分"比如"三好学生"、班干部、课代表等。[②]"隐形区分"如"好学生""一般学生""不合格学生""该开除的学生"等。学生对学生的内心分级有一些是跟随教师的，他们会暗中观察

---

① 后几种情况虽然是少数，但是同样存在。本文的思考仍主要集中在"学生与学生"以及"教师与学生"间的暴力情形。

② 需要澄清的是，笔者在此只是描述而并非绝对批评这种分类方式，"三好学生""课代表"等激励方式确实有助于促进部分学生成绩的提高，对学生整体素质的综合提高也经常能起到显著的正向引导作用。本文只是想引发相关思考，将校园暴力的发生与这种分类机制联系起来探讨，但不代表笔者本人完全反对这些教育激励机制。任何观点过于绝对化都是有问题的。

教师对每个学生的态度（如表扬、批评、贬低），借此再进行下一级划分。① 教师重视的学生往往在靠前的内心位置，或者根据同学的"力量"（身体强弱、支持者数量、经济情况、相貌、性格、成绩等）进行综合排序。

由上述学校对教师、教师对学生、学生对学生的系列划分可以看到，校园存在着明显的"多分级系统"，虽然学校是最倡议平等的地方，但校园暴力"或许"② 恰恰是由这些分级系统潜在产生的。

中小学分级系统是后续大学分级、工作分级、地位分级、待遇分级等的模式基础。只要这个分级系统仍然牢固，校园暴力恐怕就难以抹除，因为其中一个级别的变动会直接影响所有其他级别。比如一个学生成绩下降，会直接影响相应科目教师的地位，同时也会间接影响家长和学校的地位，更会牵涉其他同学地位的改变。此外，这样的分级系统必然造成一切关系的复杂化，让学生、教师和家长长期陷入被动的对学习之外事务（典型的是人际关系）的处理中。

然而，仅仅注意到校园是一个"多分级系统"这个层面对缓解校园暴力远远不够，这种看法还是将学生当成学生、教师当成教师、家长当成家长，并且在这个范围内来研究校园暴力的生成条件以及解决办法。该观点仍然没有注意到一个更深的层面，即校园暴力本质上是"校园人类学机器"下的"非人化"过程的直观表现形式。这种哲学的观点预先启示我们：只有将校园暴力放在"人"与"非人"的严重程度上看待，才能有望最终将受害者从暴力的世界中解救出来。

意大利哲学家阿甘本提出过一个"人类学机器"（也叫"人类学机制"）的说法，认为社会政治的运作机制首先便是在"人"与"非人"

---

① 研究结果表明，被老师积极评价与学生的"高学校地位"有关，与之相反，被教师否定的学生具有消极的"学校自我概念"和"低学校地位"（G. M. Ochoa, E. E. Lopez, N. P. Emler, "Adjustment Problems in the Family and School Contexts, Attitude towards Authority, and Violent Behavior at School in Adolescence," *Adolescence*, Vol. 42, No. 168, 2007, pp. 779-794）。

② 此处用"或许"一词，是想强调本文的结论只是一些思考实验，只是为了探讨二者之间的某种可能联系。

之间的"门槛"地带做文章。其中，那些符合象征标准的人被称作"人"，而那些违反象征秩序、法律（包括"例外状态"的临时法律）以及普遍道德规定的人经常会被驱逐出人类共同体，并且成为"赤裸生命"。这些只拥有"赤裸生命"的"活死人"虽然已被驱逐出法律和公民权利的王国，但是任何人可以随时借着法律之名将其杀死，因为这些"赤裸生命"已经被定义为"非人"，而"非人"将随时被重新打回"人之下"的动物级别。

"人类学机器"是个典型的划分装置，随时生产等级，它是象征暴力的代表。而象征暴力本身就是区分机制，一切人类生活都要服从于这种机器式的定位。其中，一般性的社会教育机构则刚好是"机器之嘴"，也是影响所有其他后续分类样式的"第一道分类"。它区分"好的教育"和"坏的教育"、"好学生"和"坏学生"。校园是象征秩序的代表性驻地，一切的象征分级都首先在学校这个场所上演。

在校园这样一个本应将每个人的自由发展以及"众（学）生平等"当成发展目标的理想环境中，却同时上演着分割、命名、排除和打压，校园暴力难以消除的根本原因可能恰恰在于"人类学机制"在其中运作。牵涉者不仅对学生进行"优秀同学"、"普通同学"和"不合格同学"这样的划分，很多人还直接将最末等同学放在"非人"的心理地位上，然后声称这几个"非人"一定要被暴力性地从班级或学校这些"人"的群体中"驱逐"出去，或者至少要被"标记"为"非人"，接受其他"人"的监管或打击。于是各种"凶残"①的暴力方式便每日降临到这些"校园赤裸生命"的身体和精神之上。

我们经常会发现，无论校园暴力的实际结构有何区别，其实施者都直接将自己认作"绝对主体"。校园暴力的实施者"主体"意识极强，甚至一些在精神分析意义上的施虐狂认为自己有着清晰的理性意识，他（她）潜意识认为自己是在"主动"行动，且自己正在努力将另一个不怎么具备主体性的"非人"引向一个他（她）所希望的"人"的方向。他们一般

①　一些"凶残"的表达方式经常是"善意"或"温情"的。

都觉得自己在做善事，"强迫"一个不觉醒的人"变好"，并通过暴力让这个对象从一个自己沉溺其中的"恶世界"抽身而出。既然本意是令其改善，那自己就不是恶人，而是一个善的"绝对主体"。毕竟"去除一种恶就等于在行善"符合他们的日常道德信念。

绝不应该将校园暴力仅仅解析成部分同学以恶劣的方式对待另一些"同学"、一些老师过分对待另一些"学生"，或者部分学生集体对付某位"教师"，而是要明确其"客体"指向的是"非人"，否则很难理解为何一些校园暴力的实施者如此残暴。

举例来说，部分学生之所以用暴力的方式过分打击某位老师，是觉得这位老师不符合通常意义上对教师身份的想象与定位，不符合其印象中作为老师的标准，而既然在教师的岗位上不符合教师标准，那就只是一位"假老师"，更是一个"假人"。在这些施暴者看来，面对这位"假老师"（"假人"），身边没意识到或者意识到也不敢发声的同学也是"假人"，而自己则是一个真正的"主体"，有着清晰的道德意识，对人有着清晰的判断，自己更有责任将这样的教师从校园尽快"驱逐"（实际上的或者象征意义上的"驱逐"）出去。

校园暴力还包含一种"非必要的极端愤怒"，然而细究起来，我们却经常发现双方本没有深仇大恨，甚至没有任何实质的利益冲突，其中的一方却用最暴力的手段打击另一方，这在很大程度上是内心价值排序错乱的结果。在错乱的分级排序中，对方因不符合基本的人类学标准而被降格到主观内心中的"非人"范围之中，因而"他们"必须"愤怒地"打击"它们"。一些迫害其他同学的学生"主体"意识极强，他们将自己眼中的弱者看成"非人"。此种打击的目的有二：一是在打击"非人"的过程中反向衬托出自己的"绝对人性"；二是通过打击，直接让"人"变成"非人"，并通过这种形式将这些"非人"彻底驱逐出去，以防再次出现于"我们人类"之中。

在这个过程中，一些学生对另一些他们认为不合格的学生（"非人"）实施了"理所当然"的"理性"暴力。在将对方虐待到很深的程度时，这些学生仍然认为自己是理性的，而对方就应该从"人"变成"物"。很多校园暴力的受害者正是受害于这种清晰的伪理性之下。

大部分校园暴力的实施者本身正年轻（或年幼），不具备多少理性特征，他们自己都不清楚自己是否会做出什么过分之事，而完全取决于当时的情境以及情绪体验。虽然年轻（或年幼），但他们认为自己是理性主体，必须对这些客体做一些事，不管使用什么手段，必须达到目的。恰好他们又达不到法律惩罚的最低年龄。因此这些少年非常残暴，会果断地实施惩罚的暴力。将年龄小等同于单纯善良，并等同于破坏能力小，这构成了校园暴力长时间遭到人们惯性忽视的另一重要原因。

伪理性的"主体"经常不是单个的个人，而是由一个个不成熟的个体组成的"伪理性主体群"。这样一些粗糙的临时群体表面却与某些成熟的团体或社群极其相像。其中有的负责言语，有的负责肢体暴力，有的负责监视，分工十分明确，使暴力总能快速而有效地施行。此外，这还造成一种假象，即多人拼成"一个人"。"一个"强大且有理性的"主体"，其决策自然正确，个体自然也错不了，这种"自信"带来了暴力实施过程中绝对的冷漠无情。

二 伪道德教育：探索校园暴力的养成原因之一

有一种流行的说法认为，校园暴力源自缺乏对学生的道德教育，因此应该加大力度增加道德教育比重，教育系统也应该培养专门人才到各个学校灵活开展道德教育。此外，还应该着力改良道德教育课程的内容，使其更加生动有趣。

该种方案本身的出发点没有错误，对课堂道德教育的反复强调也总不为过，我们难以想象出任何一种在效果上显著超越课堂道德教育的方式。[①]然而，这种"道德课堂至上主义论"却忽视了其中一些关键问题，尤其是没有意识到道德教育需要综合的领悟和体验能力，非一般的教师所能胜

---

① 中国近几十年持续开设的"思想品德教育"课程确实对各阶段学生总体素质的提高起到了重要的推动作用，笔者对此充分认同，只是想在此对部分思想品德教育教师的思考结构和讲授方式进行商榷。

任。而目前校园内的道德教育课程只是以课堂上的灌输为主，并配以考题的形式让学生机械背诵那些道德行为规范的"对与错"。当然其中也不乏教师努力探索更加有效的讲授方式，尽量绘声绘色，但教学效果仍不明显，因为部分中小学道德教育课程的教师本身对道德这一最复杂的现象并没有进行过多少深刻而系统的思考。① 部分学校管理部门甚至认为这个课程最简单，谁都能教。于是一些学校随意指定教师讲授这一课程，这些恰恰带来了一个毁灭性的结局——学生尽管能记住某些道德知识，但这些背下来的道德知识和道德信念并没有阻遏校园暴力的发生。

部分道德教育课程让学生背诵课本，提供标准的道德答案，这种"标准的暴力"使得变形后的"伪道德直觉"成为致命的校园武器。道德教育课程的标准答案不仅没有让学生学会对道德问题的辩证性思考，反而形成了"对与错""好与坏"等顽固的机械式二元思维。在这种机械式二元思维的牵引下，学生形成了"和大家一致是对的，不和大家一致是错的""帮助是对的，不帮助是错的""勇敢是对的，不勇敢是错的""理性是对的，感情用事是错的"，或者反过来，"遵循感情做事是对的，思来想去是错的"等机械式思维，但没有深入讨论与思考"何为勇敢""何为帮助""何为理性""何为感情""何为个性"，② 因此在现实行动中常把干涉别人的生活看作"帮助"，将暴力当成"勇敢"，将算计当成"理性"，将"为兄弟出头"当成重视感情，将"泯灭个性"当成"团结一致"，并且形成了"必须如此，如不这样，自己必须改变"等种种机械道德观。

当然，我们不能将"伪道德直觉"的养成完全归咎于学校提供的道德教育。在家庭教育中，大部分家长也希望孩子成为一个有道德的人，然而自己对道德的理解却经常不仅机械，而且总是不免带有个人的种种曲解。

---

① 当然也有一些教师在该方面进行了常年探索，并能够以深刻而系统的方式讲授道德经验。此外，笔者还想强调，本文的意思并非说常年系统研究道德规律的道德家或者伦理学家就比普通的中小学道德教育课程的教师更有能力讲授好道德教育课程，道德教育问题极其复杂，这里只是提出一些可能的思考角度，并以此抛砖引玉。

② 教师应该在学年开始后将学生组织在一起并针对其经历的争端或紧张情况讨论何谓"真正的价值"，这对纠正学生的行为具有显著的正向作用（Evangelos Panagiotis Kaltsas, John Kaltsas, "School Violence, Dealing with It and Minimizing Harm," *Merit Research Journal of Education and Review*, Vol. 10, No. 7, 2022, pp. 118-121）。

一些家长教导孩子礼貌、衣着干净、有信仰、讲话清晰、性格热情、举止优雅、敬爱老师。这些教导本身并没有错，整个社会应该大力提倡。然而像部分教师一样，部分家长自身并不理解道德情境的辩证与灵活性，没有能力剖析并为孩子讲解具体的道德问题，这便再一次加重了学生已经或正在形成的阉割式的"伪道德直觉"。

在全社会对道德教育的合力"重视"之下，学生逐渐养成了"道德意识"优先于一切的思考习惯。① 在学生的眼中，一切都被道德化：家庭（贫富）道德化、成绩道德化、相貌道德化、性格道德化、力量道德化、交往方式道德化、与教师及他人的远近关系道德化，衣着、姿势、相貌、习惯都被道德化。而一旦引入暴力的"同一性道德"思维，他们便会放弃多元包容思维而直接去惩罚那些"不一样的坏蛋"。在其眼中，一些学生和大多数人不一致即意味着"坏"。

这种"道德偏狭"不是单从学生开始，而是从部分教师和家长那里即已开始，他们所接受的道德教育也大都是"偏狭且带有标准答案的"。这种"道德偏狭"经常体现在：只是以自身的单薄经验，或者从课本及（媒体）"专家"那里听到的标准道德答案，为每个学生界定"对错、好坏"，并通过这种界定，最终区分"正常学生"和"有道德问题的学生"，并对"有道德问题的学生"实施暴力。他们只是以自己认同的为"对"，而不去深究自己认为的"对"到底有何根据。

在"认同"化为"道德"的背景下，校园内部便根据各自认同的道德标准划分出了若干个"道德团体"，形成了"校园社会"。这些团体的潜意识里重视道德却又对真正的道德无知，因此必然是暴力的。校园暴力团体内部各自秉持着一套独特的道德系统，有的坚持"力量道德"，有的坚持"审美道德"，有的坚持"假的正义道德"，有的秉持"友情道德"。这些道德信念往往是偶然由团体"头部人员"的"道德"喜好建立的，或者继承了之前"头部人员"的道德偏向。支撑每个团体的指导性道德标准极少

---

① 这里的"道德"并非意指规范意义上的"道德"。"泛道德化暴力"带来的"道德快感"和精神分析意义上的"剩余快感"实际上很难区分。

一致，道德标准的差异性导致了校园暴力的频繁上演——那些自认为是"人的团体"始终要用暴力行动改变"非人的团体"。

过去一些年最经常上演的是"热的校园暴力"，以直接殴打或侮辱等为主要特性。近些年的校园暴力却在逐渐变"冷"，甚至到了难以辨识的"不存在"的程度。究其原因，是过去频发的校园"热暴力"引发了大众的关注，全社会要求各方力量严格出台管控措施。很多国家成立了校园暴力调控委员会，很多学校下设了专门的机构。这些措施确实有效阻断了校园暴力的"热土壤"，然而却在无知觉中为"冷暴力"乃至更加难以识别的"零暴力"的上演腾挪出了有利的空间。

在"伪道德直觉"的普遍笼罩之下，大部分的暴力被重新放置进"阴暗的角落"。其中，话语成为新的暴力武器，比如一句"路过时的不经意点评"（你今天穿得真好看）、一次"看似关心的询问"（这次你考了多少分）、一句"一般不会付诸实施的威胁"（有空咱俩单独聚聚）、一次"半开玩笑的冷嘲热讽"（你从来都那样优秀）。新的暴力形式停在有无之间的"门槛"之上，很难识别，更加难以对施暴者实施惩罚，因为经常没有确定证据。"就是不打坏你，甚至都不讽刺你（讽刺还是冷暴力的），但就是让你感觉不舒服，有哪个地方不对"，这种比"冷暴力"还微妙的"零暴力"却每天上演很多次。受到"零暴力"攻击的学生不堪其扰将情况反映给老师，老师却因几次找不到证据或者厌烦转而训斥受害者，这样一来，受害者只能永远闭口。"零暴力"受害者不但要长期遭受暴力，而且还会接连出现严重的内疚或自我怀疑情绪，认为自己很可能是一个经常冤枉别人的"背德者"。他（她）渐渐地会出现无助感，直至整个心灵意志被彻底摧毁。

"伪道德直觉"在占领学生和部分教师的头脑时还会带来一种错觉，即"打骂威胁是不道德的，我们不能用这些不道德的方式去对待他们。然而他们身上的种种问题被我们看到了，我们不能不救他们"。在这种认知之下，暴力和"爱"走到了一起，并赋予惩罚"善"的头衔。

在任何场景中都可以上演各种"校园小意外"，它们正因为看起来不严重，所以能被接连实施。因为学生普遍年纪偏小，教师和家长都自动认为这些天真的小孩子不会有什么心机，绝无可能有意做出此等过分之事，殊不知正是因为作为学生的部分受害者过于天真，通常不会对此进行有意识的防御，但熟稔实施暴力的"敌人"（相同幼稚年龄的老谋深算者）却早已算计好了，于是各种有效的加害得以成功进行。

直到当下，校园暴力脱去了最后的"冷"的样式，成为"消失了的形式"，如同"幽灵"一样潜伏在校园的所有角落。这导致想去干预的人们已经难以确定其"是否发生"。很多暴力已经到了无法识别的程度：连实施者本人都不确定自己是否使用了暴力，最多只是自我怀疑。

暴力经常以概念的含混性为发生前提。这种含混性还表现为实施者虽然确切地使用了暴力，但并不觉得自己与暴力有关。很多正在遭受暴力或者遭受过暴力的学生也不喜欢将这个过于严重的词往自己身上用，转而只是用"被欺负"或者"被打了"来描述发生在自己身上的事情。现在也缺乏一些专门的课程来从细节上为中小学生拆解暴力的各种组成结构。这些课程本可以让每个孩子从概念上认识暴力，继而在实际生活中远离和规避暴力。当然问题也没有这么简单，一些暴力，尤其是校园暴力，即使我们专门去拆解和研究，也已经隐微到"根本上不可拆解"的程度。

虽然暴力已经发展成为"单纯的能指"，但是当暴力实际发生在一个孩子身上时，他的确能"模糊而清晰地"感受到自己确实成为某种力量的客体，隐藏至深的"零暴力"新形式仿佛只在"客体意识"的层面才能被察觉到，但是难以获得确认。它们如同法国精神分析学家拉康所说的"象征暴力"和斯洛文尼亚哲学家齐泽克所说的"客观暴力"[1]一样，以"自然中立"的形式作用于所有客体。校园暴力日益成为"难以识别之物"，它行走在"词与词的空白地带"，这是目前应对校园暴力的最大难点。

---

[1] 在《暴力：六个侧面的反思》一书中，齐泽克引导我们要注意抵抗"主观暴力的魅惑"，认为主观暴力只是三种暴力之一种，除了"神圣暴力"，我们应该将更多的着眼点放在系统的、匿名的"客观暴力"之上，后者不仅貌似中立，甚至难以察觉（请参阅斯拉沃热·齐泽克《暴力：六个侧面的反思》，唐健、张嘉荣译，中国法制出版社，2012，第11~13页）。

三　伪毕业："代际校园"暴力与"社会校园"暴力

有人认为，虽然校园暴力如此难以根除，但大学毕业离开校园开始走上工作岗位的时刻总该可以结束这个噩梦了。然而现实却不容乐观，因为从某种程度上说所有学生都没有毕业，只是进入了"后校园时期"，校园暴力紧随其后。这带来一种状况：目前流行的工作暴力只是校园暴力的翻版。

校园岁月至少是个体人格形成的"第二时刻"，这"第二时刻"甚至可能比母婴客体关系这"第一时刻"对人的影响更大。校园暴力指向的是个体基本的生命意识以及"存在性安全感"，它并非针对某个方面的普通暴力。校园暴力的时间是"小孩子的时间"，这个时间注定了这种痛苦的客观影响更大，其主观的影响也会更大，直至影响到个体之后的整个人生样式。[①] 校园暴力是一种围困式攻击——无时不在的暴露、持续很久的弱势状态、认知上的不知所措，这种压倒式的围困会将一个孩子整个的精神摧垮。不知原因的痛苦更加痛苦，这种痛苦容易将一个孩子由具体之"怕"导入"虚无之畏"，并且还会造成持续的焦虑"眩晕感"。恐惧控制了一个孩子的全部，恰逢这个年纪的他们还不会使用太多的有效性求助，更不懂如何用语言来描述自己遭遇的一切。

中小学阶段正是个体心理成形的重要时刻，针对幼小心灵的校园暴力毫无底线，深度损害一个人作为人的基本生命尊严，而早期尊严感的降低会覆盖性地影响这个人的认知模式以及整体生存质量。校园范式影响巨大，如果校园暴力超过一定限度，就将形成一种黏滞且否定性的"校园情结"，其具体表现是虽然已经告别了校园，但是其思维方式和行动特征并未告别校园风格，"工作主体"发展出了一种"后校园人格"。

---

① 研究结果表明，校园暴力不仅会带来受害学生的注意力、理解力以及自尊水平下降等问题，还会造成焦虑、幻想等严重的神经病症（Hisham Ghorab, and Jamal Al-Khaldi, "School Violence and Its Effects on Children's Attitudes towards Education and Their Academic Achievement: Research Study," *Journal of Education and Practice*, Vol. 5, No. 3, 2014）。

"毕业"之后，校园暴力转化为职业暴力、公共暴力、家庭暴力，以及新的"代际校园"暴力。网暴核心成员也大都出于此，网络"诸众"只是学校社群的变相形式。经历校园暴力的人会在潜意识中认为"弱即最大的恶"，① 于是这些"工作学生"在择偶时的第一选择并不是倾向于找品性好的，而是将强势特质（体力、经济、性格）放在考量首位。在对后代的教育中，"工作学生"易于遵行强势教育，尤其是工具自私主义教育，却很少注意培养对他者的善意（即使有善意，也要首先对自己更加有利），并尽力引导他们修习各种使其变强的生存技能。目前盛行的"分数主义"和"名校主义"都是"前校园暴力"的遗留性反应，反过来说也当然成立。

这种情况造成了普遍的"社会内卷"——一种非必要的殊死竞争形式。就拿个性来说，一种个性实际上没必要与另一种个性竞争，然而在内卷思维模式的掌控下，全社会都在追求"普遍优雅"。物质"内卷"在很大程度上也是浪费的，一辆豪车、几座房子不过是"自己不再弱势，没有人再敢欺辱我"的外显标签。这种内卷局面为资本对人的日常生活的侵入和异化做了完善性的准备，因为此时资本被认为是唯一的有效力量，只有它才能让人避免死亡之外的所有暴力。

我们应该意识到，拿到毕业证甚至优秀毕业生证书的学生只是被强行抛进社会，由此形成了扩大版的"社会校园"。在这样的"社会校园"里，真正的道德教育依然是要面对的现实问题。

道德教育的本质是在自我与他者之间塑造一种平衡性，最好的状态是既满足个体的"存在性安全感"以及创造性的需要，又对他者怀有必要的善意。从对道德现象刻意而深入的思考到自动生成一种真正的道德直觉，这是一段合理的道德养成之路。反之，机械背诵"是非善恶"，不仅不能丰富学生的道德知识，反而会形成一种机械的道德信念，这种信念经常成

---

① 正如韩炳哲所说：在"扩张性暴力"取代"排斥性暴力"的当代景观资本时代，即使是施暴者也不能规避施加于自身的暴力，其中，剥削者与被剥削者的界限消失了，不仅"劣势者"衰竭，"优胜者"也一样。（详情请参阅韩炳哲《暴力拓扑学》，安尼、马琰译，中信出版集团，2019，第118~119页）

为校园暴力的导火索。

事实上，道德教育的内里应该是一种哲学教育，而哲学教育的核心则是深入反思概念与事实的本质，并借由这些有深度的反思在个体身上培养人文素养，这种人文素养不仅有助于将个体的潜能推向现实，而且还能以"好客"与"友爱"的态度面对他者。

反之，机械的道德教育违反真正的哲学教育理念，后者以反思的系统性和平衡性的达成为基本标志。如果家长以没有时间或者没有能力为借口而简单地将孩子扔进学校，认为教师不仅能教会孩子知识，还能教会他们做人，这其实是对幻象的信任。没有受过哲学思维意识培养（并非一定毕业于哲学专业）的教师直接接过了知识与道德教育的重任，按照教学大纲的形式完成每学年的教学任务，而自己对知识与道德教育的本质完全不理解，这就可能造成一种结局：学生毕业了，然而真正的知识与道德教育却从未开始，或者从一开始就走歪了。

毕业了的学生只是在知识技能上毕业了，在人文道德素养上却经常比不上未受过多少教育的普通个体。"他者"和"否定性"在当下的世界彻底消失了，"功绩社会"、"兴奋剂社会"及"孤独的倦怠社会"借由自我盘剥的来自"功绩主体"的"积极暴力"，最终在世界范围内彻底成形，哲学家韩炳哲的上述诊断完全契合后景观资本控制之下的当代社会之实际。①

"背诵的道德"难以让孩子们从内心中自然生长出道德情感，更不会让孩子们由衷地关怀他者。知识和生活实践脱节的道德教育不仅没有让人互相走近，反而借由分类机制营造出了"孤立的丛林"，每个人都在其迷失，找不到他人，也找不回自己。长期驻扎在青少年个体之间的校园暴力（孤立、背叛、打压、无视、侮辱、"非人化"机制）令其心灵自幼小时期便开启了对他者的自动防御机制。不仅如此，那些难以识别的频繁的"零暴力"更加让走入工作岗位的毕业生将大部分心思放在对同事（同学）动

---

① "（当代的功绩主体）厌倦自己，又沉湎于自己，完全无力从自身当中走出来……（他们）自我封闭、自我关押，失去一切与他者的关联。"（详情请参阅韩炳哲《他者的消失》，吴琼译，中信出版集团，2019，第35页）

机的思考与琢磨上。"工作学生"甚至越来越难以理解自己内心的幽微，因为从学生时代起一切都已经是幽微的，象征界自一开始就被"实在界"吞没，这使所有的"工作学生"最终只能过完自己完全不了解的一生，并将其粗略而遗憾地称为"命运"。"校园"连接着"后校园"，"学习学生"连接着"工作学生"。

道德教育的本质和目的应该是增进每个个体对"人本身"的理解。只有深入理解"什么是人""什么是自我""什么是他人"，才能真正感知"多样性"在宇宙中的真正价值。道德教育不仅应该教会如何与熟人相处，还应教会如何与陌生人相处，在教会与万物（动植物等）融洽相处的同时，最终还要教会如何与自己相处。这也是真正的哲学反思教育意欲达到的目的。这些教育能够让人正确理解人在宇宙中的位置与价值，并且告诫人们尽早规避对自身及对他者过度的工具性交往方式。学校教育首先应该避免各种"价值偏狭"，道德教育课程的首要目的是让每个学生从内心中认同"每个人在道德上皆平等"这一基础观点，不仅避免过分的傲慢，还要避免非必要的自卑。

有一种观点认为，学生学习应以知识的纯粹吸收为主，德性的养成则是一个附加物。大部分的家长皆希望自己的孩子成为一个道德高尚的人，也有部分家长内心希望孩子"坏"（狡猾或者强势）一点，这样更有利于将来在社会上生存。不仅如此，部分教师认为学生阶段学习好才是第一要务。这一切被完整地移植到了工作情境。一些单位根本不看重员工的道德素养，只要销售做得好，能为公司赢利，就可容忍其过分行为。"人类学机制"也由校园完整地走入了企事业单位，在各种分类和分层机制（很少包含道德考量）的划分之下，部分"赤裸生命"再次诞生。这些"赤裸生命"经常因为几份背景调查的不利而不可避免地走在生存的崖边。这时如果回溯，我们会发现这些"赤裸生命"要么是当初校园暴力的受害者，要么经常是校园暴力的施加者。

如果说学校暴力在如今已经受到学校的普遍重视，那么与之相对的另一种现象也在产生："暴力"的意识在"工作学生"中间仍在减弱。如今的成年工作者经常提及校园暴力，反而很少提及工作暴力这个概念，尽管工作场域是"暴力"的绝佳上演之地。目前的社会仍然对"暴力"一词刻意回避。发生"工作暴力"之后,员工仍然更加喜欢使用"被欺负""被打压""被排挤"等词语,但就是不使用"遭受暴力"这种说法。社会仿佛在有意识地回避"暴力"这个词语,人们只是在评述其他群体时,才偶尔使用这个词。比如上班的人会偶尔提及校园暴力,平安无事的人会谈论街头暴力,幸福美满的人会讨论家庭暴力。而真正被暴力的人始终回避"暴力"这个词,他们觉得自己没资格谈,因为确实也不太懂。当然还有另一个原因——他们在无意识里觉得一个成人谈及自己遭受暴力是一种"绝对的耻辱"。无论何种原因,承认被暴力都是一件不光彩之事,这种意识习惯最终导致"暴力"成为一个被反复绕过的词语。

正因为"暴力"这个词携带了太多的事实,人们从潜意识里就知道它很沉重,因此很少提及。除此原因之外,过早经受校园暴力也是后续人们很少愿意提及"暴力"的另一原因。人们甚至有这样的错误认知:学生不该被暴力,但员工被打压是正常的。其逻辑是,员工已经是一个成年人,其存在的唯一目的是为公司赢利,只有为公司赢利,他才能获得报酬,并且可以养家糊口。一名员工完不成业绩就是犯错误,而犯错误后被责骂或者打压是再正常不过的,对此不应该心怀怨气。这种思维仿佛在说:孩子最起码应该受到保护,而成年人就应该有用,如果无用(不赢利或者赢利少),自然不应该再被保护。这种思维仍然没有以人本身的价值发展为根本目标,人完全是作为工具而出现的。而(人的)工具世界从不排斥暴力,如果说暴力应该与作为目的的人本身保持距离,那它从一开始就与工具人的命运黏合在一起。

真正的道德应该反对偏狭,偏狭是暴力的元凶,而工具性思维又是偏狭的元凶。当我们真正以多元与宽容的思维面对他者与自身之日,才是我们真正毕业之时。这时的成人才能开启一种真正的"工作时代",在这个真正的"工作时代"中,每个员工既是自己,又同时将目光投向他者。也正是到了此刻,"代际校园"暴力才有望降至最低。相反,如果继续将道德教育简单化,且将道德教育与真正的哲学教育分离开来,那么,所有的伪毕业生将会再次将暴力传递给下一代,下一代继续被抛入校园,继而遇到伪毕业的教师，然后在道德试卷上拿个不错的分数，再过几年，手持伪毕业证再次进入"社会校园"，一种循环性的"暴力"由此延绵不绝，而不能得到有效的治理。

余 论

所有教育规则的制定都应该坚持"审慎"这一首要原则，尤其是道德教育，因为道德教育比知识教育更加复杂。教育来自象征界，象征界从根本上难以脱离暴力，因为分类和切割是其根本的运作机制。而象征暴力在生命政治以及装置周遭化的时代已经难以避免。故此，我们可以说，校园暴力既是象征暴力的必然产物，同时真正的教育也是抵制象征暴力的前沿阵地。而道德教育又是这个战场的最后阵地。道德教育不仅是一个单独的学科，它还生成人的"全部"，如果只是将道德教育当成"一个"学科的"一个"普通任务，再随意由其中"一个"年级的"一位"教师通过"一张"试卷便可将其完成，这将是一种至深的误判。教育（尤其是道德教育）是一个"迷思"，教育应该由那些最谦逊且经常自我质疑的人来承担，过分自信的教育者并非一个好的教育者，尽管自信在其他领域基本被当成正面的优势。教育尤其是道德教育应该在观察中探索推进，而这也是校园暴力有望结束的最后机会。

哈耶克与维特根斯坦的"家族相似"

——阅读《哈耶克的维特根斯坦传》

高　宇*

摘　要: 哈耶克与维特根斯坦是远房表亲,这两位现代西方重要的思想家之间的家族关系引人注目。哈耶克是首个搜集维特根斯坦生平传记资料的人,其撰写的维特根斯坦的传记虽未完成,但这部流传坊间的秘传仍然产生了广泛影响,并提供了认识维特根斯坦的独特视角。尽管领域不同,哈耶克与维特根斯坦仍然在思想层面具有值得注意的"家族相似",二人都是卓越的思想革新者,也都是坚定的科学主义的抵制者。

关键词: 哈耶克　维特根斯坦　"家族相似"　科学主义

一

1918 年夏末,在奥地利的巴德伊舍火车站,两名去往意大利前线的军官忽然认出了彼此。"你是维特根斯坦家的吗?""你是哈耶克家的吗?"这就是哈耶克与维特根斯坦交往的开始,彼时维特根斯坦 29 岁,哈耶克 19 岁。虽然维特根斯坦与哈耶克是远房表亲,亲戚往来之间有过照面,但二人此前从未有过正式的交往。不过现在,刚刚中学毕业被征召入伍的哈耶克依然对这位偶遇的远房表亲一无所知,不知道他已经是服役四年的战争一代,更不知道他包里背着一本几年后即将改变世界哲学面貌的著作手稿。

---

*　高宇,福建农林大学公共管理与法学院副教授。

1921年，《逻辑哲学论》问世，哈耶克也在维也纳大学完成了学业，随即加入了米塞斯的研讨班。20世纪二三十年代的维也纳大学，是一个群星璀璨的传奇之地。接任马赫哲学教席的石里克组建了声名显赫的维也纳哲学小组，米塞斯领导了大名鼎鼎的奥地利经济学派，新康德主义法学宗师凯尔森创建了"纯粹法学"，在这里任教的还有西格蒙德·弗洛伊德。单就后来成为著名哲学家的人来说，这一时期求学于此的还包括波普尔（科学哲学家）、舒茨（社会哲学家）以及沃格林（政治哲学家）等后人耳熟能详的名字。哈耶克自己组建的研习组吸引了当时各个专业的青年加入，这些人后来大都成为各个领域的知名专家。当时的学术氛围极为活跃，这些不同领域的学者往来密切，完全不受狭隘的专业分野束缚。在这种氛围下，哈耶克成为《逻辑哲学论》最早的一批读者之一。直到那时，哈耶克才发现，这位行为怪异的表亲已然成为自己导师们的精神偶像，更被维也纳哲学圈广泛视为罕见的哲学天才。虽然哈耶克在回忆中表示，《逻辑哲学论》一书当初给自己留下了深刻印象，但他从未明确表达过维特根斯坦哲学对自己究竟有没有或有多大影响。事实上，哈耶克在思想上一直把米塞斯视为自己的主要领路人，维特根斯坦在维也纳哲学小组中激发的崇拜在哈耶克这里并不存在。[①] 不过，维特根斯坦在1920年开始即放弃哲学工作前往乡村小学任教，整个20年代两人并没有交集。

1929年，维特根斯坦重返剑桥。1931年，哈耶克执教于伦敦政治经济学院。凯恩斯对哈耶克颇为赏识，二人私交甚笃，与此同时，凯恩斯也是维特根斯坦的剑桥老友，正是由于凯恩斯的引介，这对表亲才得以再次会面。不过，几人的关系却颇为微妙。哈耶克与凯恩斯在经济学基本立场上针锋相对，二人的私下关系多少受到一些影响。哈耶克捍卫自由市场理论，对凯恩斯的反古典主义经济学提出严厉批评，而凯恩斯同样予以尖锐回应。这两位经济学大师的论战很快形成两个阵营的对峙。1935年，借助凯尔森的推荐信，波普尔来伦敦找到哈耶克，从此，哈耶克与波普尔成为思想知音与终身挚友。以波普尔为首的伦敦阵营力挺哈耶克，以经济学家

---

① 阿兰·艾伯斯坦：《哈耶克传》，秋风译，中国社会科学出版社，2003，第48页。

斯拉法为首的剑桥阵营则支持凯恩斯。斯拉法是维特根斯坦为数不多的挚友之一，他的批评对维特根斯坦后期哲学产生过重要影响，似乎是基于深厚的友谊，维特根斯坦大致站在了斯拉法与凯恩斯这边。

二战期间，伦敦政治经济学院不得不迁往剑桥，凯恩斯再次向哈耶克施以援手，二人关系逐步升温。哈耶克定期参加剑桥道德科学俱乐部，由此也得以同维特根斯坦定期会面。不过，二人始终未有深度交流。彼时，哈耶克正在酝酿那部即将给他带来世界性声誉的《通往奴役之路》，而维特根斯坦则对战争期间自己从事哲学工作充满躁动与鄙夷。维特根斯坦经常在道德科学俱乐部的聚会上手持火钳加入辩论，当哈耶克目睹这一惊人行为时他以为维特根斯坦疯了。波普尔当然早就知道了维特根斯坦的学术名望，但他对维特根斯坦以及以维特根斯坦为精神领袖的维也纳哲学小组的逻辑实证主义哲学都不买账。在一次道德科学俱乐部的学术会议上，当维特根斯坦在受邀参会的波普尔面前挥舞火钳时，波普尔针锋相对地给予回应，气得维特根斯坦夺门而出，此事传得沸沸扬扬。

事实上，直到二战结束之际，维特根斯坦才与哈耶克有了真正意义上的私交。二人就返乡探亲的程序与相关事宜有过几次书信往来，这当然是两位表亲那时共同面临的问题，而哈耶克也向维特根斯坦热情解答了相关问题。在此过程中，哈耶克再次感受到维特根斯坦鲜明的性格特征，发觉他既是一个不谙世故的人，又是一个关注具体细节的人。1950 年年初的一个夜晚，哈耶克乘火车前往法国北部港口加莱以返回英国。

我上车的时候已接近午夜，为了不吵醒同车厢的乘客，我黑灯更衣。突然，一个蓬乱的脑袋从下铺伸了出来，问我是不是哈耶克教授。我回答是，还没等我认出这个人是维特根斯坦，他就再没吱声把头转向了墙。第二天早晨，他起得比我早，等我吃完早餐回来时，发现他正在津津有味地读一本侦探小说。我猜他不想聊天，所以我们各自安静地读了约两小时的书，直到他突然放下手中的书，跟我热聊了起来——主要是关于奥地利和欧洲大陆的总体形势，特别还有他对俄国人的印象。谈话刚开始变得有意思起来，我们就抵达加莱了。临别时，他说我们上船后一定要继续聊，可我在船上到处都没有见到他的踪影。事实上，我自此再也没有见到过他。①

1951 年 4 月 29 日，维特根斯坦留下一句"告诉他们，我度过了美好的一生"溘然离世。听闻维特根斯坦的死讯，哈耶克才意识到，1950 年夜晚火车上的那次偶遇是二人最后一次碰面，而直到那时，二人之间实际上仍未有过真正的友谊。此时的哈耶克已经执教于著名的芝加哥大学社会思想委员会，他可以全身心地投入科学方法论与哲学研究的事业，这里跨学科的活跃的学术氛围或许让他想起了维也纳大学的美好时光。不过，他还是决定写一本维特根斯坦的传记。随即哈耶克开始联系维特根斯坦生前的朋友搜集资料，摩尔、罗素与亨泽尔等人向哈耶克提供了包括书信、口述资料与日记在内的大量有价值的资料。不过，他还是低估了这项工作的难度。鉴于当时关于维特根斯坦的传言与误解众多，维特根斯坦遗著保管人（哲学家冯·赖特、安斯康姆、里斯）对哈耶克的计划心存疑虑，这种审慎态度的确是必要的，因为哈耶克对维特根斯坦确实不甚了解。冯·赖特认为哈耶克的传记如果能够消除关于维特根斯坦的一些谣言，那么的确值得期待，但他希望哈耶克把写作重心放在维特根斯坦的生平事实，避开维特根斯坦的哲学思想本身。但是，维特根斯坦的姐姐斯通伯罗夫人坚决反对哈耶克的计划，对哈耶克的想法明确表达了反感，情势一下变得紧张起来。不过，令冯·赖特始料未及的是，哈耶克表现得相当大度，他于 1953 年停止了传记手稿的写作，并将自己搜集到的大量材料一并交给了冯·赖特，他期待未来会有好的传记出现。哈耶克之所以在遇到这些阻挠后很快失去写传的兴趣，恐怕还是因为他是一个有自己独特关切与规划的思想家，他不是一个维特根斯坦的崇拜者，更不是一个借写传来博人眼球的炒作者。

作为第一个系统搜集维特根斯坦传记材料的人，哈耶克的努力对于后

---

① 克里斯蒂安·艾尔巴赫编，弗里德里希·冯·哈耶克著《哈耶克的维特根斯坦传：文本及其历史》，刘楠楠译，广西师范大学出版社，2022，第 111 页。

来的维特根斯坦传记作品具有无可替代的参考价值。尽管没有出版,哈耶克的这份未完成的秘传还是在坊间广为流传,为人们提供了认识维特根斯坦的独特视角。总体上看,哈耶克的确没有过多涉及维特根斯坦的哲学思想,这份于1953年停笔的手稿意在勾画出一幅他自己眼里的维特根斯坦的人物肖像。哈耶克对维特根斯坦的个人崇拜没有兴趣,他努力展现的是这位富裕远亲的真实的青年生活,他的苦闷、孤独、烦恼、快乐、友谊,以及他艰难的智性旅途。这份未完成稿的结尾落笔于维特根斯坦的好友、天才学者拉姆齐1930年的逝世,至于维特根斯坦往后的人生故事,哈耶克建议人们可以去参阅马尔康姆的《回忆维特根斯坦》。如今,维特根斯坦与哈耶克这对表亲都已进入西方思想史的"万神殿",哈耶克的这份维特根斯坦简传自然也就被赋予了特殊的研究价值。不过,哈耶克与维特根斯坦终究没有实质性超出泛泛之交,他撰写这份简传的真正驱动力似乎仍难以说清。或许是维特根斯坦身上散发出的那种近乎狂热的求真品性在深层次上触动着哈耶克,从1918年他们在火车上的那次偶遇中,哈耶克已经敏锐地捕捉到了维特根斯坦的这一突出特质。

> 最让我感到震惊的,是他对一切事物都"求真"的激情(我后来才知道,这是我之前的那一代年轻的维也纳知识分子的典型特征)。这种"求真"激情在各个知识分子群体中几乎成为一种时尚,我也曾经奔走于这些知识分子群体中间。它并不仅仅意味着讲真话,而且意味着你必须以真理为"生",而不可宽容本人或他人的任何虚伪。这种态度有时会使他们十分粗暴,当然,也令人不快。对每种习俗都要予以深入剖析,对于每种传统形态,都要揭露出它是骗人的。[1]

后来计划成立朝圣山学社时,哈耶克拟议的伦理标准正是"献身于真理"。

---

[1]　阿兰·艾伯斯坦:《哈耶克传》,第15~16页。

二

哈耶克不是狭隘的经济学家，他一早就认识到要想真正捍卫自由市场经济，必须深入哲学领域，特别是认识论与科学方法论。事实上，他 20 世纪 50 年代以后的主要工作已经完全转向社会政治哲学。因此，当 1974 年因为自己早年的工作获得诺贝尔经济学奖时，他相当惊讶，因为他已不再研究专业经济学几十年了。不过，维特根斯坦的哲学对哈耶克究竟有多大影响并不清楚。英国政治哲学家约翰·格雷经过研究认为，《逻辑哲学论》还是对哈耶克的思想产生了深刻影响。[①] 例如，《逻辑哲学论》的主旨在于划出思想与语言的界限，而哈耶克的心理学哲学著作《感觉的秩序》最终强调的则是人类理性与知识的限度，这本书甚至每段都标有数字的格式也是在效仿《逻辑哲学论》，哈耶克本人则把这本书视为自己"最重要的工作"。当然，如果一定要让哈耶克本人来选择一位对他影响甚深的"哲学导师"，这个人可能是休谟，哈耶克哲学上的经验主义乃至某种程度的怀疑论倾向延续的确实是休谟的哲学传统。不过，撇开相关的学术争议不谈，这两位远亲之间确实具有某种"家族相似"。《哈耶克的维特根斯坦传：文本及其历史》收录的艾伦·贾尼克的评论认为，哈耶克与维特根斯坦作为思想家的一个共同点在于，他们都是大胆的思想家，都对传统的学术方法提出了质疑与挑战，进而打破了传统研究的界限。[②]

实际上，二人之间思想上的"家族相似"还不只停留在贾尼克指出的这种相对宽泛的学术性格层面，在一些具体而重要的实质思想方面，二人也有显著的"家族相似"。其中最引人注目的一点，或许就是对科学主义思维与方法的抵制。维特根斯坦一向坚持哲学与科学两分，反对科学地研究哲学。在他看来，哲学与科学是性质完全不同的两种事业，科学研究事实，哲学分析概念，科学通过提出假设与解释不断拓展人类认识的边界，

---

① 阿兰·艾伯斯坦：《哈耶克传》，第 283 页。

② 克里斯蒂安·艾尔巴赫编，弗里德里希·冯·哈耶克著《哈耶克的维特根斯坦传：文本及其历史》，第 130~131 页。

哲学则停留在对概念用法的纯粹描述。一言以蔽之,科学求知,哲学求理解。传统哲学正是由于效仿了科学思维才误以为自身是探究世界终极真理的知识体系,从而混淆了哲学与科学。哈耶克则坚持自然科学与社会研究的区分,坚决反对在社会研究领域照搬自然科学思维与方法。哈耶克认为,科学力求修正人们在日常生活中形成的关于外部世界的概念模式,改进人们既有的世界观或世界图示,与之不同,社会研究旨在加深我们对既有的世界图示的理解。① 社会科学研究的不是物与物的关系,而是人与物或人与人的关系,总是涉及人的目的、意图或观点,它试图理解人的行为。作为社会科学对象的"社会事实"本质上是一种比自然事实复杂得多的主观性的精神造物,必须适用一种主观主义与个人主义的"综合"方法才能获得正确理解。② 社会科学领域流行的种种研究进路,如实证主义、历史主义、集体主义、行为主义,在哈耶克眼里本质上都是科学主义的变种,误导了社会科学的走向。

二人甚至也都把科学主义作为西方现代文明的时代精神加以批判。维特根斯坦认为科学主义思维是欧美文明的基础,这种思维不断地追求技术进步,追求更加复杂与庞大的构造物,带来了工业、建筑、法西斯主义、原子弹等现代文明,将时代置于黑暗之中。维特根斯坦对欧美文明态度悲观,认为现代人在科技进步的方向上一路狂飙,最终可能导致自我毁灭。③ 哈耶克同样认为西方现代文明为科学主义精神所主宰,这种精神迷信人类的理性能力,自负地认为人类的理性可以把握世界的绝对真理,进而掌控社会历史进程乃至人类理性能力本身的发展。④ 在哈耶克看来,这种科学主义的哲学基础就是笛卡尔式理性主义,一种迷信人类理性能力的"建构理性主义",它最终带来了现代社会的种种文明倒退、经济匮乏、社会混乱与人道灾难,是科学与理性的滥用,是"科学的反革命",因而是关乎

---

① F. A. 哈耶克:《科学的反革命》,冯克利译,译林出版社,2003,第15~16页。
② F. A. 哈耶克:《科学的反革命》,第30~39页。
③ 韩林合:《维特根斯坦〈哲学研究〉解读》(下册),商务印书馆,2010,第1507~1510页;瑞·蒙克:《维特根斯坦传:天才之为责任》,王宇光译,浙江大学出版社,2011,第488~490页。
④ F. A. 哈耶克:《科学的反革命》,第106~108页。

文明存亡的大问题。①

　　出于对科学主义的抵制，二人的思想不约而同地都具有某种"保守"或"消极"色彩，反对某种"理性建构主义"。后期维特根斯坦放弃了前期构建"理想语言"研究哲学的基本想法，倡导哲学应回归自然形成而非人为建构的日常语言，主张哲学的基础在于由无限多样的语言游戏和合而成的人们不得不接受的"生活之流"。维特根斯坦明确反对哲学的任务是理论建构，认为哲学的任务不是建构世界图景，而是澄清思维秩序，具体说就是描述词的用法。"哲学恰恰只是将一切摆放在那里，它不解释任何东西而且不推导出任何东西。"②哈耶克眼里的"理性建构主义"更是贻害无穷，他认为"建构主义谬误"的根源在于错误的理性观念，没有意识到人类理性与认识的限度，哈耶克进而提倡一种演化主义的理性观念。根据哈耶克，人类文明及其各种制度是人类行为的结果，但不是人类设计的结果。道德、语言、国家、法律、工艺技术、市场、货币以及其他社会制度并非人的头脑为了某个目的有意设计的东西，并非理性的发明，而是人类在历史进程中自发地演化出来的产物。个体的大脑不可能掌握关于这些自发形成的制度的全部知识，人们在"无知地"遵守进而维系着这些规则。制度的传承不是靠某个"中央大脑"的理性决策，而是源于漫长的社会选择过程，那些更有利于群体秩序的行为模式最终在代代相传的文化传递过程中被选择出来。实际上，理性本身也是进化中的文明的一部分，而非超然于文明之外的评判者。支配人类行为的并非简单的目的理性意义上的因果知识，而是更多人们知之甚少且绝非他们主动发明的行为规则。③

　　科学主义最突出的哲学症状或许就是形而上学，反形而上学则是20世纪英国与奥地利哲学的共同倾向，维特根斯坦与哈耶克也不例外。拒斥形而上学几乎是维特根斯坦哲学贯穿始终的基本目标，在维特根斯坦看来，试图给万事万物提供本质解释与终极真理的形而上学不仅造成哲学家躁动

---

① 弗里德里希·冯·哈耶克：《经济、科学与政治——哈耶克思想精粹》，冯克利译，江苏人民出版社，2000，第593~595页。
② 维特根斯坦：《哲学研究》，韩林合译，商务印书馆，2013，第91页。
③ 弗里德里希·冯·哈耶克：《经济、科学与政治——哈耶克思想精粹》，第607~629页。

不安的精神状况，还带来知识混乱，产生了大量无意义的"哲学命题"。维特根斯坦认为，形而上学思维的直接诱因就是语言的滥用，或者说对词语用法的误解。例如，通过实指定义学习名词的习惯会诱导人们以为所有的名词都指称一个固定的对象，于是哲学家总是试图为困扰他们的那些大词（如"命题""意义""数""物""美"等）提供某种形而上学实体。相比维特根斯坦，哈耶克更加关注社会领域的形而上学及其对实践的危害，但他同样强调形而上学的语言诱因。一旦人们被"社会"这个名词误导，以为存在一个与之对应的固定的实体，即一种整体意义上的"社会"实体，人们就试图相信理性可以揭示社会整体的运作规律，进而可以预测、掌控社会历史进程。实际上，所谓的"社会整体"不过是头脑的建构，而非自然科学意义上可以对象化的特定客体。受语言误导的这种形而上学概念在社会科学中广泛存在，除了"社会"一词，"民族""资本主义""经济""法律体系""社会公正"等词语概莫能外。① 对于这些导致形而上学的被滥用的词语，从名词、动词到形容词，哈耶克均做了考察，并称之为"被毒化的语言"。②

就总体的思想目标而言，维特根斯坦追求的是清晰的思维秩序，以实现精神安宁，哈耶克关心的则是自由的社会秩序，以促成文明繁荣。可以说，秩序是二人思想共同的关键词。无规矩不成方圆，秩序的形成当以规则为前提，也因此，关于规则的讨论同样在二人思想中占据一个重要地位。维特根斯坦探讨了语言规则与哲学问题的关系，以及遵守规则的性质、基础与悖论等一般问题。在维特根斯坦看来，哲学问题源于对语言规则的违背，而包括语言规则在内的各种社会规则都植根于相应的生活形式。遵守规则意味着在相应的生活形式中掌握某种技术，反复地训练，形成某种习惯或习俗，归根结底，它是一种在生活形式中生长出来的实践。③ 哈耶克则分析了社会规则与社会秩序的关系，以及社会规则的类型、来源

---

① F. A. 哈耶克：《科学的反革命》，第53页。
② F. A. 哈耶克：《致命的自负——社会主义的谬误》，冯克利、胡晋华译，中国社会科学出版社，2000，第121~137页。
③ 韩林合：《维特根斯坦〈哲学研究〉解读》（下册），第1171~1172页。

与价值等基本问题。哈耶克区分了人为建构的规则与自发形成的规则，主张后者才是社会秩序得以发展的基础，尽管遵守这一类规则的个体缺乏相关的明确认识。它们通过自然选择的过程被传承下来，并潜移默化地支配着群体成员的行为。细看之下会发现，二人的规则观念在一些关键节点不无吻合，例如，他们都主张规则的公共性、指引性、一致性、自发性等特征，以及个体遵守规则的盲目性。

最后，由于他们也都强调人类认识的有限性，明确反对理性与语言的滥用，强烈的界限意识使他们的思想有了某种虔诚的色彩，甚至似乎都隐隐折射出康德哲学的影子。不过，尽管如此，两人在精神气质、思想方式与哲学关切上终究是不同的，他们的生命经验与精神世界也很不相同，这或许也是二人始终没有深度交往的深层原因。就像编者克里斯蒂安·艾尔巴赫在导言里说的，"他们的交往始于并且终于火车上的闲谈，这一事实似乎象征了他们之间的关系：维特根斯坦与哈耶克经常朝同一个地理方向旅行，但是他们的思想之旅迥然不同"。① 不过，他们都是真正的思想者。维特根斯坦一生中的大多数时候都是孤独的。后来我们知道，在哈耶克往后追求自由与真理的漫长余生旅途上，孤独同样未曾真正远离他。

---

① 克里斯蒂安·艾尔巴赫编，弗里德里希·冯·哈耶克著《哈耶克的维特根斯坦传：文本及其历史》，第 13 页。

现实的乌托邦

——卢梭与罗尔斯的政治伦理研究

王幸华*

摘　要：被以赛亚·伯林批评为自由的敌人的卢梭，何以成为当代最著名的自由主义者之一约翰·罗尔斯的重要思想来源？罗尔斯在其国内和国际正义理论中试图建构一个现实的乌托邦，这个理想社会之所以是现实的，一个重要原因是"对于人，它能考虑他们所是的状况，而对于法律，考虑它们可能是的状况"。这是罗尔斯对卢梭的道德心理学和政治哲学的重要继承。这种继承，也使罗尔斯的正义理论比其他的正义理论更现实、更稳定。

关键词：现实　自由　乌托邦　正义理论

　　为什么要选择卢梭来做与罗尔斯的比较研究？为什么强调罗尔斯对卢梭的继承关系以及二者间的相似之处？在表面上看来，较之于卢梭，洛克、密尔等人的理论与罗尔斯的理论之间的关系更加密切，而罗尔斯对他们理论的继承关系也更加明显。但在笔者看来，正是这种反差性特别令人感兴趣，我们想知道：被以赛亚·伯林等人批评为自由的敌人的卢梭，何以成为当代最著名的自由主义者之一约翰·罗尔斯的重要思想来源？在本文中，笔者通过考察罗尔斯在《正义论》和《万民法》中提到的他继承的卢梭的社会契约传统，特别是他的现实的乌托邦假设，即"对于人，它能考虑他们所是的状况，而对于法律，考虑它们可能是的状况"，[①] 试图表明罗尔斯对卢梭的这一传统的继承使他的国内和国际正义理论比其他正义理论更现实、更稳定。而且，这一继承关系也有助于罗尔斯和卢梭回应其批

---

*　　王幸华，中国社会科学院哲学研究所、中国社会科学院应用伦理研究中心副研究员。

①　　约翰·罗尔斯：《万民法》，除肖生译，吉林出版集团有限责任公司，2013，第55页。

评者对他们的一些批评。

一 罗尔斯对卢梭的继承：社会契约理论

众所周知，罗尔斯是一位自由主义者，人们都赞同罗尔斯的自由主义的基本主张，例如奴隶制是错误的，每个人都是自由且平等的。但人们对卢梭的评价却是毁誉参半的。与卢梭同时代的思想家伏尔泰和当代思想家以赛亚·伯林等人都对卢梭提出过尖锐的批评。在伏尔泰看来，卢梭在《论人类不平等的起源和基础》中对自然状态的和平与幸福的讴歌其实是主张回到一种野兽的自然状态。但笔者认为，这一看法是对卢梭的误解。卢梭所倡导的自然状态，并不是一种野兽状态，而是一种自由、平等、独立、幸福的状态。

以赛亚·伯林定义了两种自由的概念——分别是消极自由和积极自由。消极自由指的是不受干涉地去做自己愿意做的事的自由。积极自由指的是自我控制、自我决定的自由。

积极自由有两种表现，一种是作为个人理性的自由，是一个人的理性自我对激情与欲望的自我的超越，另一种是作为社会理性或社会自律的自由。卢梭所主张的便是积极自由。因为卢梭认为自由就是社会自律，服从普遍意志，服从自己为自己制定的法律。在社会契约传统中，这种社会自律的体现就是自然状态中自由和平等的个体把自己的自然权利让渡给国家，然后通过建立社会契约，国家又把他们平等的权利还给个人。通过这种方式，在社会状态中的个人和自然状态中的个人一样自由。所以，服从普遍意志就是自由。但在伯林看来，卢梭是自由的敌人。伯林认为，当积极自由的自我被膨胀成某种超人的实体，比如国家、阶级、民族或者历史本身时，积极自由的自我与消极自由的自我的冲突就体现出来，积极自由的自我约束并迫使消极自由的自我就范。在这个意义上，伯林认为自由走向了自身的反面，成为"残酷暴政的华丽伪装"。纳粹屠杀犹太人的暴行似乎可以被人们视为卢梭所主张的积极自由导致暴政的一个历史案例。当时犹太人是德国的少数派，而日耳曼人是多数派。在当时的统治背景下，作为少数派的犹太人被多数派的意志所裹挟,最终酿成了大屠杀的暴行。

因此,卢梭在学界受到的评价是较低的。但这里就有一个重要疑问:为什么被以赛亚·伯林批评为自由的敌人的卢梭,是当代最著名的自由主义者之一约翰·罗尔斯的重要思想来源?这里先来看罗尔斯《正义论》和《万民法》中的两段引文。

"我的目的是要提出一种正义观,这种正义观进一步概括人们所熟悉的社会契约理论——比方说:在洛克、卢梭、康德那里发现的契约论,并使之上升到一个更好的抽象水平。"[①] "一种自由主义的正义观要成为现实的,必须满足两个条件。第一,它必须依赖真正的自然法,且具有这种法所允许的稳定性,也就是具备基于正当理由的稳定性。对于人,这种正义观(通过自然法)考虑他们所是的状况,对于宪法和民法考虑它们可能是什么状况,也就是考虑它们在一个从合情理意义上讲是正义的和组织有序的民主社会中可能是的状况。在这里,我遵循卢梭在《社会契约论》开篇中提出的思想:'我的目的是要去考察一下,在一个政治社会里,是否有任何合法和确定的管治原则,对于人,它能考虑他们所是的状况,而对于法律,考虑它们可能是的状况。在这种探究中,我将总是尝试将正当所允许的东西与利益所要求的东西结合起来,以便使正义与效益两者绝不会出现分歧。'"[②]

通过上述两段引文可以看出罗尔斯在其国内和国际正义理论中对卢梭的社会契约理论的重要继承。那么在这里,罗尔斯以及卢梭所指的"对于人,它能考虑他们所是的状况,而对于法律,考虑它们可能是的状况"是什么意思?笔者认为,这就是社会契约论的核心思想。我们首先来看霍布斯、洛克与卢梭的社会契约理论的比较。在霍布斯那里,人是理性且自利的。在自然状态下,每个人都追逐自己利益的最大化,最后导致的就是损人利己的行为,然后导致了人对人的战争。为了避免这种战争状态的出现,理性和自利的个体会同意社会契约,服从一个绝对的主权者,保证每

---

① 约翰·罗尔斯:《正义论》(修订版),何怀宏、何包钢、廖申白译,中国社会科学出版社,2009,第9页。

② 约翰·罗尔斯:《万民法》,第54~55页。

个个体的最大利益。洛克并不认为自然状态是人对人的战争，而是一个自然法的状态，自由、平等和独立的个体受到自然法的约束，尊重其他人的生命、自由和财产。人们同意社会契约建立一个共和国是为了仲裁纠纷和赔偿损失。与霍布斯认为个体对主权者的服从是无条件的不同，洛克认为个体的服从是有条件的，在社会状态下，人们仍然拥有自然权利，例如财产权，任何违反这些权利的政府都可以被推翻。

卢梭认为，自然状态下的人是独立、健康、快乐和自由的，但随着人们的社会关系的发展，人与人联系越来越紧密，社会分工和财产私有发展，人们开始滋长出一种消极的自尊心，即一种奴役人的欲望。这就是卢梭认为的人类不平等的起源。要扭转这种人与人之间的不平等关系，理性和自利的个体必须通过社会契约建立联合体保证每个人的平等权利，使每个人在社会状态像在自然状态一样自由，甚至更加自由。但与洛克不同，卢梭认为人们应该把自然状态下的所有权利全部交给通过社会契约建立的联合体。但如果政府篡夺了人民的权利，那么人民有义务推翻它。卢梭和洛克都认为政治权利应该交给大众，而不是一个独裁者。这也是罗尔斯所继承的传统。罗尔斯强调一个政治社会的稳定性必须是"出于正当理由的稳定性"（stability for the right reason），而不是"权宜之计"（modus vivendi）。其原因就是，我们所要实现的具备现实意义的稳定性，并不是要大家被迫同意一个独裁者的统治，或者被迫同意一个管制的原则，而是大家都能够发自内心地认同这个管制的原则，认同这个制度，认同这个政府。

那么，我们现在要问的是：罗尔斯的社会契约理论到底是跟洛克的社会契约理论更相似，还是跟卢梭的社会契约理论更相似？在笔者看来，罗尔斯继承的更多是卢梭的社会契约理论。一个原因是，他和卢梭都有一种"强制自由"的理论。什么是"强制自由"？卢梭说："谁拒不服从公意，整个共同体就要强迫他服从公意，这就是说人们要迫使他自由。"① 类似的，罗尔斯说过："如果人们在相互歧视或者在损害别人自由以提高自己

---

① 让-雅克·卢梭：《卢梭全集》，李平沤译，商务印书馆，2012，第35页。

尊严的行为中得到某种快乐，那么，对这些欲望的满足，我们也必须根据它们的强度或别的什么因素，把它们和别的欲望放到一起在我们的慎思中加以衡量。如果社会决定拒绝满足它们，或压制它们，这是因为它们对社会具有破坏性的倾向，以及能通过别的途径达到一种较大福利。"①

虽然在《正义论》中这段话出现的地方，罗尔斯意在批评功利主义的正义原则，但同样的批评也适用于一切把大多数人的快乐或利益凌驾于少数人的自由或尊严之上的正义原则。对卢梭的强制自由理论的一个误解就是，它用大多数人的利益裹挟或压制了少数人的利益。但根据罗尔斯对卢梭的公意的解读，大多数人的私人意志的总和并不是公意，人们不能通过歧视别人或损害别人的自由来提高自己的尊严。

回到之前所举的纳粹政府屠杀犹太人的例子。卢梭的积极自由理论或者强制自由理论可以被解读为对纳粹暴行的理论支持吗？笔者认为这是对卢梭理论的误读。借由以上罗尔斯对卢梭的解读，我们可以发现，服从公意并不是服从大多数人的统治。根据罗尔斯对卢梭的解读，卢梭的强制自由理论表达的并不是大多数人的积极自由对少数人的消极自由的裹挟和压制。根据罗尔斯的解读，卢梭想要说的是，人与人之间的关系是平等的，因此没有理由因为某些偶然的因素，比如皮肤的颜色，歧视另一个人，认为另一个人比自己低一等，也不能为了自己的利益或尊严而损害别人的自由。因此，如果一些人渴望通过歧视他人或损害他人的自由来满足私人利益或提高自己的尊严，那么通过慎思，基于这种渴望对社会的破坏性影响，社会将拒绝满足这种渴望或决定压制这种渴望。基于这种解读，刚刚说到的纳粹大屠杀的例子显然并不是一个强制自由的例子；恰恰相反，在相互歧视和损害别人自由的情况下，在纳粹的例子里并不是犹太人歧视日耳曼人，而是相反。日耳曼人并没有把犹太人看成与自己拥有平等地位的个体，而是把他们看成劣等人，并通过损害他们的自由来提高自己的尊严。所以纳粹大屠杀并不是"强制自由"的一个例子。

如果罗尔斯的社会契约理论和卢梭的社会契约理论如此相似的话，那

---

① 约翰·罗尔斯：《正义论》（修订版），第24页。

么我们得出的结论究竟是卢梭是自由主义者还是罗尔斯不是自由主义者？笔者认为，如果我们都认可罗尔斯是自由主义者，那么鉴于罗尔斯对卢梭如此明显的继承关系，我们或许可以重新考虑卢梭究竟是不是自由的敌人。当然，罗尔斯对卢梭思想的继承不但体现在强制自由观上，而且也体现在现实的乌托邦上。这正是笔者接下来要讨论的重点。

二　罗尔斯对卢梭的继承：现实的乌托邦 与合理的道德心理学

在《正义论》和《万民法》中，罗尔斯强调他的正义理论比其他正义理论更现实："对于人，它能考虑他们所是的状况，而对于法律，考虑它们可能是的状况。"这正是罗尔斯对卢梭社会契约理论的继承。在国内正义理论中，关于"对于人，它能考虑他们所是的状况"，罗尔斯认同卢梭的理性和自利个体的假设，强调人是自由、平等和理性的，因此，不能假设人们只认同一种内在价值，也不能假设人们由利他主义倾向所主导，会为了大多数人的功利而牺牲自己的自由。在《正义论》中，罗尔斯强调他的正义理论比直觉主义、完美主义和功利主义更现实、更可行。它之所以比直觉主义更现实，是因为直觉主义没有一个优先原则来解决正义第一原则之间的冲突；比完美主义更现实，是因为完美主义假设一种善的观念（比如人的卓越）是唯一具有内在价值的，这不能被原初状态的各方接受；比功利主义更现实，是因为功利主义假设人们会为了功利而牺牲个人自由，这是一种不合理的道德心理学。关于"对于法律，考虑它们可能是的状况"，罗尔斯认为，在原初状态下，自由、平等和理性的个体会同意正义的两个原则，因为正义原则保障了他们的自由与权利、权力与机会、财富与收入，以及自尊的社会基础的平等公平分配。

为什么罗尔斯认为围绕他的正义理论所构建的社会更加稳定？这里同样可以看出罗尔斯对卢梭的继承关系。罗尔斯把稳定性论证分为两个部分：道德心理学论证和一致性论证。就前者而言，罗尔斯认为在良序社会中，人们在道德心理发展的第三个阶段会获得一种正义感，这种正义感会使他们自愿地维护良序社会、自愿地遵守正义原则。就后者而言，人们对正义原则的遵守与他们的善的观念是保持一致的，即他们从自己是自由、平等和理性的个体的假设出发，会自愿地遵守正义原则。在稳定性论证中，罗尔斯同样继承了卢梭的道德心理学。罗尔斯表示，他的《正义感》一文目的在于阐释卢梭的论点怎么可能是真的。这里，卢梭的论点指的是"正义感不单是由知性（understanding）形成的道德观念，而且是由理性启迪心灵的一种真实情感，是原始感情的自然结果"。① 为什么正义感是原始感情的自然结果？根据罗尔斯的解读，人们在道德发展的第一阶段，假如看到他们父母带着明显意图爱他们，那么他们将拥有一种相互性的情感，比如爱的情感；在第二阶段，假如人们在第一阶段已经获得了爱的情感，那么在第二阶段，一旦他们看到他们周围的人都对他们友好，他们也会相互性地产生友好的情感；在第三阶段，基于人们在第一阶段和第二阶段所获得的爱、友好等自然情感，当人们看到其所在的社会保障了他们的自由与权利、权力与机会、财富与收入，以及自尊的社会基础的平等公平分配时，人们将获得一种正义感，自愿地维护社会的正义原则。具体而言，罗尔斯基于这样一种心理学原则认为人们将在第三阶段获得正义感："我假定下述的心理学原则：孩子变得爱他的父母是因为他们先表示出了对他的爱。"② 罗尔斯表示这一心理学原则继承了卢梭在《爱弥儿》中的思想："小孩子的第一个情感是爱他自己，而从这一个情感产生出来的第二个情感，就是爱那些同他亲近的人。"③ 因此，很明显，罗尔斯的道德心理学是对卢梭的道德心理学的继承。

罗尔斯在道德发展的三个阶段都强调相互性的情感倾向，也就是说，假如你对我好，那么我也对你好。在一个良序社会或正义社会中，这种关系并不是一种点对点的关系。虽然我们都生活在一个社会里，但我们可能在绝大多数情况下都是陌生人。这就引出了一个批评。如果只有在你为公

---

① 约翰·罗尔斯：《罗尔斯论文全集》（上册），陈肖生等译，吉林出版集团有限责任公司，2013，第 111 页。

② 约翰·罗尔斯：《正义论》（修订版），第 366 页。

③ 让-雅克·卢梭：《爱弥儿·论教育》，李平沤译，商务印书馆，1996，第 290 页。

平的合作体系做出贡献后，我才会对你持有一种友好的情感且我才愿意遵守正义的两个原则的话，那么，如果你没有对社会合作做出贡献的话，我还应该对你持有一种友好的情感吗？如果答案是否定的，那么罗尔斯的现实的乌托邦是不是一种残忍的乌托邦？迈克尔·普里查德批评罗尔斯道："假设可靠的方法被找到，它可以确定哪些新生儿未来将给社会带来最大的危害——例如，那些有严重智力或身体残疾的人和那些在年幼时就患上了导致残疾疾病的人，以及那些最终会成为不同意见者试图摧毁它的制度的人。如果社会采取措施把这些新生儿从社会移除（通过杀婴或者把他们送到不那么善良的社会），假设新生儿没有为社会做出什么重大的贡献，那么这种做法似乎与相互性的原则一致。"①

我们应该如何对待那些没有参与社会合作的人或群体？普里查德对罗尔斯的这个批评与本文一开始所提及的伯林对卢梭的批评类似。普里查德担忧的是，虽然大多数人都身心健康，也愿意参与社会合作，但是对于一小撮身心存在障碍或者不愿参与社会合作的人，应该如何对待他们？伯林担忧的是，这么一小撮人会不会被公意裹挟了？那么，罗尔斯会怎样回应这些问题？在回答这些问题之前，让我们先回到罗尔斯正义理论的现实性和稳定性。

我们说到，在国内正义理论中，因为罗尔斯的正义理论继承了卢梭的社会契约理论，把人当作他所是的状况，把法律当作它可能是的状况，所以他的国内正义理论要比其他正义理论更加现实和稳定。在《万民法》中，罗尔斯同样强调了他的国际正义理论对卢梭社会契约理论的继承。罗尔斯说道："由诸组织有序的人民组成的在合情理意义上讲是正义的万民社会，与一个自由或正派的社会一样，是以同样的方式成为现实的。在这里，对于人民，我们还是考虑他们所是的状况（他们在一个从合乎情理意义上讲正义的民主社会里被组织起来的状况）；对于万民法，考虑它们可能是的状况，也就是考虑它们在一个由诸正义的和正派的人民所组成的从

---

① Michael S. Pritchard, "Rawls's Moral Psychology," *Southwestern Journal of Philosophy*, Vol. 8, No. 1, 1977, p. 65.

合情理意义上讲是正义的社会可能是什么样子。"①

　　对于人民，罗尔斯要考虑他们所是的状况：人民像人一样，是自由、平等和理性的，他们也具有维护自己的政治独立、领土安全和人民福祉的根本利益。人民也是合理的，具有一种恰当的自尊感，并且这种自尊感使他们倾向于尊重其他人民。在这里，罗尔斯强调人民与国家的区分："使得人民有别于国家的——这一点非常关键——是只有人民才有充分的意愿准备对其他同样平等的人民给予相同的应有尊重和认同。"② 对于万民法，罗尔斯要考虑它们可能是的状况：自由、平等、理性和合理的人民会同意万民法的八个原则，因为万民法保护了他们的两个根本利益，一个是政治独立、领土安全和人民福祉，另一个是自尊。

　　罗尔斯所设想的万民社会同样具备稳定性。罗尔斯认为，万民社会中的人民也像人一样，通过道德学习获得正义感，这也促使他们一旦看到万民法的八个原则保护和促进了他们的根本利益，即"政治独立、自由的文化及其各种公民自由权利"、"保障自己的安全、领土完整及其公民的福祉"以及"从其他人民获得应有的尊重，以及对平等地位的承认"，③ 他们就会愿意遵守万民法的八个原则。

　　因此，笔者认为罗尔斯的现实的乌托邦理论继承了卢梭的社会契约理论，特别是他的道德心理学，这也是罗尔斯的正义理论比其他正义理论更加现实、稳定的原因。罗尔斯对卢梭的道德心理学的继承还特别体现在他对卢梭自尊理论的继承上。对卢梭而言，在社会契约下的人们关心两个根本利益，即他们自己的福祉（这是他们自爱的对象）以及他们与其他人的平等地位（这是他们自尊的对象）。卢梭认为我们的自然形式的自尊，即与他人平等的渴望，对我们的行为提出了正当的要求，它要求我们给予其他人与我们平等的地位。正如罗尔斯所说："只要——这个'只要'相当重要——我们的平等地位获得了他人的接受，并在社会的制度安排中能得到确保，那么，在这种天然之自尊的推动下，我们也愿意赋予他人以平等

① 约翰·罗尔斯：《万民法》，第59页。
② 约翰·罗尔斯：《万民法》，第77页。
③ 约翰·罗尔斯：《万民法》，第76~77页。

的地位，并且愿意承认他们的需要与正当权益所施加给我们自身的正当限制。"①

三　对批评者的回应

现在我可以回到普里查德对罗尔斯的批评。刚刚说到，罗尔斯的现实的乌托邦确保了人们（或人民）的天然的自尊，而人们（或人民）在自尊的推动下，愿意赋予其他人（或其他人民）平等的地位，并且愿意承认他们的需要所施加给我们的正当限制。不管是普里查德笔下的身体残疾的人还是心理残疾的人，只要他们是这个社会中的成员，他们的平等地位就应当得到认可，他们的需要也应该正当地限制我们的行为。至于试图摧毁社会制度的人，如果他们不尊重其他人的平等地位，也不因为其他人的需要限制自己的不合理的行为，那么他们的要求必须被"驳回"，他们奴役其他人的欲念（一种消极形式的自尊）不可能被同时满足，因此不可能被普遍化。

这里也可以进一步回应伯林对卢梭的批评。实际上，罗尔斯已经"帮"卢梭回应了这样一种批评。罗尔斯说道："自由就是按照我们给予自己的法律而行动。这并不导致一种严厉命令的道德，而是导向一种互尊和自尊的伦理学。"② 此外，西季威克对康德的批评与伯林对卢梭的批评如出一辙。西季威克说："在康德伦理学中，最使人震惊的莫过于这样一个观念：即当一个人按照道德律行动时，他就实现了真正的自我；相反，如果一个人让感官享受的愿望或偶然性的目标来决定他的行为，他就屈服于自然律了。"③

罗尔斯在回答西季威克对康德的批评时指出，"作为本体自我的各方有

① 约翰·罗尔斯：《政治哲学史讲义》，杨通进、李丽丽、林航译，中国社会科学出版社，2011，第202页。
② 约翰·罗尔斯：《正义论》（修订版），第201页。
③ 约翰·罗尔斯：《正义论》（修订版），第200页。

完全的自由来选择他们所想望的任何原则"，① 因此，原初状态中的自由、平等的理性存在者并不是以赛亚·伯林所批评的理性个体，用理性压制自己的激情和欲望，个体的消极自由被积极自由裹挟，而是卢梭笔下"真正自由的人"，他"只做他喜欢做的事情""不被自己之外的意志所支配""服从自己为自己制定的法律"。所以，在卢梭那里，积极自由并不是消极自由的反面，而是消极自由的前提，正如以赛亚·伯林所承认的："作为对'谁统治我?'这个问题的回答，'积极'自由是一种普遍有效的目标。我不知道我为何被说成是对此表示怀疑的，或者，为什么有人认为我怀疑下面这条更进一步的命题：民主的自我管理是人类的一种基本需要，是某种有其自身价值的东西，无论它是否与消极自由的主张或任何其他目标相冲突。"②

有趣的是，伯林自己的价值多元主义也面临困境。我们知道伯林有两个核心观点：一个是自由的核心含义是消极自由而不是积极自由，并且积极自由有可能限制消极自由走向极权主义；另一个是这种消极自由是由价值多元主义的事实所支持的，自由、平等、友爱、秩序等价值并不彼此相容，并且没有优先顺序。但是，约翰·格雷指出，伯林的消极自由观与价值多元主义是不一致的。格雷说："如果终极价值是不可衡量的，并且在它们中间没有排序是唯一理性的，或者比另一个更理性，那么什么可以保证消极自由被给予特殊的重量?"③ 因此，如果伯林要坚持价值多元主义的立场的话，那他似乎就必须放弃自由主义。

而与伯林在多元主义与自由主义之间的摇摆不同的是，罗尔斯在其前后期著作中一直坚持他的自由主义立场，他认同卢梭的观点，自由的价值优先于其他的价值。罗尔斯认为，他的合理多元主义与自由主义并不矛盾，而且只有自由社会才能保证每个人不受干涉地追求自己的合理的生活计划。此外，伯林认为人是自我创造的，因此并没有一个普遍的人类本质。与伯林不同的是，罗尔斯在其前后期著作中，一直追随卢梭和康德的社会契约传统，认为人是自由、平等和理性的，他考虑从关于人的这些事

① 约翰·罗尔斯：《正义论》（修订版），第201页。
② 以赛亚·伯林：《自由论》，胡传胜译，译林出版社，2003，第44页。
③ John Gray, *Isaiah Berlin*, Princeton University Press, 1996, p. 119.

实出发，可以合理地同意什么样的正义原则。罗尔斯在《正义论》中做出了一个关于道德个体的形而上学预设，即人是自由、平等和理性的，在《政治自由主义》中，罗尔斯关于人的预设是政治的，而非形而上学的。与《正义论》中自由、平等和理性的道德个体假设相似的是，《政治自由主义》中的政治个体，也是自由、平等和理性的。他们是自由的，因为他们具有形成、修改和追求善的观念的道德能力，是正当要求的自证来源并且能为他们的目的承担责任。他们是平等的，因为他们同样具有两种道德能力——正义感的能力和善的观念的能力——以进行社会合作。他们是理性的，因为他们有自己的善的观念，并且愿意付出努力并利用资源来实现自己的人生计划。在这样的预设下，罗尔斯考虑人们可以对哪一种政治的正义观念达成一致契约。与《正义论》相似的是，罗尔斯认为政治的个体之所以会同意正义的两个原则，是因为正义原则保障了公民的自由与权利、权力与机会、财富与收入以及自尊的社会基础的平等公平分配。这也使政治社会的公民自愿地遵守正义的两个原则，使政治的正义社会比其他社会更加稳定。

结　论

总而言之，罗尔斯在其前后期著作中都继承了卢梭的社会契约传统，特别是他在其国内和国际正义理论中试图建立的现实的乌托邦，"对于人，它能考虑他们所是的状况，而对于法律，考虑它们可能是的状况"，这种基于人性的事实考虑推演正义原则的基本逻辑正是卢梭的社会契约理论的要义。罗尔斯试图证明他的正义理论比其他正义理论更现实和稳定，其中一个原因是在他的现实的乌托邦中的人们（或人民）都有正义感，而这种正义感的源头，则是爱的自然情感。罗尔斯指出他关于人性的这一事实的洞察也来源于卢梭的道德心理学理论。因此，我们有理由认为，相比洛克、密尔等人的理论，罗尔斯的政治伦理与卢梭的理论更具有亲缘性，这种亲缘性既有助于罗尔斯回应其批评者对其"残忍的乌托邦"的指责，也有助于卢梭回应其批评者认为其政治学可能导致极权主义的暴政的主张。

·经济伦理·

数字市场经济发展过程中的伦理隐忧

刘芮彤*

摘　要：市场对资源的配置由社会可利用资源与技术和消费者的偏好所决定，其效率受市场失灵影响。数字技术作为社会可利用的新技术，不仅拓展了市场的边界，掌握了消费者的偏好，还改善了市场失灵，提升了市场经济的配置效率。融入数字技术的市场经济出现了市场逻辑对原有价值观的侵蚀、由数字权力主导的数字剥削，以及由数字鸿沟导致的利益分配不均等问题。数字市场经济中的经济主体间出现的这些新的利益冲突，需要新的伦理规范进行调节，否则将走向数字市场社会。

关键词：数字技术　市场经济　利益冲突　伦理规范

经济形态是对某一历史阶段最先进生产力及生产活动的抽象描述，会随着生产力的发展而发生改变。在经历原始经济、农业经济和工业经济三种经济形态后，人类社会正处于数字经济发展时期。当前，数字化逐渐成为表征人类社会和客观世界的重要方式，而数字技术的融入则显著地提高了人们在经济活动中获取及处理信息的能力和效率。相较于以往的市场经济，嵌入数字技术的市场经济更凸显了"效率至上"原则，并呈现一些新特点。数字技术在经济活动中的应用也在不同程度上影响了人们的生产生活方式，在人与人之间形成了新的社会关系。对于各种经济活动和相应的经济关系以及经济运行规律，除了要做经济上的效率判断，还应该对其进行价值判断。[①] 因此，对数字市场经济发展过程中引发的新生产生活方式进行伦理上的审视是十分必要的。

　＊　刘芮彤，烟台大学马克思主义学院讲师。
　①　孙春晨：《论经济与伦理的相关性》，《伦理学与德育研究》2005 年第 1 期。

一 市场运行机制与市场失灵

经济活动与稀缺资源的生产、使用和管理相关，其核心目的在于对有限的资源进行有效利用。生产力的发展、社会分工的出现和私有制的确立促成了商品的交换，而商品的频繁交换和各种交换关系的集结形成了市场。[①] 由市场进行资源/商品调配的经济就是市场经济。

(一) 市场的决定性因素

人们需要通过市场对有限且分散的资源进行整合、分配、利用，生产出能够满足人们不同需求的产品。市场的运行过程实际上就是决定生产什么、如何生产以及为谁生产这三个问题的过程，而在这一过程中起决定性作用的是社会可利用的资源与技术和消费者的偏好。[②]

可供人们利用的资源是有限的。在技术水平一定的情况下，如果想增加其中某一种产品的数量，就需要相应地减少其他产品的数量。如果将可利用资源全部投入生产，根据产出的产品不同，会出现多种不同的排列组合。这些排列组合的结果代表着一个社会或国家的生产可能性，将其用数值表示并相互连接可描绘出这个社会或国家的生产可能性边界（production-possibility frontier，PPF）。[③] 生产可能性边界内的任何一点都意味着可利用资源存在闲置的状况，未能得到充分利用；边界外的任意一点则受资源和技术条件限制无法实现；只有选取边界上的任何一点才意味着资源得到了最有效的配置。市场的作用在于通过自身的运作使生产什么和如何生产的方案是落在生产可能性边界上的一个点，即实现可利用资源的最优配置。要想使生产可能性边界外移，则并非市场的力量所能推动的，而是取决于社会可利用资源的增加和技术的进步。

---

① 汪丁丁：《市场经济的道德基础》，《改革》1995 年第 5 期。
② 参见保罗·萨缪尔森、威廉·诺德豪斯《经济学》（上册），萧琛等译，商务印书馆，2012，第 38 页。
③ 保罗·萨缪尔森、威廉·诺德豪斯：《经济学》（上册），第 22 页。

实现可利用资源的最优配置并非只有唯一解，任何一个落在生产可能性边界上的点所代表的生产方案都是一种最优配置。选择按照生产可能性边界上的哪个点进行生产，即决定不同产品具体的生产数量，就应回到第三个问题：为谁生产。生产的目的是满足人们的消费需求，因此，生产的产品种类和数量应该考虑消费者对每种产品的偏好程度。能够实现消费者满足程度最大化的生产组合就是组织生产的最佳方案。所以说，消费者的偏好是市场的另一项决定性因素。

（二）市场失灵

市场是传递信息的机器，[①] 而价格则是传递这些信息的载体。在现实生活中，价格会随着人们的需求、商品数量及质量的改变而发生调整。市场参与者会根据价格变化反映的信息做出判断。市场能够有效地调节供给与需求。市场机制将参与者的供需信息汇集后通过价格体系反馈给买卖双方，进而通过价格的波动影响市场参与者的经济行为，使供给与需求自动实现均衡，从而实现对生产和消费的引导。最后，市场是一种配置资源的机制。对于个人而言，市场的竞争性能够有效地调动市场参与者的积极性和创造性以最小的成本在最大限度上满足自己的需求。从整体来看，市场通过传递信息、调节供需、优胜劣汰促使资源得到合理且充分的利用，实现社会结构的优化，最终实现对资源的配置。

现实世界中运作良好的市场并不总是完美的，也会出现无法对资源进行有效配置而导致"生产或消费的低效率"[②] 的情况，即市场失灵。市场失灵往往与动态不一致（dynamic inconsistency）、信息不对称（information asymmetry）、非完全竞争的市场、外部性（externality）、公共产品（public goods）有关。

完全竞争，即没有一家企业或一个消费者足以影响整个市场的价格，[③] 是市场效率得以提高的前提。在现实生活中，完全竞争市场只是理想状

---

① 保罗·萨缪尔森、威廉·诺德豪斯：《经济学》（上册），第34页。
② 保罗·萨缪尔森、威廉·诺德豪斯：《经济学》（上册），第56页。
③ 保罗·萨缪尔森、威廉·诺德豪斯：《经济学》（上册），第55页。

态，而不完全竞争，即垄断、寡头垄断和垄断竞争，则是大部分行业的常态。在缺乏竞争或可替代产品的垄断市场上，垄断者可以凭借其垄断地位提高产品价格，以损害消费者福利的方式获得高额的利润。为了实现利润最大化，拥有垄断权力的供给者没有必要付出边际成本来提高产量，也没有动力提高品质或进行创新，因而会造成市场的低效率。

在市场上，各参与者掌握的信息有很大差异。这些差异，即信息不对称，通常会引起市场低效率分配。掌握信息比较充分的人，通常为卖家，往往在交易中占有优势地位。而买家则无法获得做出最优选择的全部信息，只能基于有限卖家提供的有限商品信息进行决策。另一个阻碍买家掌握充分信息的原因是信息的分散性。在传统市场上，关于某个商品的全部信息分散在市场的各个角落。买家收集信息的多少与其能够承担的搜寻信息成本成正比。当买卖双方的信息不对称时，信息掌握得不足的一方可能会做出并不明智的交易决策，从而降低市场分配效率。

二　数字技术对市场运行的影响

数字技术的兴起为市场经济的发展带来了可能。作为社会可利用的新技术，数字技术为市场创造了新商品，丰富了社会可利用资源，促使生产可能性边界扩张性移动。融入数字技术的市场经济能够更准确、全面地探查消费者的偏好，改善市场失灵，提升市场配置资源的效率。

（一）市场边界的拓展

数字技术为非物化隐性资源经济价值的转化提供了途径。这使一些原本有价值但不具备交易条件的事物有了成为商品的可能。商品规模和交换范围的扩大也就使市场边界得以拓展。

1. 有价的人际关系

在数字经济中，商家提供服务的能力有所增强，服务范围也有所扩大，不再受地域等因素限制。根据梅特卡夫定律，网络价值与其用户数量成正比，因此，以网络为载体的数字技术产品或服务都需要获得大量用户以实现规模经济。那么，如何满足对大规模用户的需求是每个商家都需要解决的问题。

在传统经济中，商家与消费者之间的关系相对松散，更多是通过广告营销，而非口口相传的方式来吸引消费者。在数字经济中，新技术的应用大大降低了人与人之间沟通和建立关系的成本。这就为商家获取新用户提供了新的途径，即通过奖励已有用户的方式激励他们利用自身的人际关系网发展新用户，如"帮砍价""分享好友赢免单"等。在这一过程中，平台方或商家被更多人"看到"，也就有了收获新用户的可能；用户则通过诸如亲友助力等方式在其人际圈中为平台或商家进行宣传，以获得低价购买权或者一定金额的经济奖励。以往的人际信息分享往往建立在发起方真诚地认为被分享之物对他人可能是有益的、有用的、有价值的，是与经济利益无关的无偿分享。但在上述情形中，分享者进行"分享"主要是受到了经济上的激励，获利是其重要目的，而被"分享"者的参与可能是单纯地出于自身需要，但更可能是一种人情上的帮助。这种用经济价值衡量人际关系的逻辑也被一些线下行业采纳。受到线上营销手段的启发，如今部分线下行业将与用户/消费者建立起某种人际关系，如添加其为微信好友或者获得可信的联系方式，纳入业绩考核当中。

在数字经济中，许多经济关系呈现网状结构，受到网络外部性的支配。一定数量的用户是新技术及其相关产品、服务存活和发展的基础。通过已有用户利用其人际关系发展新用户的效率高于通过广告等形式将陌生人发展为新用户的效率。平台方和商家依据市场的交换逻辑采用激励机制促使人们将其人际资源进行变现。

2. 反馈评价变现

在数字市场上，买家无法通过自己的观察直接获取商品及商家的信息，而是需要依赖商家的相关描述，且无法有效辨别商家所提供内容的真伪。研究表明，虚拟交易平台上的交易大多数都是一次性交易，而对商品的反馈评价在很大程度上会影响潜在消费者的购买决定。[①] 因此，在数字

① Paul Resnick, Richard Zeckhauser, "Trust among Strangers in Internet Transactions: Empirical Analysis of eBay's Reputation System," *The Economics of the Internet and E-Commerce*, Vol. 11, 2002, pp. 127-157.

市场上，有消费意向的消费者、商家以及平台对商品及服务的反馈信息都存在不同程度的需求。然而对于已购消费者来说，提供反馈评价并不能增加其效用，反而会占用自己的时间和精力，因此他们并没有为其他消费者主动提供反馈意见的动机。

为了能够获得足够的优质反馈评价，平台和商家不约而同地采取了交易或变相交易的方式激励消费者对已购商品做出评价。通常平台对评价行为的经济奖励都以间接方式为主，如通过评价获取积分用以抵扣现金或兑换其他福利。而商家则会以更直接的交易方式对消费者进行引导，如对进行五星好评的买家实施"好评返现"。也有一些商家会向给出中评或者差评的消费者提出向其支付一定数额经济补偿以要求对方将评价修改为好评，更有甚者会通过购买虚假好评进行信用炒作。一些消费者会以差评相要挟，向商家提出"经济赔偿"的要求。原本自愿无偿的评价行为如今变得有利可图。

3. 商品化情感服务

在数字经济时代，分散的个人在社会化网络中聚集，使原本因人而异的情感需求更容易与他人产生共鸣。当包含此类需求的碎片化信息被收集整合后，信息收集者便可为不同的情感需求群体提供相应的产品及服务以获利。

人们会在与其关注的对象发生情感联结的基础上产生消费现象，也就是所谓的情感经济。[①] 传统经济中的口碑营销旨在建立消费者与其打造的品牌（即被关注者）之间的情感联结——信任，进而将这种信任转化为对品牌的忠诚度，并最终促成消费者的反复消费。这种营销模式经过数字技术升级后被应用于加深关注者与被关注者之间的情感联结。以粉丝与偶像为例，被关注者通过"营业"即情感劳动，如应粉丝要求在社交平台发照片、以文字或视频形式问候粉丝等，来满足粉丝情感需求以及与粉丝建立情感联结，同时获得粉丝的注意力。当粉丝与被关注者形成足够紧密的情感联结后，粉丝就会产生向对方表达情感的需求。在数字经济时代，粉丝向被关注者表达自己喜爱和支持的方式主要表现为付出数字劳动和购买

---

① 蔡骐：《社会化网络时代的粉丝经济模式》，《中国青年研究》2015 年第 11 期。

力。前者是指粉丝为提升被关注者在数字平台的排名，根据平台规则制造相应数据信息所付出的劳动。后者主要表现为粉丝购买与被关注者相关的产品和服务的行为。这种购买行为的主要目的不是获得产品或服务的使用价值，而是通过消费表达他们对被关注者的支持和喜爱。粉丝的消费过程也是一种"做数据"的过程。消费金额和数量被粉丝视为对被关注者喜爱和忠诚的一种量化表达，消费金额和数量越高，消费者/粉丝的满足感越强烈，即出现边际效用递增现象。也就是说，被关注者通过情感劳动，为粉丝提供情感服务，来交换粉丝的数字劳动以及购买力。

人际关系以及人们对事物的评价虽然在多方面都有很重要的价值，但在传统市场经济中并不主要表现为一种经济价值，更没有成为常见商品在经济领域进行交换获利。当数字技术的发展带来了经济运行模式和结构的变化，也就产生了新的需求。人际关系和反馈评价的经济价值被人们注意到，并很快成为一种新的商品，实现经济价值的变现。在数字市场经济中，情感服务的商品化为满足人们的情感需求提供了途径，数字劳动和购买力也成为人们表达情感的新载体。可以说，在数字市场经济中，商品化程度加深，市场能够发挥作用的范围扩大。

（二）竞争性垄断的出现

由数字技术主导的新兴行业和依托网络搭建的新型市场具有天然的垄断倾向，往往出现"赢家通吃"的局面。与以往的垄断不同，数字市场上赢家地位的确立依靠的不仅是资本、资源或行政手段，更多的是建立在技术创新的基础上。值得注意的是，这种技术上的创新并不会因为垄断权力的获得而停止。

数字市场上的垄断者往往是行业标准的确立者，并以此为手段抢占大量的市场份额。在传统市场上，失去市场份额的输家通常只能退出市场或被赢家兼并。而数字技术的更迭十分迅速，每一次新技术的发明与应用都可能会带来新的竞争对手，输家仍然可以通过技术创新的方式在市场上占有一席之地。数字市场上垄断地位的争夺最终仍然是为了获取对产品价格的控制权，但需要通过不断的技术创新来维持其垄断地位。从长远来看，数字市场上的竞争并未因垄断势力的形成而中断，反而会愈发激烈。

（三）信息可得性的提高

对于市场经济来说，信息越全面、越透明，越有利于实现资源的优化配置。然而在传统市场上，交易所需要的信息可能被刻意隐瞒或存在获取成本较高的问题。数字技术则打破了时空的限制，使分散在市场各个角落的信息以数据的形式聚集在虚拟平台上。信息在数字市场上能够更自由地流动，其可得性显著提升。数字市场为买家省去东奔西跑收集信息的麻烦，使其以更少的成本掌握更多的信息。卖家则可以利用数字技术实时收集用户数据，"掌握"消费者的习惯和偏好。从理论上说，数字平台中聚集的参与者越多，与交易相关的信息就越丰富，市场透明度就越高。在数字市场上，交易双方获取信息的能力得到一定的平衡，为市场参与者做出更优决策提供了可能。也就是说，数字技术的融入相对改善了市场的信息不对称，进一步提高了市场运行效率。

综上所述，作为社会可利用的新技术，数字技术的发展在改变经济运行模式和结构的同时，刺激人们产生了新的需求。另外，数字技术不仅能够迅速而全面地获悉消费者的偏好、需求，还为满足这些偏好、需求提供新的途径和产品，拓展了市场的边界，丰富了社会可利用资源。竞争性垄断的数字市场在不断吸纳用户的同时，也在持续地进行技术革新。也就是说，市场决定性因素（社会可利用资源与技术和消费者的偏好）均受到了数字技术的影响。在数字市场经济中，数字技术渗透到市场运行的方方面面并持续发挥着至关重要的作用。

三　对数字市场经济新变化的伦理审视

经济主体参与经济活动的直接目的是实现"财富"的积累，再用以满足经济主体的其他需求。数字技术的应用为市场经济注入了新的活力，同时为人们创造了新"财富"并提供了积累"财富"的新途径。在数字市场经济中，人与人、人与社会形成了新的关系模式，也因此出现了新的利益冲突，如对个人隐私的侵犯、算法歧视与偏见、人工智能引发的结构性失业等问题。从表面上看，这些冲突是由数字技术的应用直接导致的，实则与数字市场经济中充斥的市场逻辑和资本逻辑密不可分。

（一）市场逻辑对原有价值观的侵蚀

市场经济作为一种资源配置的工具，原本只在市场交易范围内发挥作用。数字技术推进了商品化的进程，使市场的范围进一步扩大。这意味着市场价值观渗透到许多非经济领域，社会关系也受到市场规律的影响发生了变化。如今，人们越来越习惯于用市场导向的思维方式解决问题，给一些非经济类物品定价，比如可以省钱或赚钱的人际关系、能被购买的"好评"、需要通过购买力交换的情感服务。商品化程度越高，市场范围越大，就意味着人们能够购买到的商品和服务越多，财富的多寡对每个人来说将越来越重要。贫富差距问题会因此而凸显。从经济学角度来看，商品范围的扩大对买卖双方来说都是一种选择范围的拓展，双方都可以从达成的交易中获益。市场逻辑可以简单地理解为在盈利目的的指导下自愿且自由地进行交换。市场经济关心的是能否实现商品化，而非应不应该商品化。

在数字市场经济中，表面上看是人际关系、反馈评价和情感服务实现了商品化，实则发掘的是人本身的潜在价值。人际关系以人的存在为前提，需要人进行维护，反馈评价和情感服务也需要人来提供。重要的是，人本身亦是非常重要的数据来源。可以说，人是数字技术开发的重要对象之一。市场通过明码标价的方式传达了对商品的评价，即认为有价格的物品是可以用来谋利和使用的工具。当人作为这种标价商品的载体时，也会被视为工具的一部分。但是，以市场逻辑来评价甚至是分配一些物品或社会关系是不恰当的，甚至是错误的。"因为人应当得到尊严和尊重，而不能被视作创收的工具和使用的对象"。[①] 当亲朋好友被用来省钱或赚钱时，

---

① 迈克尔·桑德尔：《金钱不能买什么：金钱与公正的正面交锋》，邓正来译，中信出版社，2012，第Ⅶ页。

可能会泄露他人信息或妨碍他人自由。为"返现"而提供的不实"好评"或美化后的"好评"会进一步加剧市场上的信息不对称。情感服务要换取的不仅是他人的购买力,还有他人用工作以外的自由时间进行的数字劳动。人们利用数字技术之便为个人积累财富本无可厚非,但在这一过程中如果对他人利益有所侵损,最终危及的是人与人之间的信任。

(二)数字资本与数字权力

当数字技术以一种前所未有的方式与规模渗透到经济文化的方方面面时,"在扩张性市场逻辑的影响下,因特网正在带动政治经济向所谓的数字资本主义转变"。①

与传统的物质资本、人力资本不同,在数字资本中出现了新形式的资本——数据。数字市场经济的高效运行需要大量的数据资本来支撑。传统的资本积累源于对劳动者无酬劳动的占有。数据资本的积累同样依赖对无酬数字劳动的占有。具体来说,资本方预先投入资本用于搭建数字平台,为用户提供生产、处理数字信息内容的场域。数字平台的用户对平台上存在的数字信息内容进行浏览、点击、评论等处理后,实现了对经过其加工、创造的数字信息内容的占有。事实上,这些数据信息内容不单被其主体或创造者占有,同时也作为数据资本被平台方占有。数字平台的私有化使平台方有权收集平台上的原始数据和经过用户加工、创造后的数据痕迹。平台方通过数字技术对数字平台上积累的数据进行收集、整理、分析,将这些可能包含个人信息或隐私的私人数据转换成"一般数据"用于牟利或通过分享实现增值。在这一过程中,用户充当了数字劳工,同时并未因其生产、创造、处理的数字信息内容而从平台方获得任何报酬。也就是说,用户提供了一种无酬的数字劳动,帮助平台方实现了资本的积累。平台方则利用算法技术对收集到的数据进行分析处理,"了解"了每个人的偏好和差异,并据此有目的地向用户输出差异化的信息,以实现对人们行为和观念的隐性引导。

---

① 丹·席勒:《数字资本主义》,杨立平译,江西人民出版社,2001,第15~16页。

　　资本不仅可以用来获得利润，还是一种人与人之间的经济权力关系。①同理，平台方/资本方通过对数据的占有而获得了支配数字劳工的权力，即数字权力。平台上聚集的用户数量及其访问次数能够为平台数据及平台本身增值。具备竞争性垄断特质的数字平台会不断地吸纳用户，用户越多，平台被赋予的权力越大。平台方一方面通过数据资本攫取利润，另一方面通过制定规则对用户进行引导和支配。

　　在高效的数字技术帮助下，逐利的资本能够加速财富的积累，而那些由数字技术的不当应用导致的对个人隐私的侵犯、算法歧视等问题，会被看作在逐利的过程中对参与其中的数字劳工的"误伤"。当数字媒介成为人们社会生活不可或缺的一部分时，人们将不再具有与数字权力相抗衡的能力。

（三）数字鸿沟的存在

　　作为社会可利用的新技术，数字技术的可及性在理论上对于每个人来说都是相同的，因此每个人享受技术红利的机会和程度应当也是均等的。事实上，技术的进步不能自动地在同等程度上惠及所有人，而是在不同群体之间出现了不平等现象，其根源在于数字鸿沟的存在。

　　数字鸿沟是指不同群体或个体之间在对信息和技术的拥有程度、应用程度和创新能力上的差异。这种差异可能通过年龄、文化程度、财富等体现。通常情况下，富有、文化程度高、拥有一定权力的优势群体往往能够更好地利用新技术获得更多的福利；反之，在经济、文化、权力上处于劣势的群体则不能很好地利用新技术使自身获益，反而容易被新技术支配。数字鸿沟的存在就意味着数字技术仅掌握在部分人手中。技术的进步能够带来生活的便利和经济的增长，然而，只有真正持有技术的一方才能更多地享受技术进步带来的红利。社会中在经济上占有优势的群体往往能够先于劣势群体享受到新技术带来的便利或效益，这就出现技术红利在不同群

---

① 中共中央马克思恩格斯列宁斯大林著作编译局编译《马克思恩格斯全集》（第三十卷），人民出版社，1995，第49页。

体间不平等的分配结果。一方面，这种不平等的分配结果经过正反馈式的不断增强，会在不同群体之间形成难以逾越的鸿沟。也就是说，贫富差距导致了不同群体在利用新技术机会上的不平等。这种不平等会随着技术的应用从经济领域向其他领域扩展，在不断积累后还会反过来对劣势群体造成不利影响，从而加剧社会关系中的不平等。另一方面，技术持有方会因技术的使用而积累更多的财富。财富是一种资本，而资本本身就是一种权力。因此，对技术的持有可以视为对一种权力的持有。不掌握技术或者不了解技术及其应用的一方处于劣势地位。技术对劣势群体有天然的剥削性，[1] 其应用往往体现为优势群体通过技术利用或操控劣势群体。优势群体作为技术的持有方，在使用技术的过程中会将其用于为自身带来利益，并制定符合自身利益的规则。而劣势群体作为新技术应用过程的参与者，并不能像优势群体那样同等获利，只能被这种技术权力支配和利用，甚至需要被迫让渡部分权益以换取工作、生活中的便利。简言之，数字鸿沟或群体间存在的技术不对称是引发数字技术伦理问题的直接原因。

市场经济的效率因数字技术的融入得到了显著的提升。人们越是习惯甚至依赖数字技术给经济生活带来便利，数字市场经济对参与者的影响力、支配能力就越强。面对市场逻辑对原有价值观的侵蚀、由数字权力主导的数字剥削以及由数字鸿沟导致的利益分配不均等问题，人们将习以为常，甚至漠视隐含在其中的利益冲突。

四 数字市场社会形成的隐忧

在数字技术的推进下，市场经济的发展对人类社会生活的影响逐步加深，社会关系受到市场的控制和调节。数字市场经济正逐渐向数字市场社会转变。

市场是一种通过分立的、以获利动机为基础并被授予特殊地位的制度

---

[1] 张爱军、李圆：《人工智能时代的算法权力：逻辑、风险及规制》，《河海大学学报》2019年第6期。

来运行的经济体系。多个相互联系的市场逐渐联合为一个完整的市场并对整个社会组织产生影响。为了使这一经济体系按照其自身的法则运转，社会就必须按照同样的方式来塑造自己。这意味着让社会的运转从属于市场，使社会关系嵌入（embedded）经济体系，也就形成了市场社会。① 在市场社会中，自我调节的市场支配着社会生活的各个层面，物质利益最大化，即经济自利的动机主导着生产、分配过程，维系着社会的运转。

融入数字技术的市场经济打破了以往发展过程中的一些束缚和限制，创造了新的社会可利用资源，更好地满足了人们的需求，同时拓展了市场逻辑在社会生活中的支配范围。也就是说，在数字市场经济中，数字技术掌握着市场决定性因素，决定了市场的发展。社会生活的运转因受到市场逻辑的影响而从属于数字市场经济的发展。可以说，数字市场经济完全符合波兰尼对市场社会的描述。需要注意的是，数字技术的背后是资本的力量。在数字市场社会中，资本通过数字技术掌控市场运行，也就间接影响了整个社会生活。

当社会关系在市场规律的影响下发生改变，那么组成各种社会关系的人也会被波及。一方面，市场机制虽然能带来纯粹的经济进步，但是这种经济进步所带来的公共利益并没有被所有社会成员在同等程度上分享，富人抢夺了穷人应占的公共利益，这最终会导致社会的紊乱。② 这在数字市场社会中主要表现为资本通过所掌控的数字权力占据了数字经济进步带来的大部分公共利益，而数字鸿沟加剧了这种利益分配的不均。另一方面，市场机制对商品有一种绝对的控制力。在数字市场社会中，人既是重要的数据资源，又是传统劳动、数字劳动、情感劳动的载体。作为特殊商品的人也必然受到市场的支配，成为市场经济的附庸。实际上，市场体系在操控一个人的劳动时，也同时在操控该劳动力的载体，即具有生理、心理和道德上的整体性（entity）的人。当像劳动力这种虚拟商品被推来操去、不

① 卡尔·波兰尼：《大转型：我们时代的政治与经济起源》，冯钢、刘阳译，当代世界出版社，2020，第58页。
② 卡尔·波兰尼：《大转型：我们时代的政治与经济起源》，第35页。

加区分地加以使用，乃至弃置不用时，这会影响到其载体的人类的个人生活。① 这些都是数字市场经济在发展过程中出现的令人隐忧的问题。问题的出现并不意味着人们需要拒斥数字市场经济。人与人之间的利益关系在数字经济活动中发生了新的变化，人们需要的是用新的伦理规范来调解经济主体间出现的利益冲突，而不是任由数字市场经济走向数字市场社会。

---

① 卡尔·波兰尼：《大转型：我们时代的政治与经济起源》，第74页。

"算法社会"的经济伦理考察：挑战与应对

侯杰耀*

摘　要：在"算法社会"中，算法的隐匿性在根本上决定了各种经济伦理议题非但没有随着算法的高效应用而消失，反而变得更具挑战性。当今存在两种类型的经济伦理挑战：第一，算法改变了某些传统经济伦理议题的具体表现，增加了现有伦理问题的风险；第二，出现了完全由算法造成的经济伦理问题，其中最突出的是企业、劳动者、消费者之间的伦理关系被算法重塑。我们应该通过确认算法必须遵循的伦理原则，确保算法所规定的社会基本结构达致"善"目标，目前存在两种应对思路：其一是完善算法应用的设计逻辑的建构性思路，其二是要求对算法保有伦理批判能力的批判性思路。

关键词：算法社会　经济伦理　隐匿性　应对思路

数字技术应用已深刻重塑当今经济活动的方方面面。虽然数字技术应用呈现为媒体、数据库、电子产品等各种形态，但数字技术应用的核心均是一系列计算机编程所描述的解决各种问题的清晰指令，即算法（Algorithm），算法已经成为现代生活的主导面向，因此，有学者定义了"算法社会"，算法社会"涉及政府和私营主体之间混合联系的一系列实践和话语，其由一系列相对较新的数据驱动技术支撑，通过自己的知识模式以及形成新主体的特殊方式，为社会治理增加了新的层面"。[①] 算法本质上代表了现代理性人解决问题的系统性策略机制，因此，算法的设计和使用必然蕴含了现代人面对问题的理性选择，道德选择、价值选择也暗含于其中。所以说，伦理议题是"算法社会"的必要内容，甚至可以进一步讲，

---

*　侯杰耀，中国社会科学院哲学研究所助理研究员。

①　马克·舒伦伯格、里克·彼得斯编《算法社会：技术、权力和知识》，王延川、栗鹏飞译，商务印书馆，2023，第296页。

当数字技术愈发普遍地进入那些在其发展之初还难以涉足的社会生活的细节处时（例如来临中的"元宇宙"时代），伦理议题的重要性会愈发显现，因为这些最后被数字技术攻克的"堡垒"恰恰是包含了人类主体复杂的道德情感、价值诉求、规范行为的伦理领域，伦理问题是算法试图用系统的理性话语描述的最后难题。在此暂且不论那些涉及道德困境的算法，单就算法已经普遍应用的经济生活而言，算法已经鲜明地触及了经济伦理的议题。

一　经济主体在"算法社会"中的伦理处境

企业是经济活动的行动主体，这在"算法社会"也没有改变。因此，从伦理视角看，企业也是经济伦理活动的行动主体，考察"算法社会"的经济伦理也离不开对经济主体——企业的伦理考察。那么，相较于数字技术还没有被广泛应用的经济语境，一类企业主体——科技公司在"算法社会"中拥有了突出的乃至主导性的伦理角色。其主导性具体体现在两个方面。其一，科技公司为企业的人力资源管理、市场营销、投资决策、产品开发等各种传统经济活动提供了具有针对性的高效算法应用，今天企业的任何经济活动都离不开资格确定、风险评估、人员管理这三种主要的算法应用类型，[①] 科技公司所开发的应用产品已经成为所有现代企业离不开的运营工具，因此，算法应用深刻影响甚至重塑了企业运营中的各种伦理问题。其二，科技公司利用算法开发的各种数字产品（主要是平台类产品）创造了全新的经济业态，例如外卖服务、直播带货、自媒体创作等，这些新经济业态也构成了全新的经济伦理语境，一系列与新经济业态相关的伦理议题往往成为今天社会的新闻热点，例如外卖送餐员在交通、休假等方面的劳动权益保护，以及主播职业道德问题。

算法应用作为企业运营工具的普遍化推广、基于算法应用的新经济业态的热点新闻似乎均表明：以互联网企业为代表的经济主体在"算法社

---

① 马克·舒伦伯格、里克·彼得斯编《算法社会：技术、权力和知识》，第9页。

会"中以一种更加鲜明的伦理角色出现在经济活动中。这似乎意味着我们能更加直接地把握经济主体的伦理行动，更加有效地介入经济主体的伦理问题。但事实上，只要稍作反思，我们就会发现，上述结论是一种错觉，"算法社会"反而使经济主体在经济活动中的伦理角色更加隐匿，我们很难在经济活动的正常开展中有预见地判定伦理问题，经济主体的伦理角色及伦理问题往往在伦理事件发生时才得以显现，即伦理事件成为社会新闻热点。这种隐匿性源于算法在规范性维度上天然具有的合理化色彩。[①] 就算法的本质意涵——现代理性人解决问题的系统性策略机制而言，算法仅是现代官僚制经营活动的技术延伸。[②] 然而不同于人们肉眼可见的官僚制的具象化管理标志（例如职级称谓、文字档案），算法工具是透明的，它以更加自然、平易近人的形态（例如友好的操作界面）隐匿了自身的管制目的。更进一步，相较于由具有真实姓名的管理人员直接参与的管理活动，算法应用利用大数据和数学函数所实现的自动化运作天然地具有"中立"色彩，算法的结果看起来不是由任何一个人的意志决定的，它对大众而言具有与个体意志相隔绝的客观性，进而更易获取普通大众的信任。经济主体正是借助算法的"中立客观性"，加强了各类经济活动的普遍合理性，即经济主体被算法应用隐藏了。

对此，存在一种直接的回应：既然算法一定是由人设计的，那么算法应用的"中立客观性"仅仅是对大众的一种迷惑，只要人们保持清醒的道德头脑，那么就能界定每种算法背后的主体动机，厘清每种算法的伦理责任。但事实上，算法的隐匿作用不仅是一种道德情感的信任结果，而且根植于人与算法之间的认知间距：由复杂而抽象的数学语言写成的算法天生就是隐匿而不透明的"黑箱"，除了少数的算法开发者，大部分人都无法理解算法。随着算法处理的问题越来越复杂，算法的数学表达也越来越复杂，这种认知间距在不断扩大。因此，普通人根本不可能通过秉持一种道德怀疑主义态度就能轻易分辨算法的道德选择，甚至人文社科领域的伦理

---

① Frank Pasquale, *The Black Box Society: The Secret Algorithms That Control Money and Information*, Harvard University Press, 2015, p. 15.

② 马克斯·韦伯：《经济与社会》，阎克文译，上海人民出版社，2010，第145页。

专家在算法面前也会望而却步。这种认知间距赋予了算法强大的隐匿能力，成为《理想国》所讲的能使人隐身的"巨吉斯金戒指"，[①] 我们愈发难以介入经济主体的算法应用，更难以洞察经济主体与算法应用之间的关系。算法的隐匿性在根本上决定了各种经济伦理议题在"算法社会"非但没有随着算法的高效应用而消失，反而变得更具挑战，更加难以把握，这也印证了我们今天的直观感受：虽然各种各样的算法应用使日常生活更加高效便捷，人们也有意识地在生活工作中使用算法应用处理各种伦理议题（例如事关分配正义的税收调查、事关工作机会的外卖平台派单机制），但层出不穷的伦理事件让我们愈发担忧数字技术是否给人类带来了更严重的伦理困境。

二 "算法社会"中的两类经济伦理挑战

鉴于算法的隐匿性，在智识层面澄清算法所带来的经济伦理挑战就变得极为重要，这要求专业伦理研究者承担弥合上述认知间距的责任：尽可能打破算法应用所编织的"隐身衣"，在智识层面向世人澄清算法与人类之间的伦理关系，考察与算法应用相关的伦理挑战。对此，笔者在此不一一列举各种伦理挑战，而要首先区分两种类型的经济伦理挑战。

第一种类型的经济伦理挑战是，某些始终存在于经济活动中的传统经济伦理议题在"算法社会"得以延续，只不过，算法加剧了某些伦理挑战，或改变了某些伦理问题的具体表现。例如"算法社会"中的企业垄断问题与用户隐私问题就是两个比较典型的被算法的"流量"特性加剧的伦理挑战。企业垄断是始终存在的经济现象，企业垄断一旦形成规模（例如形成寡头企业），往往会扰乱市场秩序，引发产品价格垄断、产品监管缺失、行业恶性竞争，最终侵害消费者的合法权益和行业内中小企业的发展利益。在"算法社会"中，企业垄断愈发普遍，特别是互联网企业凭借其强大的数字平台优势进行大规模并购，不同于传统企业垄断一般局限于单

---

① 柏拉图：《理想国》，郭斌和、张竹明译，商务印书馆，1986，第47页。

一行业（例如美国标准石油公司对石油行业的垄断），今天互联网企业的并购活动呈现跨行业特征（例如腾讯、阿里巴巴的集团业务覆盖了科技、零售、文旅、媒体等多个行业），这导致了影响范围更大的经济伦理挑战。互联网企业能实现如此强大的垄断，依靠的是算法的"流量"特性。算法通过数字程序，能够高效而准确地处理巨量数据，联通各个数据库，从而带来了横跨社会生活各个领域的用户流量、资本流量和产品流量，而流量的汇集中心——掌握核心算法的互联网企业就成为算法时代的垄断者。事实上，今天备受人们关注的用户隐私问题也是算法"流量"的产物。在传统经济环境中，用户隐私保护的诉求集中于银行业、金融业，或者仅针对少数交易金额巨大的大客户，因为只有大客户的隐私才有值得被侵犯的经济价值，像零售业务中的普通消费者几乎不被纳入隐私保护的讨论中，他们的用户信息基本上也不具有值得被侵犯的经济价值。然而，在"算法社会"中，普通消费者的信息构成了极具经济价值的"流量"，换言之，算法赋予了普通消费者的信息以经济价值，因此，隐私保护的伦理议题被拓展到每一个普通消费者身上，如何避免大数据杀熟等数字技术对用户信息安全的侵害成为"算法社会"的一个重要伦理议题。除了"流量"特性，各种传统经济伦理议题之所以在算法时代变得更具挑战性，是因为数字算法的多种应用特性：算法的自动化可以使人类从某些决策程序中退出，算法构成了社会组织秩序的信息处理核心，算法建构了包含社会海量信息的数据库……

　　第二种类型的经济伦理挑战是独属于算法的经济伦理问题，数字代码所构成的算法"通过自己的知识模式以及形成新主体的特殊方式，为社会治理增加了新的层面"，全新的伦理问题在算法的知识模式和社会治理层面中产生，笔者认为，其中最突出的经济伦理挑战是消费生产关系的改变，或者说企业、劳动者、消费者之间的伦理关系被算法重新塑造了。在数字时代，算法遵循计算机编码的逻辑，"计算机代码构成了一种算法治理术，一种思考世俗的过程和知识结构的方式——作为 0 和 1 的基本操作和复杂组合的功能结果。它将世界理解为基本上定量的、离散的、遵循逻辑的、功能主义的和确定性的"。① 算法的数字化知识推动了人们对各种对象进行强制性定量和定性分类，消费者和劳动者也被定量、被分类了，他们都被贴上了不同的类型标签，成为一个个抽象的离散数据，以供算法在需要时提取、计算、评价。供职于外卖平台的外卖员的工作状态就是一个很典型的例子。每一个外卖员都是一个离散数据，外卖平台将这些离散数据统合在一起，根据外卖业务需求处理这些离散数据（即为外卖员派发订单）、评价这些离散数据（即分配外卖员的收入），在处理、评价数据的过程中，外卖员也在不断地被分类，被贴上"守时""服务态度好""明星骑手"等各种标签，分类的全部目的就是更高效的数据计算。那么，我们会发现，贝克针对风险社会所分析的劳动分工关系的变化延续到了"算法社会"，"算法社会"进一步使工业社会的文化参数——阶级意识被个体化趋势消解，② "算法社会"使劳动者成为离散个体，外卖员的工作时空是互相孤立、分离的，他们没有像传统工厂中的工人那样聚集在一个空间中工作，而是离散地分布在城市的各个角落中和一天的不同时间段里，他们看起来的确拥有了某种"自由"（可以自由地选择工作时间和工作场所），但失去了劳动者的整体身份，阶层身份在外卖员等个体劳动者身上被隐去了，个体在劳动市场需要自主获取信息，他们直接作为独立个体，被算法平台掌控、驱使。

这直接使离散的个体劳动者面临两种伦理处境。其一，风险判断和风险决策成为个体生活的主要内容，划分阶级的财富分配差异正逐渐被抗击风险的分配差异取代，③ 个体获取信息、正确预期、合理决策、抵抗风险的程度对个体生存的影响日益凸显，个体也必须基于自己的风险评估而独立地选择医疗保险、社会保险等产品，自主地与平台方进行劳动协商，但是这些风险决策的知识门槛随着现代社会的发展而不断被提高，以外卖员为代表的大部分离散劳动者的受教育程度有限，他们的抗风险能力在"算法社会"中处于弱势地位。其二，离散劳动者的劳动身份正丧失传统生产

---

① 马克·舒伦伯格、里克·彼得斯编《算法社会：技术、权力和知识》，第35页。
② 乌尔里希·贝克：《风险社会》，何博闻译，译林出版社，2004，第106页。
③ 乌尔里希·贝克：《风险社会》，第15~17页。

秩序的支持，以资本与劳动二元区分为标志的传统生产图景正被一个由众多个体雇员组成的自由劳动市场替代，[①] 个体雇员的职业选择消解了劳动分工的传统意涵——生产者与生产资料相分离，因此，劳动分工的阶层身份日益淡化，与之相对照的是，劳动雇佣方——算法平台却依靠"流量"不断扩张，一方是日益失去阶层身份的个体劳动者，另一方是力量不断增强、规模不断扩大的雇佣平台，这意味着劳动者难以形成与平台相对等的博弈合力，劳动者在劳动关系中愈发处于弱势地位，一系列新的劳动伦理纠纷伴随着此不平衡的雇佣关系而产生。

需指出，我们仅为了在智识层面上更好地澄清"算法社会"的经济伦理挑战，因而区分了这两种类型的经济伦理挑战，但这不意味着这两种挑战是截然分离的，事实上，二者是相互关联的，一些传统经济伦理挑战可能在被算法不断加剧中催生出全新的第二类伦理挑战，独属于算法的经济伦理问题也会直接影响传统经济伦理问题在"算法社会"中的具体表现。归根结底，"算法社会"所带来的这两类经济伦理挑战都源于算法建构了一种新的社会实在，[②] 这是按照计算机编程语言、现代数学语言的逻辑建构而成的社会实在，其核心"是新数字化权力（知识）和由算法的完美逻辑构建的新真理体系，其逻辑已被抽象化并脱离人类现实"。[③] 既然算法已经深刻介入当今人类的经济生活，那么我们在经济活动中就不再与日常经验现实直接打交道，而是与算法所构建的社会实在发生关联，例如在外卖消费活动中，消费者、外卖员、餐厅之间的伦理关系就不能以吃饭这一日常经验事件所界定，而必须在外卖平台这一新社会实在中被理解，这意味着所有经济伦理关系以及与之相关联的伦理挑战都在算法所建构的社会实在中被重新定义了。

---

① 乌尔里希·贝克：《风险社会》，第 113、122 页。

② 社会实在指："存在于社会文化世界之中的各种客体和事件的总和，它们由于在同伴之中度过其日常生活的人们所具有的常识思维经验——这些人通过多方面的互动关系——而与他们的同伴联系在一起。"（阿尔弗雷德·许茨：《社会实在问题》，霍桂桓译，浙江大学出版社，2011，第 55 页）

③ 马克·舒伦伯格、里克·彼得斯编《算法社会：技术、权力和知识》，第 38 页。

三 在"算法社会"应对经济伦理挑战的两种思路

毫无疑问，基于计算机编程语言的算法是计算机时代的新事物，那么，这是否意味着算法所构建的社会实在也就是计算机时代的新产物？笔者认为，从技术的角度讲，这些社会实在当然必须依靠计算机技术才能被建构出来，但从建构逻辑的角度看，这些社会实在的建构逻辑本质上是维系现代社会的理性秩序的延续。在今天，现代社会的存在与运转离不开一系列高度确定的社会组织原则，例如维系现代政治的公共理性、维系全球贸易的市场规则……这些社会组织原则均属于一种最典型的伦理理由——社会合作，这鲜明地体现在罗尔斯在《正义论》中的表述："那些参加社会合作的人们通过一个共同的行动，一起选择那些安排基本的权利义务与决定社会利益之划分的原则。"① 这些由参与社会合作的人们所共同选择的伦理原则被视作社会正义原则，"社会正义原则的主要问题是社会的基本结构，是一种合作体系中的主要的社会制度安排"，② 社会基本结构的根本目标是促成并保证社会合作。就此而言，各种算法应用是现代社会基本结构的技术延伸，从社会宏观视角看，它们也均是为了保证社会合作而被设计。因此，虽然算法所带来的经济伦理挑战多种多样，但应对路径根植于现代社会的整体逻辑之中，在"算法社会"应对经济伦理挑战，其实就是要进一步考察、调整我们所选择的社会基本结构和社会伦理原则。

那么，前文所指出的算法具有的隐匿经济主体的能力是否意味着人们在"算法社会"中会借助算法隐匿自己的邪恶意图，有意设计"恶"的算法应用呢？笔者认为，算法的隐匿性并不意味着经济主体会有意设计算法应用来作恶。事实上，算法应用的设计初衷总是"善的"，算法应用的"善"的初衷在我们的日常生活中的各种算法应用案例中就能被观察到：我们日常使用的各种互联网软件最初都是开发者出于使生活更加便利的

① John Rawls, *A Theory of Justice*, The Belknap Press of Harvard University Press, 1971, p. 11.
② John Rawls, *A Theory of Justice*, p. 54.

"善"的目的而开发设计的。基于计算机编程语言的算法的自身理性逻辑
在根本上决定了算法应用的"善"的目的：算法在逻辑上遵循大众的普遍
理性，具体表现为利用大数据、采用数学的普遍理性语言、设定面向大众
的公共目标等，因此，一种遵循普遍理性的算法在逻辑上不会完全服务于
某个人的邪恶意图。所以说，上述伦理挑战不是人有意设计的，算法的隐
匿性实质上不是指算法会隐匿经济主体的邪恶意图，而是指算法应用使我
们愈发难以在伦理维度上确认算法应用的主体责任，而新的经济伦理危机
（即前文所论的两类伦理挑战）恰恰隐秘地在经济主体没有充分觉察的情
况下爆发。那么，应对算法的隐匿性的确是应对新经济伦理挑战之关键，
但应对思路不是按某种阴谋论的逻辑指出每种算法应用背后的主体（利
益）动机，这种思路是无意义的，我们并不能因为算法应用背后的主体
（利益）动机而质疑其合理性，我们应该采取的有效应对思路是重新发掘
甚至重新定义算法应用的主体伦理责任，即通过确认设计算法必须遵循的
伦理原则，从而确保算法所规定的社会基本结构的确能够达致"善"的目
标（至少能保证社会合作）。就此而言，笔者认为存在两种应对思路：建
构性思路和批判性思路。

（一）建构性思路

建构性思路完全遵循算法应用的设计逻辑，即尊重算法的程序正当
性，通过完善合理的运算程序、选择恰当的约束条件、设定针对性的参数
变量，提升算法治理水平，尽可能地规避伦理纠纷，降低发生严重伦理事
件的可能性。就更具体的方法论而言，笔者认为有两种方法论是至关重
要的。

其一是明确相关伦理价值的实证精确度，例如允许企业并购的界限是
什么、必须被保护的隐私范围有多大等。这一方法论无关乎我们是否赞同
经验主义和实证主义的理论立场，即使我们认为伦理价值绝不可能被精确
地实证表达，建构性思路也要求人们在算法应用中把必要的伦理价值转译
为可被计量的、可被编码的实证参数，因为只有明确价值的实证精确度，
我们才有可能把价值参数引入算法应用之中，进而利用算法应用自身的高

效力量，规避甚至解决潜在的伦理问题。那么，如何明确价值的实证精确度？对各种伦理价值的专业理论研究是必不可少的，但除了哲学思辨工作，实证精确度必然要求研究者考察大量伦理案例，通过事实案例明确价值的实证精确度。

其二是在算法中引入额外的纠偏机制，具体指个体应该拥有通畅的反馈渠道，从而向算法应用的设计者和管理者报告个体诉求，拥有质疑算法判定结果的权利，可以要求企业重新调查事实，就此而言，纠偏机制也就是一种针对算法的主体问责机制，纠偏机制避免了算法结果成为唯一且最终的判定依据。纠偏机制本质上是防范算法自身的普遍理性和大数据特性忽略甚至侵害个体的合理诉求——这往往会导致前述伦理挑战，例如外卖平台应该保留纠偏机制，允许外卖员因合理原因或突发事件而延时派送外卖，外卖平台也应通过长期沟通渠道，了解外卖员个体的生存处境，根据动态变化持续调整抽成比例、派送机制、奖罚机制等算法。纠偏机制本质上是为算法的设计和管理引入额外的事实评估机制，只不过这一事实评估机制应当尤其重视个体的事实反馈。

（二）批判性思路

相较于建构性思路，批判性思路即要求人们与算法应用保持距离，即要求人们拥有一种针对算法应用的冷静的旁观者视点，从而防止人们随着"算法社会"的日益膨胀而彻底丧失对算法的伦理批判能力。批判性思路落实到更具体的方法论层面即充分利用那些不是由算法应用所塑造，而是在人类漫长文明史中形成的社会道德风俗，这些社会道德风俗能够为我们提供一个与"算法社会"保持距离的伦理批判视点。有人会立马质疑：如果我们承认算法已经极具统摄性地重塑了当今社会的方方面面，那么社会道德风俗如何能逃过一劫呢，既然社会道德风俗是人类活动的产物，那么人类的算法应用也必然会重塑社会道德风俗。笔者认为，数字技术为社会道德风俗提供了一种始终与算法保持距离的可能性：利用数字影像的叙事表达。虽然数字影像的制作技术必然被算法主导，但是数字影像的显现形态——叙事内容可以是与算法完全无关的生活世界，即我们可以利用算法制作出一个与"算法社会"相分离的生活世界，在影像故事中呈现一个没有被算法统摄的人类生活图景，从而在此生活世界中留存那些没有被算法重塑的社会道德风俗，数字影像自身就可以构成一个伦理批判视点，而人们的观看活动就成为一种伦理反思活动。当现实生活的一切都被算法应用主导（极致的发展图景即"元宇宙"），即当日常生活日益成为被算法构建的社会实在，数字影像反而拥有了一种独特且至关重要的伦理角色：为人们展现一个前科学、前算法的生活世界，以供人们保有对当下生活进行伦理反思的可能性。这就要求我们在"算法社会"中高度重视数字技术所生成的电影、电视剧、长短网络视频、网络直播、游戏等各种大众影像产品，虽然我们不能要求且不可能要求所有的数字影像产品均与"算法社会"保持距离，但我们的确需要支持一部分内容与"算法社会"保持距离的数字影像产品的制作与传播。从伦理角度看，这类数字影像产品恰恰是"算法社会"的价值"解药"，它们使现代人在享受"算法社会"所提供的治理成果的同时，也能始终朝向一种属人的"善"的生活。

综而论之，无论是建构性思路还是批判性思路，我们在"算法社会"应对经济伦理挑战的思路均是面向社会事实本身，从社会事实中发现完善算法应用的建构性方案与批判算法应用的伦理视点。一方面，这在应用伦理学层面指向了一种以经验事实为研究出发点的方法论，反对武断地以某一伦理观念统摄经验问题，反对纯粹思辨，要求充分地调查研究经验问题的内在逻辑，在其内在逻辑中发现伦理学研究可以介入其中的切入点和可能空间；另一方面，这在元伦理层面呼唤了一种道德实在论的理论探讨，我们亟须反思，我们如何能够在这样一个日益被算法建构的社会实在中认知到人及其生活的伦理价值。

平台经济伦理建设的法治理路[*]

——反垄断法、消费者权益与隐私保护法的视域

李欣隆[**]

摘　要: 平台经济是数字经济时代的一种新业态，它以数据为核心生产要素，依托网络构建的虚拟空间进行信息匹配而促成交易。平台经济的迅猛发展，对拉动内需、促进就业等方面产生了积极的社会影响，然而平台经济因其交易的非实体性、身份的虚拟性等特征，也滋生了诸多伦理失范问题，扰乱了市场经济秩序，增加了交易成本。法治具有"固根本""稳预期""利长远"的保障功能，因此，新时代平台经济伦理建设，需要进一步完善反垄断法、消费者权益保护法和隐私保护法，促进平台经济的高质量发展。

关键词: 平台经济　伦理建设　法治理路

党的十八大以来，数字经济发展上升为国家战略。党的十八届五中全会提出实施"网络强国战略"与"国家大数据战略"。党的十九大与十九届五中全会相继对"数字中国"、推动数字与产业良性互化做出战略性安排；我国出台《网络强国战略实施纲要》与《数字经济发展战略纲要》，数字经济在短期内实现了较快发展，且成果显著。同时，我国数字经济存在"大而不强、快而不优"的发展缺陷与"不健康、不规范的苗头和趋势"。[①] 为此，"要健全法律法规和政策制度，完善体制机制，提高我国数字经济治理体系和治理能力现代化水平"。[②] 平台经济"作为数字经济最集

---

[*] 本文系国家社会科学基金青年项目"资本与道德关系视域下平台经济伦理研究"（22CZX046）阶段性研究成果。

[**] 李欣隆，中国农业大学马克思主义学院讲师。

[①] 《习近平谈治国理政》（第四卷），外文出版社，2022，第205页。
[②] 《习近平谈治国理政》（第四卷），第208页。

中的表现形式，已成为我国经济发展的新引擎"，① 其伦理建设，亟须加强重点领域、新兴领域立法，完善反垄断、消费者隐私保护与权益保护法的相关法律规定，"增强立法系统性、整体性、协同性、时效性"。②

一 完善反垄断法律条款

竞争是市场经济运行的内生动力。通过公平竞争，实现优胜劣汰，可以有效促进资源的优化配置。市场经济的竞争具有公平的伦理维度与法律的规制向度。遵循法律所确立的公平竞争行为规则并有序参与市场竞争是一切市场主体需要履行的法律义务和道德责任。平台经济作为市场经济的一种"新业态"，其垄断行为具有不同于以往经济形态的新特征，突出表现为：依托数字信息技术与数据的载体性、封闭性而产生的垄断。我国现行《反垄断法》（2008 年颁布），主要是针对我国实体经济中企业的垄断行为，至今未针对平台经济产生的新的垄断方式及时进行修订，以致对平台经济垄断行为的制裁力不足。鉴于现行《反垄断法》对平台经济垄断行为的弱约束性，我国亟须修订和完善现行《反垄断法》，建立健全与平台经济公平竞争相关的反垄断法律条款。

进一步完善新的《反垄断法》。为了推动平台经济健康发展，需要"严格依法查处平台经济领域垄断协议、滥用市场支配地位和违法实施经营者集中行为"。③ 惩罚平台经济的垄断行为，需要依法依规，为此，需要根据平台经济"新业态"垄断的新特征，制定相关法律。我国现行《反垄断法》是 2007 年 8 月 30 日通过并于 2008 年 8 月 1 日起施行的。伴随市场经济的发展，尤其是平台经济垄断方式的变化，我国亟须对《反垄断法》进行修订和完善。为此，国家市场监管总局就《反垄断法》修订草案在社

---

① 郝俊淇：《论平台经济领域反垄断的恢复性救济》，《财经法学》2023 年第 3 期。
② 习近平：《谱写新时代中国宪法实践新篇章——纪念现行宪法公布施行 40 周年》，《人民日报》2022 年 12 月 20 日。
③ 《国家发展改革委等部门关于推动平台经济规范健康持续发展的若干意见》（发改高技〔2021〕1872 号），国家发改委网站，2021 年 12 月 24 日，https：//www.ndrc.gov.cn/xxgk/zcfb/tz/202201/t20220119_ 1312326_ ext. html。

会上公开征求意见（2020年1月2日至2020年1月31日）。应该说，为了促进数字经济时代的公平竞争，遏制平台经济中的垄断行为，我国已着手修订和完善反垄断方面的相关制度。2021年10月19日，十三届全国人大常委会第三十一次会议对《中华人民共和国反垄断法（修正草案）》进行了审议。《中华人民共和国反垄断法（修正草案）》根据平台经济垄断行为的特征，增设了禁止"滥用数据和算法、技术、资本优势以及平台规则等排除、限制竞争"的规定。2022年6月24日，十三届全国人大常委会第三十五次会议通过了《全国人民代表大会常务委员会关于修改〈中华人民共和国反垄断法〉的决定》的决议，新版《反垄断法》正式颁行。修订后的《反垄断法》吸纳了《中华人民共和国反垄断法（修正草案）》中新增的数据、算法关涉型垄断行为的禁止性规定，并将其正式写入法律条款，成为正式规定。① 无疑，平台经济以数据、算法、资本为内驱力的新型垄断行为已被确立为法律禁止的违法行为，相较于修正前的旧版与修正草案，新版《反垄断法》对新型垄断行为的规定填补了算法垄断的空白，法律效力也有了一定的提升。但毋庸置疑，新版《反垄断法》对算法类垄断行为的规定依然为笼统的定性规定。为对平台经营者或平台内经营者实施的算法类垄断、技术类垄断与资本优势类垄断行为在违法行为中以独立类别的形式加以具体规定，相应违法行为的法定内涵、认定标准与程序、违法处罚等仍有待完善，应进一步健全平台经济反垄断的法律制度体系。

拓展垄断行为类型。针对平台经济垄断行为类型的多样性，需要拓展《反垄断法》对垄断行为类别的法律规定范围。平台经济的垄断行为是由多元市场主体共同参与而实施的，且其垄断行为突破了传统实体经济时间、空间的局限性。因此，平台经济的垄断行为不仅类型多样，而且实现路径具有多渠道性。但现行《反垄断法》并未针对平台经济的具体垄断行

---

① 《全国人民代表大会常务委员会关于修改〈中华人民共和国反垄断法〉的决定》第三部分增加一条，"经营者不得利用数据和算法、技术、资本优势以及平台规则等从事本法禁止的垄断行为"。《中华人民共和国反垄断法》（2022年），第一章总则第九条规定：经营者不得利用数据和算法、技术、资本优势以及平台规则等从事本法禁止的垄断行为。

为进行专门规定，而是笼统地将垄断行为统一定义为"经营者达成垄断协议""经营者滥用市场支配地位""具有或者可能具有排除、限制竞争效果的经营者集中"三个主要类别，且主要集中在由企业经营者直接参与、实施的具有显性合约性质的低价垄断、高价垄断、强制搭售、排他垄断等商品交易领域。而在平台经济中，垄断的特征、实施方式与类型相较于传统实体经济的单一商品买卖中的垄断行为具有显著的差异性。平台经济的垄断具有隐性合约性。虽然平台经营者或平台企业经营者和入驻企业与厂商也会签订一份租用平台的委托代理合同，但相应合同通常只是相关缔约方内部的隐性合约，具有平台经营者、平台企业经营者与消费者的信息不对称性，易于诱发机会主义垄断投机牟利行为；而平台经营者或平台企业经营者先天具有消费者需求信息数据的垄断优势，这无疑给平台经营者或平台企业经营者实施单方面垄断行为提供了便利条件。平台经济垄断行为的实施不再依靠传统的生产技术的垄断，转而依托数字信息技术实施数据型垄断，垄断的实施方式更为灵活、隐蔽，垄断类型更为多样，除垄断销售渠道外，还包括信息不对称性导致的"算法歧视""信息茧房""轴辐协议"，以及其他通过数据、资本、行业规则制定而实施的垄断行为。但现行《反垄断法》并未针对平台经济垄断行为的新特征给予具体规定。《反垄断法》虽然在禁止条款中提及了平台经济垄断行为的关涉要素——"数据""算法""技术""资本"，但未将平台经济垄断行为的具体类型、法律内涵、法定认定标准和程序等进行明确规定，条款的"原则性""倡导性""宣传性"较强，但针对性不足。仅以垄断行为的协议差异性为例来说明。传统实体经济中的垄断协议是横向竞争者与纵向上下游企业之间的垄断协议。现行《反垄断法》针对这一垄断关系类型，分别就横向垄断协议与纵向垄断协议做出规定。而在平台经济中，垄断的形式已经打破了传统意义上的二分结构，拓展到产业链中不同层级结构的经营者为了实现共同利益最大化而合谋或共谋实施的垄断行为。相应的，垄断协议的存在方式也已经转变为"轴辐协议"或"轴辐共谋"。针对这一问题，虽然我国在2021年发布的《国务院反垄断委员会关于平台经济领域的反垄断指南》中对"轴辐协议"做出了相应规定，但在《反垄断法》中并未就此核心问题进行法律条文层面的具体规定。因此，从法律的权威性与法律效力来看，具有鲜明平台经济垄断特色的"轴辐协议"，既不能认定为违法行为，也不能认定为违规行为，而只能认定为缺乏法律依据的、违反现行行政指南的行为。显然，法律对平台经济"轴辐协议"的规定性存在"空缺架构"，致使法律效力较弱，难以形成对平台经济垄断行为的严厉打击。为此，需要进一步加强平台经济反垄断法的针对性，对平台经济垄断行为的典型类别、认定标准与程序予以更为明确的法律规定。

针对平台经济垄断行为认定标准与程序的空缺性，应在《反垄断法》中增设对平台经济垄断行为认定标准与程序的条款。法律对垄断行为的规制，除了法律条文的判定外，更重要的是通过清晰明确的法定标准、严格的法律执行程序、有力的监督机制与公正的法律处罚手段共同实现，且这些条件环环相扣、逐次关联，形成链式连接，最终形成平台经济反垄断的法治运行机制。平台经济垄断行为，依托虚拟的网络信息技术和实施的非协议性、非合约性，且主要通过特定平台制定和实施行业的"算法规则"实现。平台经济垄断行为的隐蔽性较强，也加大了法律认定的困难。显然，需要进一步完善《反垄断法》对平台经济垄断行为的认定标准与程序的规定。

增加对垄断行为主体的规定。针对平台经济垄断行为实施主体的多元特质，需完善《反垄断法》对平台经济垄断行为主体的相关规定。现行《反垄断法》认定的垄断行为的市场主体为直接从事生产经营活动、参与交易行为的企业经营者，主体的种类较为单一。而在平台经济中，市场主体的种类较为多样。《国务院反垄断委员会关于平台经济领域的反垄断指南》对平台经济的主体，确立了"平台""平台经营者""平台内经营者""平台经济领域经营者"的四元分类法。除提供交易便利的"平台"外，"平台经营者""平台内经营者""平台经济领域经营者"构成要素都包含"经营者"的成分，但具体的概念内涵和辖属范围又有一定的差异性。因此，不能笼统地将平台经济垄断行为的主体简单地都归纳为"经营者"，应亟须完善相应法律，确立"平台""平台经营者""平台内经营者""平台经济领域经营者"的法定内涵、法定认定要素、法定认定标准与法定认定程序以及彼此之间的辖属关系和各自肩负的法定责任清单。平台经济垄断行为的主体，不仅多元，而且在扮演的角色与发挥的功效方面，也与传统实体经济中实施垄断行为的企业经营者存在一定的差异。相较于传统实体经济，在平台经济中，除少数生产者与消费者的线上直销模式外，大部分平台经营者或平台内经营者不直接参与交易，只是作为交易达成的数据"触媒"，扮演数据迁移者、数据配对者、数据分析者与数据交互者的多重角色，这些市场主体概念的含义无疑已经远超传统实体经济中企业经营者的范围，角色与功能也更为丰富，伦理关系也更为复杂。因此，若以经营者的概念笼统地统摄全部市场主体，不仅较为片面，而且难以囊括主要的平台经济市场主体类别，无法体现其中的个体功能差异性与伦理关系。但《反垄断法》并未对平台经济的多元主体加以具体区分和清晰界定，也未形成行政指南所确立的平台经济多主体的垄断行为的具体分类标准。为此，需要进一步修订相关法律，填补反垄断法对平台经济垄断行为多元市场主体法定责任规定的空白，以加强反垄断法对平台经济垄断行为的规制性。

二 健全消费者权益保护法律的相关规定

在现代法治社会，权利的拥有通常有两种主要途径：内生性自然权利与外生性法赋权利。前者是社会成员与生俱来的权利，并最终以社会共识性公理的形式加以确立；后者则以法律条文的形式赋予社会成员某些非内生性自然权利。权益是由外生性法赋权利衍生而成的，它是指公民依法享有保护的权利以及依照法律所赋予的权利以合法手段获得的利益或好处。因此，权益的正当性源于法律规定与守法前提下正当利益的获取。消费者是社会经济生活的重要参与者，具有依法享有并受法律保护的权益。我国现行的《消费者权益保护法》（2013 年修正实施）列出 9 项消费者权利，其主要是针对消费者从实体经营者购买商品方面的权益，虽然从原则上讲也适用于"新业态"的平台经济，但平台经济中的经营者以及消费者权益除了具有普遍性外，也具有自身的特色。

其一，平台经济的经营者种类多样，角色与功能各异，交易参与程度各有不同，彼此对消费者合法权益保护所肩负的法定责任各有侧重。在平台经济中，消费者的交易行为的完成是由扮演不同角色、发挥不同功效的多元市场主体共同参与实施的。其中消费者的交易选择、平台经营者或平台内经营者的真实信息匹配、入驻企业与厂商的交易对象供应等都会最终影响消费者合法权益的有效保障，因此，明确界定平台经济中各类市场主体的法定责任，尤为必要和重要。

而现行《消费者权益保护法》只是把"为消费者提供其生产、销售的商品或者提供服务"的商家统称为经营者，并未对平台经济活动中不同的经营者承担的法定责任进行区分，以致消费者在发生平台经济交易侵权纠纷后，难以诉诸法律使实施侵权行为的平台经济责任主体受到处罚。而以"经营者"作为法律的统一表述方式则未体现平台经济消费者合法权益保护中不同经营主体的责任归属，致使各类经营主体与消费者合法权益保障关系出现差异性。

在保护消费者合法权益的具体实践中，执法者依照现有《消费者权益保护法》，难以对平台经济交易纠纷中的各相关责任主体依法归责、依法问责、依法处罚，会出现相关经营者相互推责的问题，影响消费者及时获得应得赔偿。在平台经济中，平台经营者或平台内经营者除自营业务外并不直接参与市场交易行为，而只是平台交易活动中消费者与供应方（入驻企业与厂商）间供需数据的信息匹配平台，因此，在常识判断意义上，平台经营者或平台内经营者对消费者的合法权益的保护不负有直接责任。但二者与平台交易的商品供应方之间，存在基于数据信息技术的有偿服务委托-代理关系，且消费者在完成订单支付后，支付金额会先期进入平台经营者或平台内经营者的资金账户，尔后在交易完成后以货款转账的方式支付给供应方。在这一交易过程中，平台经营者或平台内经营者相较于传统直接买卖的交易行为而言，只是在交易的实现方式、交易对象的供货渠道属性、交易发生的场所、利益实现方式等方面呈现新的特征，但平台经济的交易行为与传统实体经济中的交易行为的本质相同，都是以某种方式参与市场交易行为，并通过直接或间接提供有形或无形的交易对象进行买卖，获取利润或收取佣金，因此，平台经营者、平台内经营者以及供应方等，都要为消费者的合法权益保护承担责任，但需要对各类经营者承担的责任程度进行划分。显然，现行《消费者权益保护法》并未就平台经济交易行为中平台经营者或平台内经营者是否负有消费者合法权益保护的法定责任，以及具体负有的法定责任类别进行规定，这导致平台经营者或平台内经营者对消费者合法权益保护的责任意识被弱化，消极履行应尽间接责任。为此，需要进一步修订《消费者权益保护法》，完善法律对平台经济多元主体法定责任的划分，增加与经营者责任相关的条款，对平台经济中不同经营者的法定责任进行具体规定，提升法律的针对性与可行性。

其二，平台经济中消费者侵权行为类型与实体经济中的情形相比，呈现鲜明的数据性、"算法"的加持性与规则单方面制定等新特征。交易的规则除国家法律、监管、行政规定外，主要由大型平台或优势电商经营者自主制定，并在行业内主导实施，其所实施的"'二选一'行为对消费者造成了损害，严重限制了消费者的自主选择权，增加了消费者支出的成本，降低了消费者的收益，并导致消费者福利的减损"。[①] 无疑，现行《消费者权益保护法》中有关消费者知情权、自主选择权与公平交易权的规定还需要进一步细化。

其三，平台经济具有交易场域、对象、主体的虚拟性，售后评价的真实性与完整性是消费者进行自主选择的重要参考依据。而一些平台经营者或平台内经营者为了顺利销售假冒伪劣商品，主导或共谋实施删除差评行为，这不仅侵犯了消费者的知情权，而且与社会公序良俗中的诚信原则相悖。但现行《消费者权益保护法》并未包含虚假评价的法律规定，经营者的法定义务内涵较为单一，平台经营者默许型与平台内经营者主导型虚假评价的违法成本过低，难以形成利益制衡。所以，维护好平台经济的利益关系，需要健全平台经济消费者权益保护方面的法律。为此，应修订《消费者权益保护法》，增设平台经济消费者合法权益及其类别的专门性规定，制定与之匹配的司法解释文件，确定消费者合法权益，保障平台经济的消

---

① 苏号朋：《优势电商平台"二选一"行为中的消费者权益保护》，《法律适用》2021 年第 3 期。

费者权益保护有法可依。

三 细化隐私保护法的相关规定

平台经济的生产要素除资本与劳动力外，与其配套的数据信息也是生产要素，在很大程度上，是平台经济取得利润的重要手段。"平台经济是以互联网平台为主要载体，以数据为关键生产要素，以新一代信息技术为核心驱动力、以网络信息基础设施为重要支撑的新型经济形态。"① 在平台经济的诸多数据信息中，与消费者密切关联的隐私信息，往往成为受侵对象。由于我国对隐私权的保护没有专门的法律法规，更无网络隐私权保护方面的法律，一些平台经营者或平台内经营者突破道德底线，打法律的"擦边球"，利用数据信息技术，隐性盗取或显性攫取消费者的隐私信息，产生了诸如过度采集消费者隐私信息、不正当使用甚至有偿贩卖消费者隐私信息的问题，导致消费者隐私数据的"裸奔"，严重侵犯了消费者的隐私权。虽然我国推行社会主义市场经济体制以来，逐步加强了市场经济法治建设，而且大数据时代隐私权保护的立法工作日益为社会关注，但针对隐私保护方面的法律，尤其是网络隐私权保护的法律是不完备的。相对于大数据技术的快速发展，当前我国针对公民隐私保护的立法实践仍显滞后。为此，需要针对平台经济的经营活动特性以及消费者隐私保护的客观要求，健全和完善与隐私权保护相关的法律法规。

随着人类社会的进步，隐私权越来越受到社会的广泛重视并受法律保护。综观世界各国对隐私权的法律保护，可以概括为三种类型，即"直接保护"②、"间接保护"③ 和"概括保护"。我国现有法律对隐私权的保护，

---

① 《国家发展改革委等部门关于推动平台经济规范健康持续发展的若干意见》（发改高技〔2021〕1872号），国家发改委网站，2021年12月24日，https://www.ndrc.gov.cn/xxgk/zcfb/tz/202201/t20220119_1312326_ext.html。

② 隐私权的直接保护：法律承认隐私权为一项独立的人格权，当公民的隐私权受到侵害时，受害人可以侵犯隐私或隐私权作为独立的诉因，诉诸法院，请求法律保护与救济。

③ 隐私权的间接保护：法律不承认隐私权为一项独立的人格权，当公民个人的隐私受到侵害时，受害人不能以侵犯隐私或隐私权作为独立的诉因，诉诸法院，请求法律保护与救济，而只能将这种损害附于其他诉因，请求法律保护与救济。

既不是"直接保护",也不是"间接保护",而是"概括保护",即在民法或相关法律中,笼统地规定保护人格权或人格尊严,不列举具体内容。《民法典》《个人信息保护法》是我国对个人信息尤其是隐私信息保护的重要法律。我国《民法典》第四编专设"人格权",而且对"隐私权和个人信息保护"专门设章进行规定。第九百九十一条规定:"民事主体的人格权受法律保护,任何组织或者个人不得侵害。"隐私权隶属于人格权,民事主体的隐私权不受侵害。第九百九十五条规定:"人格权受到侵害的,受害人有权依照本法和其他法律的规定请求行为人承担民事责任。"以此推之,民事主体的隐私权受到侵害,具有请求权。在平台经济活动中,经营者往往搜集和掌握了消费者许多信息,他们为了更好地营销、赚取更多利润,会出现侵害消费者隐私权的各种问题。显然,消费者作为民事主体,其隐私权一旦受到侵害,也受法律保护。平台经济是一种数据驱动的新的经济模式,它与传统经济相比,重要特征之一就是数据信息成为生产要素。因为消费者的个人信息是平台经济重要的数据信息,所以平台企业在对消费者个人信息的收集和使用过程中,一旦违背相关法律规定,就会出现对消费者隐私权的侵犯问题。鉴于我国现有法律对隐私权保护的原则性规定以及契合平台经济消费者隐私权保护的客观要求,国家至少需要在三个方面完善相关法律。

明确"隐私权"的法律规定。《消费者权益保护法》第十四条规定:"消费者在购买、使用商品和接受服务时,享有人格尊严、民族风俗习惯得到尊重的权利,享有个人信息依法得到保护的权利。"《消费者权益保护法》虽然规定了"个人信息依法得到保护",但法条没有明示受保护的"个人信息"的具体内容,为此,需要借助其他法律对"个人信息"保护方面的规定。我国《个人信息保护法》第二条规定:"自然人的个人信息受法律保护,任何组织、个人不得侵害自然人的个人信息权益。"该法虽然对"个人信息"、"个人信息处理规则"、"敏感个人信息"以及"敏感个人信息的处理规则"进行了明文规定,但没有明示哪些个人信息是隐私信息。对于何谓"隐私"和"隐私权",我国《民法典》给予了规定。《民法典》第一千零三十二条规定:"自然人享有隐私权。任何组织或者个人不得以刺探、侵扰、泄露、公开等方式侵害他人的隐私权。隐私是自然人的私人生活安宁和不愿为他人知晓的私密空间、私密活动、私密信息。"上述法律规定虽然确定了自然人隐私权的法律正当性，但没有明确隐私权的具体内容，只是对侵害隐私权的方式做出了禁止性的规定；该法律条款虽然对"隐私"进行了界定，但非常笼统，"私密空间、私密活动、私密信息"的边界不清，在具体的维权实践以及法律实施中，会出现理解的歧义、操作困难等问题。我国现有法律法规对"隐私权"明确规定的空缺，会影响平台经济活动中消费者隐私权的保护力度以及追究平台企业滥用消费者个人信息牟利的法律责任。为此，需要在《民法典》的相关法条或相关法律中，明确"隐私权"的法律规定，以便对平台经济消费者隐私权的保护提供强有力的法律支持。

具化侵害"隐私权"的法律责任。我国《民法典》规定了个人"隐私权"受法律保护，但对侵害个人"隐私权"的行为处罚只有原则性的规定。在《民法典》第七编的"侵权责任"中，第一千一百六十四条规定，"因侵害民事权益产生的民事关系"，都是民法调解的范围。第一千一百六十五条确立了"过错责任原则"，即"行为人因过错侵害他人民事权益造成损害的，应当承担侵权责任"。"隐私权"是民事权益之一，平台企业在搜集或使用消费者信息过程中，一旦侵害消费者"隐私权"，就需要承担侵权责任，对于何种类型的侵犯隐私权行为需要承担何种侵权责任，却没有明确的法律规定。我国《个人信息保护法》对违法责任有规定，但较为笼统。第六十六条规定："违反本法规定处理个人信息，或者处理个人信息未履行本法规定的个人信息保护义务的，由履行个人信息保护职责的部门责令改正，给予警告，没收违法所得，对违法处理个人信息的应用程序，责令暂停或者终止提供服务；拒不改正的，并处一百万元以下罚款；对直接负责的主管人员和其他直接责任人员处一万元以上十万元以下罚款。"第六十九条规定："处理个人信息侵害个人信息权益造成损害，个人信息处理者不能证明自己没有过错的，应当承担损害赔偿等侵权责任。"显然，该法对处理个人信息过程中出现的侵权行为的具体处罚，也是不明确的。这种对侵犯个人信息权益尤其是"隐私权"的法律责任缺乏具体规定的问题，难免会影响对平台企业侵犯消费者"隐私权"法律责任的追究以及法律威慑力。为此，为了维护好消费者在平台经济活动中的"隐私权"，需要在相关法律中，增设对侵害个人"隐私权"行为的具体处罚规定，为治理平台经济中侵害消费者"隐私权"的不良行为提供法律依据。具体来说，可以在相关法律中，针对平台经济中"过度采集消费者隐私信息""不正当使用消费者隐私信息""有偿贩卖消费者隐私信息"的三种典型行为类型，进行具体的法律处罚规定，为维护平台经济活动中消费者的隐私权提供直接的法律依据。

加大侵害"隐私权"的惩罚力度。相较于传统实体经济的商品直销直买模式而言，平台经济作为一种"新业态"，在经营方式、参与属性与利益实现途径等方面，都呈现与传统实体经济不同的显著特征。其中，侵害消费者权利的行为类型已经由知情权、自主选择权、公平交易权、人身与财产受侵依法获赔偿的权利、知识保护权与监督权等转变为具有鲜明信息技术性与虚拟数据性特征的侵权损益行为。现有法律对消费者个人信息的保护，多为原则性的规定，而且惩罚力度偏低。我国《消费者权益保护法》第二十九条规定："经营者收集、使用消费者个人信息，应当遵循合法、正当、必要的原则，明示收集、使用信息的目的、方式和范围，并经消费者同意。""经营者及其工作人员对收集的消费者个人信息必须严格保密，不得泄露、出售或者非法向他人提供。经营者应当采取技术措施和其他必要措施，确保信息安全，防止消费者个人信息泄露、丢失。在发生或者可能发生信息泄露、丢失的情况时，应当立即采取补救措施。"由此可见，对经营者泄露消费者信息的行为，法条仅要求采取补救措施而没有明确的处罚规定。同样，在该法第七章列出的9项民事责任中，侵害消费者"隐私权"的行为没有被直接列出。为加强对平台经济消费者个人信息的保护，需要修订现行法律对经营者泄露消费者个人信息行为惩罚力度偏小的条款，加大对经营者侵害消费者"隐私权"行为的惩罚力度。

增加有关消费者侵权行为类型的法律规定。平台经济存在的侵害消费者合法权益的行为在实施主体、参与方式、技术属性等方面都具有传统实体经济所不具有的隐蔽性、虚拟性、数据与载体性等新型特征，因此，在平台经济中，侵犯消费者合法权益的行为类型更为多样，法律所规定的传统保护形式已无法适应新型消费者合法权益保护的需要，亟须完善相关法律。仅以"大数据杀熟"为例，"大数据'杀熟'的本质是经营者基于数据信息分析技术而实现的'一级价格歧视'，侵害了消费者的知情权和公平交易权"。① 我国《消费者权益保护法》虽然确立了诸如"个人信息保护"、"明码标价"、消费者反悔权利赋予以及损害赔偿等制度，但在平台经济活动中，从消费者挑选平台到完成支付的全过程，所有的核心交易信息都在平台内进行，而且出现了与数据相关的对消费者权益的侵害，如数据造假、数据欺诈、数据"裸奔"等新型侵害消费者正当权益的行为类型。为此，需要根据平台经济活动中经营者对消费者权益侵害的新型行为类型，在现行《消费者权益保护法》的相关条款中进行完善，即概括平台经济活动中新型的侵害消费者合法权益的行为类型，确立其法定认定要素、标准、程序，增强法律对平台经济侵害消费者权益行为的针对性。

---

① 邹开亮、刘佳明：《大数据"杀熟"的法律规制困境与出路——仅从〈消费者权益保护法〉的角度考量》，《价值理论与实践》2018 年第 8 期。

人工智能之康德式考察[*]

马　彪^{**}

摘　要：康德的先天认知结构与人工智能的信息处理系统具有极高的相似性。基于这一相似关系，有人会从中得出，康德或许不会反对人工智能具有属人的认知主体这一结论。这一结论貌似合理，其实是种误解。其一，与那些基于现代科技的人工智能之运算系统不同，康德哲学中的认知结构是认知主体对已有思想和观念的承继与发展，而非外铄所致。其二，尤为重要的是，康德哲学中的认知结构是先天的，而人工智能的运作程序是后天的，后者若没有理性能力，断乎不能拥有属人的独特认知机制。最后，人工智能也不可能具有只有人才能拥有的自由意志，因为在康德那里，"实践理性"与"自由意志"具有同构关系，没有理性的强/弱人工智能自然没有自由意志。当前，在人类正在向着智能时代迈进的过程中，考察康德对此的看法，无疑对我们具有深刻的警示和启发意义。

关键词：康德　人工智能　认知结构　自由意志

众所周知，人工智能与以往的技术相比有很大的不同，其本质的差别在于它的非工具性特征，以往的技术通常是以人实现某种目的之手段的面目出现的，而人工智能的面世可能会打破这一限制，其未来的发展趋向似乎是不仅具备人的感受、理解、决策等认知功能，而且在某种程度上甚至还有可能初步实现情感关怀、审美移情等只有人才能拥有的其他功能，虽然这些就现实来说还不大可能。① 然而，无论如何，对这一新生事物给予形而上的反思和考察是甚有必要的。立足于传统哲学，一旦人工智能具备

---

*　本文系国家社科基金后期资助项目"康德批判哲学的宗教之维研究"（20FZXB028）阶段性成果。

**　马彪，南京农业大学政治学院教授。

①　杨庆峰：《从人工智能难题反思 AI 伦理原则》，《哲学分析》2020 年第 2 期。

前述功能，就必然会涉及它是否具有"认知"（Erkenntnis）主体的属性这一问题，继而使"认知主体属人"这一基本共识受到挑战，而这在某种程度上是哲学必须给予正面回应的时代议题。

其实，基于哲学视角对人工智能加以研究的文献很多，国内对这一问题的探讨几乎成了一门"显学"，而其中借用海德格尔思想推进这项探究的文章更是层出不穷。相较而言，作为一位具有深厚自然科学知识的哲学家，康德的思想资源却很少被学者用来介入当前人工智能之议题的讨论。诚然，导致这一现象的原因是多方面的。其一，康德所处的时代与现今时代区别很大，而他所谓的科学知识与眼下的科学知识更是不可同日而语，时移世变，我们似乎可以理解人们对他的忽视。其二，更为重要的是，康德对人之认知主体的高扬貌似与人工智能对人之认知主体的挑战甚难契合。对康德而言，只有人，才是真正的主体，认知是外在对象对人之认知结构的契合，正是通过人所独有的先天范畴对感性的整合，认知才有其可能。显然，康德在其思想中所要彰显的是人的独一无二、不可替代的主体地位。而现在，人工智能的出现对康德的这一思想造成了巨大的冲击：承认人工智能的主体地位，意味着要放弃既有的那种表彰人的哲学主张；而拒斥它，又无法为人工智能所具有的类似人之认知主体的特征赋予恰当的位置。这一尴尬的境地是康德自己没有料到的，而这或许也是后世学者极少将康德思想作为一种资源引入人工智能讨论的一个重要原因。

人工智能是否具有属人的认知①主体地位，显然并不在于它是否智能，更与我们如何理解认知的本质相关。出于这一考虑，本文在考察人工智能是否具备康德意义上的人之认知主体之前，着重查勘何为康德的认知主体及其本质属性，然后，再对两者之间的异同做出判断。职是之故，本文首先考察康德哲学的"认知转向"论题，对大家都较为熟悉的"哥白尼革命"议题稍作说明，以便从中引出主体之认知结构的话题；其次，在先天结构与后天程序部分，尝试从知识学的角度，重点勾勒康德思

---

① "认知"与"知识"（Wissen）在康德那里并不是一个概念，前者涉及表象何以可能的问题，后者关涉命题或判断为真的辩护问题，故本文中的"认知"既涉及康德的认识理论问题，也涉及他的意志自由学说。

想中的"认知结构"不同于人工智能之信息处理系统这一主题，无论这一信息处理系统是基于认知科学，还是基于现代技术，两者都不是一码事；再次，通过揭示人工智能是否具有自由意志这一主题，回应康德何以反对人工智能将会替代人的问题；最后，再对上述议题稍作检视，以终全文。

一　认知转向

我们知道，在康德之前，存在论与知识论是层次比较分明的两个问题，起码在原则上两者是可以分离的，毕竟"存在本身是什么"和"我们关于存在的认识"并不完全是一回事，对象与关于对象的可认知性不能等同。然而，到了康德的时代，尤其是到了其批判哲学时期，通过考察我们心中表象（Vorstellung）的东西与客观对象之关系的基础问题，他试图抹平存在论和知识论之间的差别。康德认为，传统形而上学中探讨的对象并非我们所能认知的客体，我们关于认知对象之条件的探讨，并不等同于对存在本身的研究。康德之所以得出这一结论，无疑与其哲学上的"哥白尼革命"密切相关。

康德哲学上的"哥白尼革命"也可以叫做"认知转向"，这一称谓意味着它试图在知识论的层面上重新厘定过往的一切形而上学问题。对康德而言，前哥白尼时期的哲学在于强调主体对客体的契合：若说一个主体认识了一个客体，那就是说，主体再现了客体的本来面目，假如客体不存在或以其他方式存在，主体将不会再现这一客体，或会以其他不同的方式再现它。显然，康德转变了这一认知模式，因为对他来说，最为重要的问题是主体如何表征客体，它的表征方式是什么，知识的产生不是主体对客体的契合，而是主体对客体建构的结果。换句话说，在人的认知活动过程中，主体不是被动地适应客体，而是主动地构造客体，否则主客之间的鸿沟无法被弥合，真正意义上的认知亦无法兑现。[①] 康德的这一

---

① 萨巴斯丁·加纳：《康德与〈纯粹理性批判〉》，刘育兆译，台北：五南图书出版股份有限公司，2009，第 60 页。

认识论上的转向，意义重大，因为他认定我们主体建构的关于客体的知识是唯一能够接近客观存在的知识，而与此同时，他也谦卑地承认，独立于我们之外的东西虽然可以被思考，但关于它们的知识，只能付诸阙如。因此，在强的意义上来说，康德同意怀疑论的看法，即我们关于客观之对象的知识是独断的和没有根据的；但在弱的意义上，客体的知识对我们而言是可能的，毕竟这一知识是我们主动建构的结果，在此层面上，知识本身的可能性也得到了辩护。

不可否认的是，康德虽然将其"认知转向"类比为"哥白尼革命"，但并没由此贬低人在自然世界中的地位。与哥白尼天文学革命中的那种将人逐出宇宙的中心位置刚好相反，康德不仅高扬了人的尊严和地位，还将其置于人文世界与意义世界的中心。对康德而言，他把其哲学和哥白尼的太阳中心说作一比对，主要在于强调，只有作为主体的认知结构才是客观知识得以可能的根据，正如哥白尼从地球观察者的角度解释太阳的运行一样，而先前被当作具有独立存在的现象——无论是知识的客体还是太阳的运行——在某种程度上，都依赖于主体，以及基于主体进行解释和诠释。诚然，当我们说客体依赖主体及其性状时，并不意味着客体是由主体创造的，毕竟由表象产生对象的问题是一种只能归属于上帝的认知形式。作为有限的理性存在者，我们关于对象的知识问题是一个牵涉主体与客体、主动与被动的复杂问题。前哥白尼时期的哲学认知，对此问题的理解过于简单，或者说过于乐观，没有真正洞悉其中的疑难和症结。而在康德看来，只有把人之主体的先天结构视作对象得以可能的条件，主体才能因为客体的存在而再现它，也只有在此意义上，我们关于显象（Erscheinung）之知识的获得才是可以被理解的。

通过上面这一不太简短的叙述，我们粗略回顾了康德关于知识何以可能的问题。简单地说，知识之所以可能，是因为我们拥有完备的知性范畴和认知原则，借助范畴的先验演绎，我们把这些只有主体才具备的条件付诸客体，继而使客体契合我们这一先天的认知结构，在主客相契的过程中获得知识。结合本文的主旨，我们这里完全可以把人工智能的既有程序、算法和功能与康德的人之认知的先天结构加以比较，与后者大体相当，人工智能关于数据的分析、处理等操作，只能在给定的程序中才能进行，凡是不符合该程序或在该程序之外的东西都无法被纳入它的"认知"结构。对人工智能而言，它所理解的世界就是那些能够被其操作系统识别的世界，在此之外的事物只能被视为"物自身"，因为它们不在其"认知"范围之内，只能存而不论。基于这一分析，如果我们的上述推论是合理的，那么可以看到人工智能与康德的思想极为相仿，既然拥有先天结构的有限存在者可以被称作认知的主体，那么人工智能也没有理由不被视作同样意义上的"认知主体"。换言之，在两者之性状彼此相仿这一层面上，康德不应该反对人工智能具有主体之认知的功能。

二　先天结构 vs 后天程序

针对上述结论，有人难免质疑：由于人工智能自身具有的一套处理系统是由人后天设计或赋予它的，就此而言，它真的能够与康德的先天认知结构加以类比吗？对此，奥特弗里德·赫费（Otfried Höffe）就深不以为然，在他看来，前述结论是由一个不言自明的预设得出的，即把康德之认知转向的先天结构类比为后天强加上去的一个条件，并以此与人工智能的操作程序或应用系统加以比对，继而得出康德赞成人工智能具有属人的认知功能这一结论，而这显然是有问题的。在赫费看来，这一误读与亨利希·冯·克莱斯特（Heinrich von Kleist）的误解如出一辙，克莱斯特认为，康德的认知结构与我们的眼睛一样："假定所有的人不用眼睛，而是戴上绿色眼镜，那么他们必定断言，他们通过绿色眼镜看到的对象是绿色的。"[①] 对此，赫费指出，克莱斯特对康德的理解是不公正的，因为康德在《纯粹理性批判》中发现的是主体特有的功能，探讨的是认知何以可能的有效根据和可能性前提，而不是追溯认知的产生或起源，即康德研究的是认知何以可能的观念问题，关心的不是其发生学的问题，两者绝不是一

---

① 奥特弗里德·赫费：《康德的〈纯粹理性批判〉——现代哲学的基石》，郭大为译，人民出版社，2008，第35页。

码事。

在某种意义上，赫费所要表达的不过是这样一种立场：若说人工智能的认知程序是由其自身之外的力量附加而非其本身具有的话，那么属人的认知结构则刚好与之相反，它完全是从自身之内生发出来的，它所具有的那些认知模式与基本概念是由知识学的分析而得来的。事实上，康德对先天认知结构之知识学的揭示过程大致是这样的，例如，面对一个显现的物体，我们可以发现它有三种不同的本源表象。首先，最直观的表象是我们对这一物体的感觉，即软硬、重量、颜色等经验的感受。对康德而言，感觉的东西完全是个人主观的东西，它因人而异。其次，是纯粹直观的东西，如广延、性状等特质。在康德看来，纯粹直观与感觉虽然都具有主观性质，但它的"主观性并不是个人的特殊的主观性，而是全人类的普遍的主观性"，①两者由于来源不同，各自的效力自然有别。最后，是源自知性的东西，即实体、因果等概念。与感觉或纯粹直观不同，范畴不是直观的对象或感知到的对象，而只能是呈现在我们的思维之中的东西，它们是思维的产物。康德能够推导出这些范畴来，在很大程度上与其对逻辑的理解密切相关。诚如黑格尔所言，仅就康德之范畴的推导这一点来说："康德有一个很方便的法门可以发现那些范畴……在普通逻辑学里，已经根据经验揭示出各种不同的判断了。但判断即是对于一个特定对象的思维。那已经列举出来的各种判断的形式因此也就同时把思维的各种范畴告诉了我们。"②

通过上述分析，可以看到，康德的先天结构与人工智能的显著不同在于，前者与既有思想观念的关系密切，它是属人的思想之"自然"演化的结果；后者则并非如此，人工智能的那一套程序与算法显然是"人为"附加所致。这一点，在康德关于纯粹直观的学说中体现得尤为明显，因为说到底，时空这一先天直观形式就是洛克的"第一性的质"，而那些属于感觉的东西，如软硬、香臭、轻重等概念原本就是洛克思想中的"第二性的

① 齐良骥：《康德的知识学》，商务印书馆，2000，第73页。
② 黑格尔：《小逻辑》，贺麟译，上海人民出版社，2009，第128页。

质"。其实不止如此，康德的大部分哲学概念都来自传统思想。比如，"感觉"、"直观"和"纯粹"来自莱布尼茨的《人类理智新论》；"范畴""先验"源自德国的亚里士多德传统，而"理念"则来自柏拉图；此外，如"二律背反""谬误推理"等专业术语在当时德国学界的手册中随处可见，只是康德赋予了它们以新的色调与意涵。① 正是在这一意义上，我们认为，康德关于认知何以可能之前提的辨析是一种知识学上的分析与考察，而不是一种历史或科学上的探究，因为康德哲学中的那些概念是对已有思想的承继或演进，它与那些基于神经科学或心理体验的概念有着本质的区别。

　　基于这一理解，立足于现代技术与神经科学的人工智能，它的认知系统与处理功能显然不同于时空直观、知性范畴等康德哲学意义上的先天思维模式，它也不能被视作真正的认知主体，毕竟对康德而言，作为人之认知结构的那些纯粹概念是"知识论"意义上的范畴，它们与人所设计并赋予人工智能的在"科学"意义上的信息模块有着本质的不同；此外，更为根本的是，康德的先天认知结构，以及由此而来的那些思想史上的观念，本质上来自人所独有的理性，它是在人的理性活动中演化而来的。借用齐良骥先生的说法，人之认知的那些范畴以及使认知得以可能的原则与结构，根本而言，都是人在认知活动中逐渐形成的，它是人的主动性或能动性的体现。对此，康德在《未来形而上学导论》中曾经指出："象这样的一些理性概念（先验的理念）既然是既定的，那么，如果不是把它们视为天赋的话，它们就只能存在于理性的活动里，不能存在于其他任何地方。"② 稍微引申一下，即可看到，康德这句话的意思也就是说，概念以及与此相关的其他认知结构与原则，都是主体建构的结果，正是在人的理性活动中，那种独属于人的认知才得以出现。

　　行文至此，可以发现，关于属人的认知结构问题之所以与人工智能的处理程序不同，是因为我们对它的探源可以"一直追溯到它们在人类知性

---

① 参见奥特弗里德·赫费：《康德的〈纯粹理性批判〉——现代哲学的基石》，第23～24页。

② 康德：《任何一种能够作为科学出现的未来形而上学导论》，庞景仁译，商务印书馆，1982，第107页。

中的最初萌芽和禀赋，它们蕴涵在这些萌芽和禀赋中已经作好准备，直到终于借经验之机得到发展，并凭借同一种知性摆脱依附于它们的经验性条件，在其纯粹性中得到展现"。① 显然，康德这里的"知性"属于广义的理性，它涉及以先天原理为依据的一切认识能力，包括感性、知性，以及狭义的理性。② 康德这一段文字，清楚地告诉我们，作为认知条件的这一前提不仅在思想上是可以被追溯的，而且可以在传统哲学的基础上继续被追溯，同时这个被追溯的方向也是明确的，这一方向的最终目的地就是认知主体所拥有的理性，人工智能之所以不能与康德的认知主体等同，是因为前者不具备后者所拥有的理性，而这也正是它与人工智能的最根本的区别，与后者之处理程序的外铄这一点不同，人的认知功能全都是由理性生发出来的，将两者简单地类比，并进而认定康德赞同人工智能拥有属人的认知功能，无疑是错误的。

三　自由意志

显然，康德基于理性而得出的人工智能没有属人的认知功能这一主张，与 1980 年约翰·塞尔（John Searle）由"中文房间"（Chinese Room）实验得出的计算机没有心智而只有纯粹的程序操作不同。表面上看，他们所得的结论是一样的，都主张人工智能没有意识，人工智能的发展最终并不足以替代人，但实质上，两者的论证理路大不相同：康德完全是在形而上学的立场上，从先验哲学反思的视角介入这一争论的；而塞尔的处理向度，无论其论证多么精致，他的立足点还是偏向生物自然主义这一角度。就此而言，如果说康德的阐释方式是哲学式的，那么塞尔的叙事方式依然没有跳出科学的范围，而科学作为解决问题的一种手段，在康德那里还处在知性的层面，并没有达到理性的认识高度，因此，它对事物的认知和刻画远不那么切实和深刻。

---

① 康德：《纯粹理性批判》（注释本），李秋零译注，中国人民大学出版社，2011，第 85 页。
② 参见杨祖陶、邓晓芒《康德〈纯粹理性批判〉指要》，人民出版社，2001，第 30 页。

现在，如果我们的论述是可以被接受的，即康德对人工智能的解读是出于哲学的、理性的维度，而非科学的、知性的路数，那么我们由此就能够自然而然地追问与人工智能密切相关的另外一个话题，即在康德看来，人工智能具有自由意志吗？这个问题也是当前大家讨论人工智能时较为关注的核心议题之一，毕竟人工智能能否取代，以及在多大程度上取代人的主体地位，关键还在于它是否具备"自由意志"这一貌似只有人才拥有的特质。结合当前语境和前面的论述，我们可以肯定地推理：康德不会认为人工智能具有自由意志。因为在康德的哲学中，自由意志和理性的实践运用关系密切，既然人工智能没有理性，那么它自然也就没有自由意志。

康德的论证思路大致如下。首先，就理性之理论运用与实践运用而言，康德指出，理论理性通常旨在为可能经验的材料提供并确立普遍的秩序与原则，而如果它在这一可能经验中规定了冲动、欲望等行为，继而在此范围内落实了这些秩序和原则，那么此时的理论理性就是实践的。也就是说，若是理论理性提供了能够在欲望的满足中获得应用的法则的知识，并且就其能够实现这一目标来说，它就是实践理性。① 换言之，康德哲学中虽然存在两种理性的运用，但说到底只有一种理性，理论理性与实践理性只不过是颁布法则之能力的这一理性的不同层面的体现而已。其中，前者给出的是关于作为现象之秩序和原则的认知，而后者指向的是借助自愿的行动将这一秩序和原则的认知付诸实践。其次，就实践理性与意志的关系来说，作为一种欲求能力，意志无疑是受理性指导的，虽说在此之外，它难免也要受到其他"偏好"（Neigung）或外在环境的作用，但在康德看来，一旦受到理性规定的意志全然不顾其他条件的影响，并去实现理性的要求与命令时，此时的理性就是"实践理性"，与此相应，此时的"意志"就与"实践理性"彼此相契，在此意义上，我们既可以说"实践理性"是"意志"的规定者，也可以说"实践理性"就是"意志"本身。因为在康

---

① L. Beck, *A Commentary on Kant's Critique of Practical Reason*, The University of Chicago Press, 1960, p. 39.

德那里，意志必须被设想为完全独立于显象之自然法则的机能，而这样一种独立性在最严格的、先验的意义上就叫自由，所以，在此层面上，"意志"与"自由意志"，它们的名称虽有差别，但实质则没什么不同。

可以看到，在康德那里，人工智能是否具有自由意志的问题关键在于它是否具有自主、自发的理性，可正如前文我们已经指出的那样，自由意志说到底就是实践理性，它是人的理性的一种展现，人工智能很难说具有属人的理性，因为它的一切功能、运算、操作等系统都是由它之外的力量完成的，它的所有操作的终极根据并不在于它自身。就此而言，它也就不能具有只有理性的人才能拥有的自由意志。

稍作比对即可发现，作为一位古典哲学大家，康德由理性导出自由意志，继而区分人与人工智能之不同的论证手段，与当代学者对该问题的切入方式极为不同。比如，为了反驳以艾伦（C. Allen）等为代表的哲学家提出的"人工道德行为者"（Artificial Moral Agents），① 即认定可以让未来的人工智能拥有道德、情感甚至善恶意识的一种主张，约翰逊（D. C. Johnson）就是从人工智能没有自由意志这一角度入手来反驳的，这一点他与康德大致一样。差别在于，约翰逊认为，人之所以与人工智能不同，是因为人可以通过归纳的方法认知世界、预测未来，能够对未来的事情做出趋利避害的善恶选择；与此相对，计算机的系统因为没有这种心理功能和状态，自然也就没有自由意志，所以人工智能不可能是具有道德的行为者。② 约翰逊的这种从心理学的向度对"人工道德行为者"的反驳，在康德看来，无异于缘木求鱼，他对"人工道德行为者"之论题的反驳涉及的不是效果好坏的问题，而是根本没有效果。因为在康德看来，艾伦所说的人工智能是不是具有道德的论题，是一个实践理性的问题，而约翰逊的反驳完全是一个理论理性的问题，两者根本不是一个论域的问题，用心理学的证据来反驳伦理学的论点，显然文不对题，自然没有效果。可见，

---

① C. Allen, "Prolegomena to Any Future Artificial Moral Agent," *Journal of Experimental and Artificial Intelligence*, Vol. 12, 2000, p. 3.

② D. C. Johnson, "Computer System: Moral Entities but not Moral Agents," *Ethics and Information Technology*, Vol. 8, 2006.

同是关注人工智能具有自由意志这一话题，若是各个学者的立论与出发点不同，即使他们最后所得结论相仿，他们之间也没有多大的可比性。

不过，对此结论，有人或许会从另一个层面质疑：即使康德和约翰逊的立论是不同的，即使康德反对人工智能拥有自由意志这一结论是正确的，我们也不能由此得出康德不会赞同人工智能拥有自由任性（Willkür①）这一与自由意志极为相像的属人能力。的确，康德承认自由任性是人的一种选择能力，与此同时，他大概也不会反对人工智能具有选择能力，但这两种能力是否就是相同或相似的，仍需进一步考察。我们知道，在康德那里，意志（Wille）涉及的是"意愿"（Wollen）的立法机能，而任性指的是选择机能，正是在意志的指导或支配下，任性才做出了自己的选择，即使它最终的选择未必与意志的指示契合。不可否认的是，任性即使一直服从意志的立法，也不意味着它就是不自由的，因为从根本上说，它们并非外在关联的两种机能，而应被视为实践理性的一体两面。按照康德的理解，对一个神圣的存在者来说，前面关于意志与任性的区分是多余的，也是没有意义的，因为对他（她）而言，意念即实在，意志的立法与任性的执行在上帝那里本身就是一个东西，彼此不可分离。与神圣的上帝不同，作为有限的理性存在者，意志与任性在我们这里是彼此有别的，但即使如此，也并不意味着两者是没有内在关联的。对康德而言，我们正是在无限回溯"任性"之充分自由的条件中发现了意志，换句话说，当我们在对"任性"之可能的前提进行追问时遇到阻碍，自然因果关系无法回答我们的问题，只有有生命的存在者就其理性而言的一种因果性才能做出合理的解答，而这种因果性在康德看来就是意志。据此可见，自由任性即使只是一种选择机能，它与人工智能的选择能力也是不一样的，因为它与出于理性的意志本身具有内在的关联，而对人工智能，我们却不能在这一意义上

---

① Wille 与 Willkür 在康德那里的用法比较复杂，这里既有康德表述不太清晰的问题，亦有康德对两个词语在不同时期、不同著作中逐渐对它们加以梳理的问题，显然康德在《纯粹理性批判》、《道德形而上学的奠基》和《实践理性批判》中对它们的定义是不一样的，关于这一点，亨利·E. 阿利森（Henry E. Allison）多有论述，可以参见亨利·E. 阿利森《康德的自由理论》，陈虎平译，辽宁教育出版社，2001，第 188~198 页。

说它的选择也受到类似出于它自身的意志的影响，非常明显，对人工智能选择施加影响的是外在于它的人的意志。

另外，作为人的一种选择机能，自由任性在面对道德法则和自然偏好时会做出什么选择，以及为什么会做出这一选择的最终根据要落实在他的意念（Gesinnung）中，而意念不过是"采纳准则的原初主观根据"。① 对康德而言，意念完全是一种理性的品质，它与亚里士多德的 hexis 不同，它是基于理性的"思维方式"（Denkungsart），而非出于知性的"感觉方式"（Sinnesart）之上的一种气质或性格。换言之，意念的形成只能诉诸广义上的实践逻辑关系，而不能诉诸经验的因果关系。之所以说意念属于广义上的实践逻辑关系，是因为从意念到由此而来的行为不是简单、僵化的机械演绎过程，其中还有认知主体的采纳问题，意念只规定了行为人的基本取向而不是整个行为过程，毕竟它还为人的实践判断留下了足够的选择空间。与此相对，人工智能的选择则是出于科学（经验）的因果判断与选择，它的选择还停留在感觉方式上，而不是思维方式上，就此而言，它与人的选择并不在一个层面上。

基于上述两个理由，我们认定，人工智能不仅不具有康德哲学意义上的自由意志，也不具有自由任性，那种仅仅因为人工智能和人都具有选择机能这一特点，继而将两者加以比较的做法，不仅没有理解康德的自由任性的概念，更没有对此概念背后的意义世界有所洞悉。套用罗伯特·布兰顿（Robert Brandom）的话来说，自由任性的选择属于"理由空间"（Space of Reason）的问题，因而是一个规范问题，而人工智能的选择则与此不同，它还是一个经验或神经科学层面的问题。职是之故，如果我们的前述理解是成立的，那么我们将不难看到人工智能无论在强的还是在弱的意义上，都无法替代人之认知主体功能，更不能从根本上取代人的主体地位。

---

① 康德：《纯然理性界限内的宗教》（注释本），李秋零译注，中国人民大学出版社，2012，第9页。

结　语

约翰·塞尔把人工智能划分为"弱人工智能"与"强人工智能"两类，它们的本质区别就在于是否具有意识，其中具有自我、创新思维等意识的为"强人工智能"，而没有这些意识的则为"弱人工智能"。依据这一界定，总体来讲，当前人工智能虽然在逻辑推理、信息处理、智能行为等方面有了长足的发展，但毫无疑问还都只是处于"弱人工智能"阶段，仅就这一点而言，目前的人工智能肯定与康德意义上的"人"及其认知水平不在一个层面。随着时间的推移，未来的人工智能或许会在计算、记忆、识别、决策等方面有不可限量的发展前景，然而，在康德看来，即使某一天人工智能出现某种类似于人的情感需求、艺术创作、审美关怀等奇点（Singularity），它也完全不能替代人本身的位置。之所以如此，不是因为人的意识是开放的且可以拓展自由的认知空间，而人工智能的意识是封闭的且只能在给定的程序和规则内运作，也不是因为人有自由意志，而人工智能没有自由意志，根本来说，是因为人工智能没有理性这一属人的最根本的机能。正是因为有了理性这一机能，人才超越了其自身的种种限制，成为人应该"是"的独特样貌，才有了上面的那些属人的相关属性。借用艾伦·伍德（Allen Wood）的话说："理性是人在理论领域中的最高能力，而在实践领域中，它是责任与自律的唯一来源。正是这个人类一切能力中的最高能力，构成了它力求扩展以突破其自身种种限制的可能性以及必然性，与此同时，也正是借助最高能力这一手段，它首先认识到了自身本性中的种种限制。"① 总之，无论是好是坏，最终是理性成就了人，也是它规约了人。康德的这一见解或许过于决绝，但无论如何，他从古典哲学的思辨高度为我们提供了一个用来深层检视人工智能的视角与资源，故而不应被人忽视。

---

① Allen W. Wood, *Kant's Moral Religion*, Cornell University Press, 1970, p. 5.

人体组织利用的伦理问题与自主原则的当代反思[*]

李亚明^{**}

摘　要：在人体组织利用的伦理问题探讨中，已形成了某些共识，然而，共识性的原则之间似乎存在矛盾，从而使原则的规范效力受到质疑，也给原则的实践应用带来困惑。原则间存在矛盾的主要原因是，生命伦理研究中尚未对自主这一核心概念形成充分、准确的理解。当代道德哲学前沿研究通过对人的自主能力进行深入分析，阐释了自主能力和自主权利之间的区别和联系，论证了自主权利的来源和依据，从而回应了已有的理论困难。基于对自主能力的论证所构建的伦理原则具有更强的实践可操作性，能够进一步明确知情同意原则的理论基础、应用方法，以及应用的界限，并对有关人体组织利用的现有伦理共识给出更合理的解释。

关键词：人体组织　伦理原则　尊重自主　知情同意

人体组织移植是当代医疗最前沿的领域之一。随着基因研究的推进，人体组织材料也有了越发重大的科研价值。而相关医疗和科学研究的发展都完全建立在人体组织捐献的基础之上。人体组织利用的伦理问题因而受到了广泛的关注和讨论。目前，各国均已出台各种政策鼓励人体组织的无偿捐献，并确立了规范人体组织捐献的相关法规，确保人体组织的利用在不违背伦理的范围内进行。

伦理原则是我国生命伦理领域中主导性的理论工具。其中，尊重自主被列为首要原则。相应的，在当代有关组织捐献的伦理问题探讨中，捐献者的知情同意被视为伦理判断的核心标准。例如，虽然关于应当在何种程度上许可人体组织的商业化，以及以何种方式保护人体生物信息的隐私权

　＊　本文系国家社会科学基金重大项目"大数据驱动下的生命科学研究范式变革研究"（22&ZD045）的阶段性成果。
　＊＊　李亚明，中国社会科学院哲学研究所、中国社会科学院应用伦理研究中心副研究员。

等问题始终存在复杂的伦理争论，但在实践中，取得捐献者的知情同意总是被认可为解决以上问题的简明方案。

尊重自主往往被视为一项最高原则。在多数情况下，能够同其相互权衡的，只有人体组织不得买卖的原则。以任何形式买卖人体细胞、组织、器官或遗体都是法律所禁止的，在道德上也是错误的。尊重自主和禁止买卖这两个核心原则都来源于对人的内在价值的尊重，但这两个原则却存在明显矛盾。这一矛盾能否得到恰当解释，关系到现有的伦理原则是否具有充分的规范效力和实践可操作性。生命伦理研究应当对自主这一核心概念给出更加充分且准确的说明，并在此基础上重新阐释规范人体组织利用的伦理原则。

一　有关人体组织利用的核心伦理原则及其理论基础

近年来，各国均出台了大量法规，对人体组织的采集、加工和使用进行伦理上的约束。其中，为各个国家和地区所公认的伦理规范有二，即"人体组织不得买卖"，以及"人体组织的获取应遵循知情同意原则"。在现实的伦理抉择中，以上两个原则总是具有最大的权重，能够压倒与之相冲突的其他伦理考量，因而被视为有关人体组织利用的核心伦理原则。这两个核心原则都是尊重人的尊严所产生的道德要求，都可以通过康德的尊严理论而得到论证。

（一）人体组织不得买卖

人体组织不应当被买卖，是世界范围内一项得到普遍认可的观点。无论在法律上还是在道德上，以任何形式买卖人体细胞、组织、器官或遗体，通常都是受到禁止的。这一规范的主要依据在于，人的身体本身具有特殊的道德意义，即身体是人的尊严的承载者。因此，出售人体或其组成部分就是对人的尊严的损害。《欧洲人权和生物医学公约》（*The Council of Europe Convention on Human Rights and Biomedicine*）在条款 21 中提出，"人类身体及其组成部分不应该产生经济收益"。公约"附加议定书"

（additional protocol）在对条款 21 的解释中指出，该条款意在"保护活体捐献者和受捐者的尊严"。

尊严是无价的，因而不能以任何有价物与之权衡。这一观点来自康德，在当代生命伦理学中得到普遍接受。康德在《道德形而上学的奠基》中提出："在目的王国中，一切东西，要么有一种价格，要么有一种尊严。有一种价格的东西，某种别的东西可以作为等价物取而代之；与此相反，超越一切价格，从而不容有等价物的东西，则具有一种尊严。"① 人的身体是尊严的承担者，因此，同样是无价的。仅仅为了经济利益而出售身体部分，就把一种无限的价值等同于一种有限的价格，就构成了人的生命的物化和对生命的价值的贬损。因此，人的身体不能用于任何交易。康德举出的例子包括，一个运动员为了奖金让他的身体遭受有害的训练、雇佣兵为了钱冒生命危险投入对其而言毫无意义的战争等，都应被视为对尊严的损害。

当然，牺牲生命和健康并非绝对地应被视为道德上的错误。"为国捐躯"的行为不仅通常没有被视为对尊严的贬损，反而被认为彰显了人的内在价值。雇佣兵为了经济报偿失去生命同为国捐躯的区别在于：个体行为的目的在于经济利益还是理想信念等无价之物。在康德的论证中，道德是无价的，并且道德的无价在逻辑上先于人的无价。他提出，道德具有尊严，人因为具有道德能力因而也拥有尊严。② 人的道德能力体现为人能够"在出于义务的意愿方面排除一切利益"。③ 为了理想和信念做出牺牲正是这一类的行为。因此，为了同样无价的理想和信念牺牲无价的生命并不是对任何一方的贬损。与之不同，为了具有有限价格的经济利益牺牲无价的生命显然会造成对生命价值的贬损。

（二）人体组织的获取应遵循知情同意原则

人的尊严是应用伦理学的价值指归。人体及其组成部分禁止买卖正是

---

① Immanuel Kant, *Groundwork of the Metaphysics of Morals*, Cambridge University Press, 2011, p. 97.
② Immanuel Kant, *Groundwork of the Metaphysics of Morals*, pp. 97–99.
③ Immanuel Kant, *Groundwork of the Metaphysics of Morals*, pp. 91–92.

人的尊严的要求。在实践领域，人的尊严的另一项道德要求同样具有重大影响，并且在多数情况下被视为一项至高的原则。这就是尊重自主原则。尊重自主原则同样可以通过康德的尊严理论得到论证。康德在"人性公式"中提出，人在任何时候都绝不能被仅仅当作手段来使用，而要同时当作目的。[①] 所谓尊重一个人，就是尊重他的自主性。在涉及他人的行为中，他人必须自主地选择是否助力于要实现的目的。人性公式在很大程度上塑造了当代的政治、法律和生命伦理研究。在人体组织的捐献、移植和研究的情境中，如果组织供体出于一种利他的心理，希望自身的组织能够用于救助他人或推进医学研究，供体就没有被仅仅当作手段，而是同时被当作目的，其尊严没有受到侵犯。在实践中，尊重自主原则体现为尊重患者或受试者的知情同意权。患者或受试者应当具有同意的能力、被告知相关信息、能够理解相关信息，并且有同意或不同意的自由。

近年来，商业性生物医学研究机构中新技术的发展，加之人类基因组计划取得的成果，导致对人体组织的需求正在急剧增长，有关人体组织制品的商业活动正在增加。在人体组织能否以及如何进行商业利用的问题上，知情同意是一个核心的伦理标准。人体组织的买卖受到禁止，一旦组织成为组织制品，就不再受到这样的约束。只要获得捐赠者的知情同意，人的身体组织及其样本信息就可以成为商业利用的对象。很多国家和地区已出台的相关法规都不认为人体组织的商业应用本身有问题，如果取得了捐赠者的知情同意，那么组织就可以应用。纳菲尔德生物伦理委员会（Nuffield Council on Bioethics）在 1995 年提出，只要有患者的知情同意，将通过医学活动取得的组织用于商业研究就是合乎伦理的。[②] 在《美国医学协会医学道德准则》（*Code of Medical Ethics of the American Medical Association*）中，相关问题被表述为：出于商业目的使用人体组织和人体组

---

① Immanuel Kant, *Groundwork of the Metaphysics of Morals*, p. 87.

② Nuffield Council on Bioethics, *Human Tissue: Ethical and Legal Issues*, Nuffield Council on Bioethics, 1995.

织制品应当受到禁止，除非有捐献者的知情同意。① 可见，在有关人体组织能否商业利用的问题上，捐赠者的知情同意是核心的伦理标准。

知情同意的重要性还体现在隐私保护的问题上。生物医学技术的发展导致隐私的保护非常困难，生物样本包含遗传信息，不仅能够使研究人员对个人遗传信息进行检测，也可能发现家族的遗传信息。基因数据信息的泄露会引发基因歧视现象，致使样本提供者在就业和保险方面遭受不公平待遇。隐私保护越发重要。然而，以上事实并没有导致生物样本信息的分享受到禁止。从人类基因组计划开始至今，各国的政策都倾向于推进数据共享。所有参加人类基因组计划项目的研究单位共同制定了"百慕大原则"（Bermuda Principles）。该原则可以概括为"基因共有，平等免费共享"。美国国立卫生研究院国家心肺血液研究所（The National Heart, Lung, and Blood Institute）成立生物样本和数据资源库信息协调中心的目标，就在于促进生物样本和数据资源的可用性，为信息的收集和共享提供平台。② 泛欧洲生物样本库与生物分子资源研究平台的建立同样意在提高现有数据库的互操作性，因而可能为更高效的样本共享提供基础。在相关政策中，对隐私的保护最终归结为，个体需要自主自愿捐献个人生物样本和信息，并可以自主决定个人信息用于何种目的。只要有自主的同意，即使暴露了个人隐私或者增加了隐私暴露的风险，也是在道德上所允许的。可见，在隐私保护的问题上，知情同意仍是一个核心原则。

知情同意的效力最集中地体现为人体组织自愿捐献的原则。虽然组织和器官不能买卖，但是各地的政策往往是鼓励自愿无偿捐献的。人体组织和器官的捐献是指出于人道或公益目的将组织和器官捐献给他人的行为。组织和器官捐献是世界各国公认的获取供体的重要途径。全世界已有70多个国家和地区，对人体组织和器官的捐赠、提取、移植、后期保障、研究

---

① American Medical Association, AMA Code of Medical Ethics, https://code-medical-ethics.ama-assn.org/sites/default/files/2022-08/7.3.9.pdf.

② C. A. Giffen, L. E. Carroll, J. T. Adams et al., "Providing Contemporary Access to Historical Biospecimen Collections: Development of the NHLBI Biologic Specimen and Data Repository Information Coordinating Center," *Biopreservation & Biobanking*, Vol. 13, No. 4, 2015, pp. 271-279.

等问题加以规定，鼓励组织和器官的自愿无偿捐赠。我国器官捐献的伦理许可就来自捐献者的知情同意。捐献人体器官应以书面形式表达捐献意愿。

二 尊重自主及其理论困难

对以上两个核心原则的论述显示，有关人体组织利用的已有规范间似乎存在矛盾。在我们知情同意的情况下，人体组织制品可以得到商业利用；我们可以自主地将自身生物信息置于某种风险之中；甚至，我们被允许，并且被鼓励自愿地将自己的组织捐赠给需要的人或用于科学研究。自主在各种情境中都成为对行为进行伦理裁决的终极标准，然而，我们不被允许自主地买卖自己的身体及其组成部分。自主的权威性在人体组织买卖的语境中受到了限制。这种限制是否合理？毕竟一个人只能捐献其所拥有之物，认为个体可以自主捐献身体部分似乎已经预设了"所有权"。如果我们"拥有"自己的身体，那么某物的"拥有者"不能出卖该物的原因是什么？这一矛盾恰恰体现了自主原则的应用所面对的困难。

原则主义是我国生命伦理研究中应用最为广泛的理论工具。在原则主义的各个版本中，自主都被列为首要原则。然而，在近年来的伦理探讨中，我们已经看到有关自身的自主决定在某些情境中必须受到限制。例如对臭名昭著的"投掷矮人"和"西洋景"的伦理批判都体现了这类观念。在生命伦理研究中，人们普遍认同不应当进行非医学的人类增强，我们也不应当自主地对自己的后代进行基因编辑。人类增强、基因编辑、头部移植研究等当代技术带来的伦理困难均可归于对个体自主的含义和限度的困惑。"我们同自己的身体是什么关系"构成了当代生命伦理研究的核心问题。回答这个问题，需要反思生命伦理学对自主的理解以及自主原则背后的理论依据。

在人体组织利用的伦理探讨中，频繁得到使用的术语包括"自主权"、"知情同意权"、"隐私权"以及"获取器官的权利"；人们提出，组织的捐献可能导致捐献者失去"财产权"；在未取得患者的同意的情况下，医院将其组织收入样本库被认为侵犯了患者的"基因人格权"和"基因财产权"。① 可见，生命伦理研究中的"自主"完全被理解为一种权利。20 世纪 90 年代以来，我们看到了权利框架的不断扩展，"动物权利"、"未来世代的权利"以及"碳排放权"等各种权利进入视野。这恰恰要求我们进一步明确权利框架背后的逻辑依据。否则，这种扩展将会对权利框架本身构成危害。②

自主仅被视为一种权利，同自主原则形成的历史过程有直接关系。彼彻姆（Tom L. Beauchamp）和邱卓斯（James F. Childress）在其 1989 年出版的《生物医学伦理原则》一书中提出的"生命伦理四原则"在很大程度上受到《纽伦堡法典》（Nuremburg Code）和《贝尔蒙特报告》（The Belmont Report）的影响，而这两份文件的主要意图均在于对严重侵犯人权的行为做出回应。第二次世界大战期间，德国纳粹分子借科学实验之名，进行了大规模的、惨无人道的人体实验。二战结束后，这些战犯被送交纽伦堡国际军事法庭审判，纽伦堡国际军事法庭随即制定了人体实验的基本原则，即《纽伦堡法典》，作为国际上进行人体实验的行为规范。《纽伦堡法典》第一次提出了"知情同意"的伦理规范。《贝尔蒙特报告》同样意在应对侵犯人权的恶劣行径。1974 年 7 月，塔斯基吉丑闻曝光后，美国成立了国家保护生物医药和行为研究受试者委员会，用来鉴定涉及人类受试者的生物医学和行为研究的基本伦理原则，并且制定《贝尔蒙特报告》作为从事这些研究应遵循的准则。报告确立了自主、行善和公正的原则。以上特定历史背景导致自主一经提出，就被视为一项重要权利。之后，作为权利的自主从研究伦理学延伸到了临床伦理学。

然而，权利并不是自明的。权利需要得到论证。我们在应用保护人权的原则的同时，需要明确权利的基础。当代的科技和社会发展导致各种权利的冲突，我们坚信不疑的权利会同另外一些我们同样坚信不疑的权利相互矛盾。例如，有观点认为我们有权利在可能的范围内对子女进行完善，

---

① 冯君妍：《人体生物样本库的伦理问题研究》，博士学位论文，华中科技大学，2021。

② Marcus Düwell, "Human Dignity and Human Rights," in P. Kaufmann et al., eds., *Humiliation, Degradation, Dehumanization*, Springer Science and Business Media, 2011, pp. 215-230.

同样有观点认为我们有权成为我们人生的唯一的作者，所以不能受到他人的设计。如果以权利作为评价行为的标准，就需要首先澄清权利的基础、来源和内涵，并对权利的普遍规范效力给出一个完善证明。否则，"权利话语"难以用于指导实践。

自霍布斯以来，有关自然权利的理论在道德论辩中显示出强大力量，为维护个体权益、反抗压迫提供了重要的支持。自然权利的论证基于一种完全不同于古代自然法思想的人的本质观念。自然法理论认为，人在履行先验使命的过程中实现自身价值，达成了伦理上的目标。与上述观点截然不同，霍布斯在《利维坦》一书中否定了作为终极目的的善，将自我保全视为人的第一要务，由此终结了以对义务的追寻为目标的、传统的伦理学研究方向，开创了自由主义传统。该理论体系最大的问题在于，它不能凭借自身的结构为权利提供论证。如果霍布斯的描述成立，即人与动物的唯一差别就在于有能力用理性损人利己，人的特有能力、人性，都不过是更加精于计算，能够更好地维护自己的利益，那么人的内在价值也就不复存在了。如果人的内在价值无法得到论证，那么人凭借什么要求他人尊重他的权利？自然权利理论最终必然导向至少是某种程度的道德虚无主义。这就是为什么 30 年来的哲学和法律研究中再度出现了对权利的基础进行研究的兴趣。权利清晰划定了自我与他人的界限，但是，如果没有那些使人类达到统一的概念，"权利话语"就是没有基础的。

随着新科学技术的发展和应用，我们面对一些不曾面对的新的道德难题，这些问题进一步反映出仅仅依靠权利概念解决问题的局限性。当代科技所带来的常常是一种无形的侵犯。例如，技术在增强个体能力的同时，可能侵害人类的完整性和个体同一性等在某种程度上对每个个体而言更加重要的利益。深部脑刺激技术取得很大突破，目前可以治疗癫痫、阿尔茨海默病、帕金森病等神经性退化类疾病，但是同时，它可能会在个体身上产生新的人格，导致个体不理解自己做出的选择，不能理解自己的行为。在这类情况中，个体在根本的层面上失去了自主。这类问题显然无法通过"权利话语"得到准确表述。权利聚焦最明确的冒犯，未能将更多无形的人类利益纳入我们的视野。并且，权利往往只能确认消极的自由。比如启蒙运动所提出的生命、自由、追求幸福的权利不容侵犯，这仅仅表明人类不能够受什么样的对待，但是并不能充分正面回答应当怎样对待他人的问题。面对现代科学摆在我们面前的诸多选择，我们亟须澄清权利的内涵和范围，并对权利的基础进行深入反思。

三　当代道德哲学前沿理论中的自主概念

人权应当得到尊重的原因，在于人具有道德地位。有关哪些实体拥有道德地位，以及道德地位是否分为不同层级等问题，仍旧存在广泛争论，同时，当代对道德地位的诠释也存在显著共识：认为某实体拥有道德地位，意味着如何对待该实体是一个道德问题。并且，拥有道德地位的实体由于自身的原因，而非外在原因，应被道德地对待。例如，如果伤害一个生物在道德上是错误的，那么仅仅伤害了它的主人的财产，该生物本身就没有道德地位。持不同观点的各方至少都不会否认，人类是拥有道德地位的生物的范例。如果道德地位应分为不同层级，那么人所拥有的道德地位，又称尊严，就是最高层级的道德地位。如果道德地位不可区分层级，那么人的尊严就是唯一的道德地位。

人拥有尊严就是其拥有权利的原因。在《世界人权宣言》中可以找到一些论述，其将人的尊严视为人权的基础。比方说《世界人权宣言》的条款 22 提出："每个人，作为社会的一员……有权享受他的人格尊严和人格的自由发展所必需的经济、社会和文化方面各种权利的实现。"[1] 这里表达的观点是，人的尊严是目的，保障人的权利是实现该目的的途径。条款 23 提到："每个人有权享受公正和合适的报酬，保证他本人及其家属拥有一个符合人的尊严的生活条件。"[2] 这一论述同样表明，人应当拥有尊严就是我们为人赋予这些权利的直接原因。即使对人的尊严与人权之间的关系存

---

[1] United Nations, Universal Declaration of Human Rights, https://www.ohchr.org/en/universal-declaration-of-human-rights.

[2] United Nations, Universal Declaration of Human Rights, https://www.ohchr.org/en/universal-declaration-of-human-rights.

在多种不同的说明，人的尊严是人权的基础也是二者间最首要的关系。①1977 年，德国联邦宪法法院（Federal Constitutional Court）将人的尊严称为所有基本人权的基础。这一基础性的作用可以被进一步理解为，尊严将人权结合为一个整体，保证了人权的规范性统一。这个规范性统一以三种方式得到表达，即尊严是宪法所规定的权利的规范性基础；它作为一个解释性原则，确定了宪法规定的权利的范围；人的尊严的价值能够决定限制宪法权利的法规的比例。②

人的尊严为人赋予了权利，那么，人的尊严又是如何得到论证的呢？康德曾论证了尊严来自人的自主能力。在当代的康德式理论中，这一观念得到了更好的阐释。罗尔斯和格沃斯等学者通过分析行动者（agent）的概念，进一步反思了自主能力在道德论证中的作用；科尔斯戈德通过将"假言命令"同"定言命令"统一为一个命令，在表面上区别于康德，实则进一步发展了康德有关自主的观点；斯坎伦通过对道德理由进行系统论述，同样论证了自主能力如何能够引导我们达成普遍性的道德共识。

不同于作为一种权利的自主仅是人的道德地位的要求，作为一种能力的自主才是人的道德地位的基础和来源。在含义上，自主权利和自主能力之间存在重要区别。自主权利就是不受外在力量干预的权利，确保个体能够成为自身行动的原因，比如在医疗和医学研究中，个体的抉择不应受到医生和其他各方的强制。在这个层面上，自主的含义完全等同于《纽伦堡法典》、《贝尔蒙特报告》和"生命伦理四原则"中强调的自主。与之不同，认为人具有自主能力不仅意味着人不应受到外在力量的干预，而且同时要求其不受到内在的各种力量的支配：个体必须依据自身的理性慎思和价值排序，对内在于自身的不同欲望和动机进行反思。行动理由的成立意

---

① Alan Gewirth, "Human Dignity As the Basis of Rights," in *The Constitution of Rights: Human Dignity and American Values*, Michael J. Meyer and W. A. Parent, eds., Cornell University Press, 1992, p. 10.

② Aharon Barak, *Human Dignity, The Constitutional Value and the Constitutional Right*, Cambridge University Press, 2015, p. 103.

味着反思的成功。依据理由行事才能将我们统一为一个行动者。① 自我控制和自我反思的能力，而非排除外界控制和干预的可能性，成就了人的内在价值，从而使人配享人权。因此，自主最首要的含义应是作为道德地位的基础的自主能力。

自主权利倾向于把自身和他人割裂开来，而自主能力要求我们考虑他人的理由。个体要做出涉及他人的行为、要确定什么能作为其行动的理由，就不得不就自身的理由和他人的理由进行权衡，分辨出在特定情境下具有更大道德权重的理由，并据以行动。经过这样的反思而做出的行动，才是真正意义上的行动。② 当行动者在这样的意义上行动，才能实现真正的自主。因此，同他人交换理由就是最基本的道德义务。

以上对道德义务的论证是以某种有关人的本质的观念为基础的。这种观念不同于自然权利理论对人的本质的假设，而是通过论证人具有理解理由的能力，建构了人的发展目标，从而使对义务的论证得以可能。如科尔斯戈德提出，人类意识特有的反思性结构使人类对自己的精神状态有所意识。这就导致人面对一个特有的问题：我们必须决定是否认可这些精神状态作为行动或者信念的基础，即它们能否成为行动的理由。③ 能够理解理由的能力是人类获得道德地位的原因，相应的，道德地位产生的要求就在于保护和发展这种能力，这要求我们在涉及他人的行动中考虑他人的理由，在仅涉及自己的行动中也需要反思做出或不做出这一行为的不同理由。

在通常情况下，我们拥有的各种特定的实践同一性提供了反思的标准，并且因此提供了行动理由。④ 例如，母亲、士兵或者教师的身份都能够提供行动理由。的确，义务通常来自某种特定的关系，但如果道德具有一种普遍性的规范效力，那么基本的道德义务无疑应当是普遍的，不应以

---

① Christine M. Korsgaard, *Self-Constitution: Agency, Identity, and Integrity*, Oxford University Press, 2009, p. 126.

② Christine M. Korsgaard, *Self-Constitution: Agency, Identity, and Integrity*, p. 161.

③ Christine M. Korsgaard, *The Sources of Normativity*, Cambridge University Press, 1996, pp. 92–93.

④ Christine M. Korsgaard, *Self-Constitution: Agency, Identity, and Integrity*, pp. 211–212.

特殊关系为参照。回答这个问题，斯坎伦描述了一种普遍存在于每一个人类个体之间的关系，尝试将普遍性的义务建立在这种普遍性的关系之上。所有行动者之间都普遍存在着这种被斯坎伦称为"理性存在物同伴"的关系。同为行动者，我们都具有理解理由的能力。如果我们要以恰当的方式珍视我们与他人的关系，那么我们就应当尊重彼此能够理解理由的能力以及能够依据理由采取行动这一本质特征。因此，涉及彼此的行为应当通过理由对彼此进行论证。论证的方式就是向彼此证明：行为遵循的原则是彼此均没有合理的理由拒绝的。通过这样的论证过程，我们和他人建立起了"相互承认的关系"（relation of mutual recognition）。一方面，这种方式充分尊重了每一个个体的自主权利；另一方面，一对一的理由论辩过程也有助于发展个体的自主能力。自主就是同他人交换理由的能力。

长期以来，自主都是人们用以建构道德义务的核心概念，但我们对自主有不同的表述和理解。存在于主要理论传统中的各种自主观念导致了多种理论困难。将自主阐释为一种同他人交换理由的能力能够比较好地避免已有理论困难。为了实现自身的自主，我们不得不同他人交换理由。维护自主，珍视自主的价值，恰恰要求我们不仅要维护自身，而且要尊重他人。作为一种能力的自主的发展要求我们认可他人的价值，因而能够实现自我与他人的统一。并且，为了同他人交换理由，每个个体都不得不追求公共性的理由，因此，这一自主观念也能够调和个体自主的发展同对普遍规范的服从之间的矛盾。在个体间理由论辩的过程中，具有更大权重的理由是更具有普遍性的理由。当代生命伦理学对自主的片面解释和过度强调，使普遍性的道德规范越发难以得到确立。将自主解释为自主的能力，就能够在推崇自主抉择的同时实现普遍性道德原则的建构。

四　重新阐释人体组织利用的伦理原则

根据这一自主概念建构的基本伦理原则，能够得到更充分的论证，也具有更强的实践可操作性。建立具有普遍规范性的道德原则，需要将道德推理建立在任何行动者都不能合理否认的前提之上。每一个理性行动者在其自我反思中不能否认的前提有二，即"任何理性行动都需要行动理由"以及"任何行动者都需要基本自由和福利（必要善）"。第一个前提是人的自主能力所决定的；第二个前提是人的自主能力得以实现的可能条件，它在某种程度上呼应了霍布斯的传统，揭示了道德推理的物质条件。同时，不同于霍布斯的传统，当代康德式理论将对物质条件的保护限定在仅凭借逻辑推理就可以论证的范围内：必要善是所有人都不得不欲求的，即使是自愿放弃必要善的行为，也需要以拥有必要善为前提，因此，任何行动者否认其对必要善的必然欲求都会自相矛盾。

通过这两个前提，我们能够推导出，任何行动都不能侵犯任何行动者的必要善。在理由权衡的过程中，必要善对理由论辩中的各方而言都是具有最大权重的理由。准许侵犯行动者的必要善的原则是其必然有理由拒绝的。不侵犯必要善是基本的道德义务。对必要善的保护当然包含对个体自主权利的尊重，同时，对个体自主权利的尊重也仅限于维护必要善的层面。因此，在内容和范围上都无限扩展的当代医疗实践中的知情同意，并不能通过基本道德义务得到论证。

自主并非一项终极的要求。应当结合具体情境，依据更加根本性的道德要求确定自主的范围和形式。由于当代技术的发展，正在无限扩展的具体的知情同意事实上越发不可能实现。人体组织可以有多种用途，我们并不能在捐献的时候预计组织的未来用途。医学研究者无法向研究对象提供充分的相关信息。并且，知情同意的扩展和越发具体化，事实上会违背患者或受试者更重要的利益。

相比其他领域，医疗和医学研究活动具有道德上的特殊性。由于这种特殊性，很多医疗和医学研究活动本身事实上内在地包含患者或受试者对特定权利的放弃。例如，法律规定我们不能走到某人面前用刀将其切开，这就是为什么做手术前需要签署患者的知情同意书。如果具体情境要求违背某一公认的法律原则，我们就需要同意放弃法律对我们的保护。基于此，曼森（Neil Manson）和奥尼尔（Onora O'Neil）对知情同意的理论基础进行了反思，提出知情同意本身并不是通过尊重自主决定（autonomous decisions）的伦理规范而得到论证的，而是通过在医疗领域中放弃特定权利和义务的必要性而得到论证的。曼森和奥尼尔进而提出一个修正的知情同意模型，他们将该模型称为"弃权模型"（the waiver model），即知情同意的作用就是宣布放弃权利来满足某些可行且合理的要求，由此论证某些侵犯自主权的行为。① 出于更大的目的和价值，患者或受试者可以合理地宣布对特定自主权的放弃。在人体组织采集和使用的语境中，放弃自主权同样意在实现更大的目的和价值。

　　作为基本的道德义务的援助就是这类更大的目的。基于前文所述的道德推理的两个基本前提可以推知，当行动者 A 的必要善处于威胁之中，如果 A 的必要善的维护完全取决于 B 的援助，并且 B 完全有能力援助，那么，在援助行为不会导致任何行动者的必要善受到侵犯的情况下，B 应当援助。这一原则可以称为"援助原则"。实现自身的行动性就是通过行动理由的成立而实现自我的统一。行动者 B 此刻据以行事的理由，应是其在今后任何时候处于相同的情况下愿意再次据以行事的理由，应是与 A 角色互换之后仍然愿意据以行事的理由。如果行动者 B 认为他不得不追求自身的必要善，那么在上述情境中，他就无法合理地拒绝援助。当然，援助原则的应用有一定界限。任何行动不应当导致必要善在不同行动者之间非对称转移。② 如果援助行动必将导致某行动者必要善的丧失，那么这一援助义务就可以免除。并且，行动理由只能来自具体情境中的经验事实。③ 在个体对相关事实没有确切把握的情况下，例如，在辛格（Peter Singer）所描述的海外援助的情况中，援助义务就不能得到确认。

　　在人体组织利用的语境中，一方面，我们不需要这些组织来维持必要善；另一方面，被捐献的组织必定被用于维护人的必要善，并且发挥不可替代的作用。因此，人体组织的自愿捐献符合援助义务成立的前提条件，在不损害自身必要善的情况下，自主地捐出对自身必要善无用的组织用于

---

① Christian Lenk, Judit Sándor, Bert Gordijn, eds., *Biobanks and Tissue Research, the Public, the Patient and the Regulation*, Springer, 2011, pp. 117-118.

② Alan Gewirth, *Reason and Morality*, University of Chicago Press, 1981, p. 104.

③ Thomas Scanlon, *What We Owe to Each Other*, The Belknap Press of Harvard University Press, 1998, p. 156.

科学研究或者临床救助，是可以通过基本的道德义务得到论证的。由此可见，如果说我们应尊重一个人自主捐献的选择，那并不是因为他对他的组织具有"所有权"，我们不允许一个人出售其组织，也不是因为否定了他的"所有权"。相比于维护自主权利，尊重自主能力的发展是更加根本性的义务，可以在复杂的情境中提供更明确的指导。对我们自身同他人关系的尊重就是我们自主能力的体现。在每一个决策中，我们要以彼此不能合理拒绝的理由同彼此进行论辩。据以抉择的不是个性化的理由，而是普遍化理由，即一般理性行动者在相同条件下没有理由拒绝的那种理由。自主能力的维护和发展才是道德抉择中的终极权衡标准。

由此，有学者提出应采取群体模式（group model）的同意，即知情同意不是表述为身体组织具体要用来做什么，而是表述为身体组织是否用于一个有益于特定群体的目的。[①] 比方说，参与者的身体组织只能被用于服务公众利益。[②] 虽然很难准确描述何为公众利益，但是在具体情境中，公众利益是否受到侵害则是非常容易判断的。比如，会引起公共健康风险的研究就是不能接受的，无论预期的科学成果如何重要。又比如，人体组织的研究应当保证它带来的技术发展不会因为价格问题而导致捐献者群体无法受益。参与者为组织库提供资源来服务公众利益，组织库为了公众利益进行研究。

知情同意在内容和范围上的扩展体现了对个体独有的欲望、特征，以及价值判断的尊重，然而，在我们的时代，几乎并不存在完全与他人无关的个体决定。我们的个体决定在越来越大的程度上影响着每个人，在个人事务上的个性的彰显常常会造成道德上的错误。例如，基因编辑会使人类基因池受到污染、气候变化会造成全球性的影响、特定算法的应用塑造着所有人的世界观。在当代技术塑造的环境中，各种涉己行为也是涉他行为。铁路、互联网等大型技术系统，一旦开始运作，社会上的个体皆会成

---

① Christian Lenk, Judit Sándor, Bert Gordijn, eds., *Biobanks and Tissue Research, the Public, the Patient and the Regulation*, p. 119.

② Christian Lenk, Judit Sándor, Bert Gordijn, eds., *Biobanks and Tissue Research, the Public, the Patient and the Regulation*, p. 122.

为其用家，直接受其影响，也能够施加影响。相似的，很多生物医学技术必须大规模应用才能有效实践其应有功能，比如，组织库对基因信息的收集和研究就是典型案例。每一个人的贡献都很重要，同时，每一个人也都是科研成果的使用者。因此，自主的形式显然不应当是纯粹的个体决定，而应遵循"一般理性行动者在相同条件下没有理由拒绝"的原则。自主的目标不是划定一个他人不能侵犯的领地，而是提高理由交换的能力。科技在越来越深入的层次上将人类结合为一个整体；道德义务不仅描述一个不可入侵的界限，而且需要说明我们在何种意义上与其他人相关，以及应当如何建立自我与他人之间的连接。

结　语

对规范性道德原则的建构，不能回避有关人的本质的论证。为确保道德规范的普遍权威性，这种对人的本质的论证必须是每一个理性行动者经过自我反思都可以得出的共同结论。人具有自主能力，是每一个理性行动者都不能否认的、有关自身的、最重要的事实。保护自主能力的发展因而可以作为建构道德原则的基础性依据。

长久以来，原则主义是得到广泛援引的思想方法。而尊重自主是原则主义的核心观点。但是，对什么是自主、为什么尊重自主权利，以及尊重自主权利要求我们如何去行动，原则主义理论本身并没有给出清晰、准确的回答，导致尊重自主原则的应用出现困难，这些理论困难也在有关人体组织利用的伦理问题研究中造成了诸多困惑。

依据对自主能力的保护而构建的道德原则同样保护自主权利，但是将对自主权利的保护限制在了保护必要善的层面之内，因而能够有效解决尊重自主原则在当代的无限扩展所带来的理论和实践上的困难，使有关人体组织利用的伦理原则之间的表面上的矛盾得到恰当的解释。对自主能力的阐释同样论证了人类个体间彼此援助的道德必要性，从而将特定条件下的组织捐献论证为一项道德义务，并据此对知情同意的内容和形式进一步反思，为应对当代科技和社会发展带来的新的伦理挑战提供了重要参照。

科技伦理委员会的历史及功能

黄 鹏[*]

摘 要：我国已经正式制定科技伦理审查制度，科技伦理委员会在其中扮演了重要的角色。考察伦理委员会的发展历史，可以看到这一组织形式最先从生命、医学伦理领域兴起，并逐步扩大到科技伦理领域。科技伦理委员会承担着捍卫实体伦理和程序伦理的功能。

关键词：科技伦理委员会 伦理委员会 程序伦理

由科技部、教育部、工业和信息化部等十部门联合印发的《科技伦理审查办法（试行）》（以下简称《审查办法》）自 2023 年 12 月 1 日起施行。由此，意在规范科学研究、技术开发等科技活动的强制性科技伦理审查制度正式制定，成为强化科技伦理风险防控、促进负责任创新的最新治理手段。《审查办法》规定：高等学校、科研机构、医疗卫生机构、企业等是本单位科技伦理审查管理的责任主体；从事生命科学、医学、人工智能等科技活动的单位，研究内容涉及科技伦理敏感领域的，应设立科技伦理（审查）委员会；其他有科技伦理审查需求的单位可根据实际情况设立科技伦理（审查）委员会。

一 伦理委员会制度的发展历史

（一）在生命医学领域的运用和发展

伦理委员会机制率先在生命医学领域得到运用。二战后，纽伦堡国际

---

* 黄鹏，上海曼昆律师事务所中级律师，复旦大学应用伦理硕士研究生。

军事法庭对那些参与把集中营关押人员作为医学实验对象的医务人员进行审判，形成了具有生命伦理里程碑意义的《纽伦堡法典》，该法典宣告了医学人体实验的知情同意等十条基本伦理原则。1964 年 6 月，世界医学会吸纳了《纽伦堡法典》的主要原则，发布《赫尔辛基宣言》，并在 1975 年 10 月第 29 届世界医学会大会上对《赫尔辛基宣言》进行了第一次修订，修订后的宣言引入了"独立委员会"的监督概念："涉及人体受试者的每个实验程序的设计和执行应在实验方案中明确规定，并交由特别委任的独立委员会进行审议、评论和指导。" 2000 年，世界卫生组织颁布了《生物医学研究审查伦理委员会操作指南》，规定了伦理委员会的基本组织形式。

美国是较早实践伦理委员会制度的国家。20 世纪 70 年代，美国由于透析机资源分配问题，成立了许多委员会来决定获得血液透析的优先权；80 年代，医疗伦理委员会开始在美国成立，到 2001 年，有 90% 的医院设立了伦理委员会。[①] 根据学者研究，截至 2016 年，美国、加拿大、荷兰等欧美国家，在建立伦理委员会方面表现突出，而东地中海和东南亚地区的很多国家才刚刚开始在医院设立伦理委员会。

在中国，1988 年，中华医学会医学伦理学分会成立；1994 年，中华医学会医学伦理学分会发出了"关于建立医院伦理委员会"的倡议书，同时推荐《医院伦理委员通则》作为各家医院组建伦理委员会的参照文本。[②] 自 20 世纪 90 年代中期起，我国生命、医学伦理委员会制度逐渐成熟，相关法律规范文件陆续出台。

表 1　中国关于伦理委员会制度法规文件

发布时间	法规文件	发布主体	涉及内容
1995. 2. 11	《卫生部临床药理基地管理指导原则》	卫生部	每个临床药理基地或所在单位均应建立一个独立的由 5~7 人组成的医学伦理委员会，负责审查临床试验方案（Protocol）是否符合医德要求

---

① F. Hajibabaee, S. Joolaee, M. A. Cheraghi et al., "Hospital/Clinical Ethics Committees' Notion: An Overview," *Journal of Medical Ethics and History of Medicine*, Vol. 9, 2016.

② 张妞、张涛、徐菊华：《中国医院伦理委员会发展的回顾与思考》，《医学与哲学》2017 年第 11 期。

续表

发布时间	法规文件	发布主体	涉及内容
1998.3.2	《药品临床试验管理规范（试行）》	卫生部	为确保临床试验中受试者的权益并为之提供公众保证，应在参加临床试验的单位或医疗机构内成立伦理委员会
2001.2.20	《人类辅助生殖技术管理办法》	卫生部	申请开展人类辅助生殖技术的医疗机构应设有医学伦理委员会
2001.2.20	《人类精子库管理办法》	卫生部	申请设置人类精子库的医疗机构应当设有医学伦理委员会
2002.12.13	《产前诊断技术管理办法》（2009年进行了修订）	卫生部	申请开展产前诊断技术的医疗保健机构应设有医学伦理委员会
2003.12.24	《人胚胎干细胞研究伦理指导原则》	科学技术部、卫生部	从事人胚胎干细胞的研究单位应成立包括生物学、医学、法律或社会学等有关方面的研究和管理人员组成的伦理委员会
2006.9.30	《关于善待实验动物的指导性意见》	科学技术部	实验动物生产单位及使用单位应设立实验动物管理委员会（或实验动物道德委员会、实验动物伦理委员会等）
2007.1.11	《涉及人的生物医学研究伦理审查办法（试行）》	卫生部	卫生部设立医学伦理专家委员会。省级卫生行政部门设立本行政区域的伦理审查指导咨询组织。开展涉及人的生物医学研究和相关技术应用活动的机构，包括医疗卫生机构、科研院所、疾病预防控制和妇幼保健机构等，设立机构伦理委员会
2007.3.31	《人体器官移植条例》	国务院	医疗机构从事人体器官移植，应当有由医学、法学、伦理学等方面专家组成的人体器官移植技术临床应用与伦理委员会
2010.9.8	《中医药临床研究伦理审查管理规范》	国家中医药管理局	国家和省级中医药管理部门负责建立本行政区域内的伦理专家委员会。开展中医药临床研究的医疗卫生机构、科研院所、高等院校等，负责设立本机构的伦理委员会

续表

发布时间	法规文件	发布主体	涉及内容
2014.10.16	《医疗卫生机构开展临床研究项目管理办法》	国家卫生计生委、国家食品药品监督管理总局、国家中医药管理局	开展临床研究的医疗卫生机构应当成立临床研究管理委员会和伦理委员会
2016.10.12	《涉及人的生物医学研究伦理审查办法》	国家卫生计生委	从事涉及人的生物医学研究的医疗卫生机构是涉及人的生物医学研究伦理审查工作的管理责任主体，应当设立伦理委员会
2020.5.28	《中华人民共和国民法典》	全国人民代表大会	为研制新药、医疗器械或者发展新的预防和治疗方法，需要进行临床试验的，应当依法经相关主管部门批准并经伦理委员会审查同意
2021.12.24	《中华人民共和国科学技术进步法》	全国人大常委会	国家建立科技伦理委员会，完善科技伦理制度规范，加强科技伦理教育和研究，健全审查、评估、监管体系。科学技术研究开发机构、高等学校、企业事业单位等应当履行科技伦理管理主体责任，按照国家有关规定建立健全科技伦理审查机制，对科学技术活动开展科技伦理审查
2022.3.20	《关于加强科技伦理治理的意见》	中共中央办公厅、国务院办公厅	国家科技伦理委员会负责指导和统筹协调推进全国科技伦理治理体系建设工作。高等学校、科研机构、医疗卫生机构、企业等单位要履行科技伦理管理主体责任，根据实际情况设立本单位的科技伦理（审查）委员会
2023.2.18	《涉及人的生命科学和医学研究伦理审查办法》	教育部、科技部、国家卫生健康委和国家中医药局	开展涉及人的生命科学和医学研究的二级以上医疗机构和设区的市级以上卫生机构（包括疾病预防控制、妇幼保健、采供血机构等）、高等学校、科研院所等机构是伦理审查工作的管理责任主体，应当设立伦理审查委员会

续表

发布时间	法规文件	发布主体	涉及内容
2023.9.7	《科技伦理审查办法（试行）》	科技部、教育部、工业和信息化部等十部门	高等学校、科研机构、医疗卫生机构、企业等是本单位科技伦理审查管理的责任主体。从事生命科学、医学、人工智能等科技活动的单位，研究内容涉及科技伦理敏感领域的，应设立科技伦理（审查）委员会

资料来源：根据威科先行法律信息库检索结果整理。

可以看到，伦理委员会制度的相关法律层级逐步提高，适用范围逐步扩大，并在 2021 年提出科技伦理审查，将生命科学、医学、人工智能等科技活动统一纳入。

（二）在科技领域的运用和发展

相比科技的创新速度，法律往往显得滞后，这是两者的本质属性决定的。作为由国家强制力保障的法律，必须经民主程序，严守公权力和私权利的界限，深思熟虑，为实现最大公民福利而制定；不管是成文法国家还是判例法国家，一套可以预测所有社会行为并加以规制的法律体系是不存在的，法律总是跟着社会生活的发展而发展。人们对法律的期待和这些词联系在一起：克制、冷静、保守、稳定、强硬。与此同时，科技发展的速度总是让人惊叹，科技深刻改变了我们的生活。尤其是所谓基于数字技术的第四次工业革命，具备前所未有的速度、广度、深度和系统性影响。[1] 作为一种认识自然的理性活动、作为一种先进生产力或者作为一种实现美好生活的工具，人们鼓励科技活动创新、革命、颠覆、冒险。法律和科技，被比喻成乌龟和野兔。[2] 法律监管技术出现"科林格里奇困境"，要么对科技知之甚少，监管过严而扼杀创新，要么等完全理解科技时，已经无法监管。这种困境在大数据、人工智能、基因技术、合成生物、脑机接口、自动驾驶等新兴技术大发展时代越发突出。伦理作为

---

[1] 克劳斯·施瓦布：《第四次工业革命》，李菁译，中信出版社，2016。

[2] 罗杰·布朗斯沃德、埃洛伊斯·斯科特福德、凯伦·杨主编《牛津法律、规制和技术手册》，周辉等译，中国社会科学出版社，2021，第 477~478 页。

一种既能预防风险又较为灵活的"软法"，开始作为前置性补充规范。

2019 年 4 月，欧盟发布《可信 AI 伦理指南》(*Ethics Guidelines for Trustworthy AI*)，把伦理委员会作为一种实现可信 AI 的非技术性方法。2021 年 11 月 24 日，联合国教科文组织大会第 41 届会议通过《人工智能伦理问题建议书》，其中建议把伦理委员会作为可行的监测和评估机制，并建议设立国家人工智能伦理委员会开展国际合作。

2019 年初，国家新一代人工智能治理专业委员会成立，[①] 并在当年 9 月份发布《新一代人工智能伦理规范》，提出"敏捷治理"的概念。2021 年 12 月，《中华人民共和国科学技术进步法》修订，提出设立国家科技伦理委员会，建立健全科技伦理审查机制。2022 年 3 月，中共中央办公厅、国务院办公厅发布《关于加强科技伦理治理的意见》，提出科技伦理（审查）委员会制度。2023 年 9 月，《审查办法》发布，正式确立涵盖生命科学、医学、人工智能等科技活动的科技伦理审查及配套的科技伦理（审查）委员会制度。

二　科技伦理（审查）委员会的功能

《审查办法》第五条列出了科技伦理（审查）委员会的七项主要职责，[②] 但是具体的工作职责不能回答科技伦理（审查）委员会作为一项制度承载的功能定位。顾名思义，科技伦理（审查）委员会首先是关于伦理的；它不是科技委员会，讨论科学、技术问题；它也不是合规委员会，仅仅考虑法律问题；它也不是企事业单位的管理委员会，讨论市场竞争、股

---

① 科学技术部：《国家新一代人工智能治理专业委员会召开第一次会议　科技部副部长李萌出席》，科学技术部网站，2019 年 3 月 28 日，https://www.most.gov.cn/kjbgz/201903/t20190328_145889.html，最后访问日期：2023 年 12 月 11 日。

② 科技伦理（审查）委员会的主要职责包括：①制定完善科技伦理（审查）委员会的管理制度和工作规范；②提供科技伦理咨询，指导科技人员对科技活动开展科技伦理风险评估；③开展科技伦理审查，按要求跟踪监督相关科技活动全过程；④对拟开展的科技活动是否属于本办法第二十五条确定的清单范围作出判断；⑤组织开展对委员的科技伦理审查业务培训和科技人员的科技伦理知识培训；⑥受理并协助调查相关科技活动中涉及科技伦理问题的投诉举报；⑦按照本办法第四十三、四十四、四十五条要求进行登记、报告，配合地方、相关行业主管部门开展涉及科技伦理审查的相关工作。

东回报、财务数据问题。考察科技伦理（审查）委员会的发展历史，可以对科技伦理（审查）委员会的功能做出如下总结。

（一）守护伦理，预防风险

各类不确定的社会风险，威胁着我们的伦理价值观念。"预防风险"这一治理理念从环保领域出发，逐渐被应用在科技治理领域。[①] 科技伦理（审查）委员会的作用在于在前端——而不是等到风险变为现实或者法律姗姗来迟的时候，对科技活动进行伦理监督，实现平衡创新和风险的敏捷治理。

如果把科技伦理（审查）委员会比作法院裁判委员会，那么真正需要科技伦理（审查）委员会决定的案子，都是不能直接适用法律规则的疑难案件，委员会能依靠的仅仅是伦理原则乃至规范伦理、元伦理观念，这里充满自由裁量的空间。在理想状态下，科技伦理（审查）委员会面对的案子，应该先经过合法性筛查，非法行为没必要进入科技伦理（审查）委员会浪费资源，从实践操作角度，非法必然也是非伦理的。那些具有合法[②]性的案子，才是科技伦理（审查）委员会合适的审查对象。

那么，伦理审查到底意味着什么？当我们提到"伦理"，大体上意味着去关注什么是"善"，什么是"好的生活"，什么是人的意义、价值、尊严，运用理性去建立普遍的规范原则，是关于人与人、人与社会、人与自然的规范；德性论、义务论、结果论或功利主义、契约论、儒家的"仁"、道家的"道"等元伦理观念，给我们提供思考的罗盘和指南。这是一个难以定义且永远保持开放的概念。但是在处理案子时，在大部分情况下，运用一些经过长期发展变成共识的伦理原则即可，这些伦理原则有些已经写入法律和各种规范文件（见表2）。需要说明的是，表2仅列出了一份提供

[①] 罗杰·布朗斯沃德、埃洛伊斯·斯科特福德、凯伦·杨主编《牛津法律、规制和技术手册》，第538~551页。

[②] 合法，指的是合乎立法法规定的法律法规，但是仅仅包括法律规则；在需要适用法律原则的情况下，由于近似于或者等同于适用伦理原则，案子也应该直接提交科技伦理（审查）委员会。

参考的伦理原则清单，可能是较为重要的，但绝不是完全的。

表 2　中国关于伦理原则部分规范文件

规范文件	伦理原则
《审查办法》	遵循增进人类福祉、尊重生命权利、坚持公平公正、合理控制风险、保持公开透明的科技伦理原则
《赫尔辛基宣言》	内容略。中国多个政府规范文件引用《赫尔辛基宣言》[*]
《涉及人的生命科学和医学研究伦理审查办法》	涉及人的生命科学和医学研究应当尊重研究参与者，遵循有益、不伤害、公正的原则，保护隐私权及个人信息 涉及人的生命科学和医学研究应当具有科学价值和社会价值，不得违反国家相关法律法规，遵循国际公认的伦理准则，不得损害公共利益，并符合以下基本要求： （一）控制风险。研究的科学和社会利益不得超越对研究参与者人身安全与健康权益的考虑。研究风险受益比应当合理，使研究参与者可能受到的风险最小化。 （二）知情同意。尊重和保障研究参与者或者研究参与者监护人的知情权和参加研究的自主决定权，严格履行知情同意程序，不允许使用欺骗、利诱、胁迫等手段使研究参与者或者研究参与者监护人同意参加研究，允许研究参与者或者研究参与者监护人在任何阶段无条件退出研究。 （三）公平公正。应当公平、合理地选择研究参与者，入选与排除标准具有明确的科学依据，公平合理分配研究受益、风险和负担。 （四）免费和补偿、赔偿。对研究参与者参加研究不得收取任何研究相关的费用，对于研究参与者在研究过程中因参与研究支出的合理费用应当给予适当补偿。研究参与者受到研究相关损害时，应当得到及时、免费的治疗，并依据法律法规及双方约定得到补偿或者赔偿。 （五）保护隐私权及个人信息。切实保护研究参与者的隐私权，如实将研究参与者个人信息的收集、储存、使用及保密措施情况告知研究参与者并得到许可，未经研究参与者授权不得将研究参与者个人信息向第三方透露。 （六）特殊保护。对涉及儿童、孕产妇、老年人、智力障碍者、精神障碍者等特定群体的研究参与者，应当予以特别保护；对涉及受精卵、胚胎、胎儿或者可能受辅助生殖技术影响的，应当予以特别关注

续表

规范文件	伦理原则
《新一代人工智能伦理规范》	人工智能各类活动应遵循以下基本伦理规范。(一)增进人类福祉。坚持以人为本,遵循人类共同价值观,尊重人权和人类根本利益诉求,遵守国家或地区伦理道德。坚持公共利益优先,促进人机和谐友好,改善民生,增强获得感幸福感,推动经济、社会及生态可持续发展,共建人类命运共同体。(二)促进公平公正。坚持普惠性和包容性,切实保护各相关主体合法权益,推动全社会公平共享人工智能带来的益处,促进社会公平正义和机会均等。在提供人工智能产品和服务时,应充分尊重和帮助特殊群体,并根据需要提供相应替代方案。(三)保护隐私安全。充分尊重个人信息知情、同意等权利,依照合法、正当、必要和诚信原则处理个人信息,保障个人隐私与数据安全,不得损害个人合法数据权益,不得以窃取、篡改、泄露等方式非法收集利用个人信息,不得侵害个人隐私权。(四)确保可控可信。保障人类拥有充分自主决策权,有权选择是否接受人工智能提供的服务,有权随时退出与人工智能的交互,有权随时中止人工智能系统的运行,确保人工智能始终处于人类控制之下。(五)强化责任担当。坚持人类是最终责任主体,明确利益相关者的责任,全面增强责任意识,在人工智能全生命周期各环节自省自律,建立人工智能问责机制,不回避责任审查,不逃避应负责任
《关于善待实验动物的指导性意见》	本意见所称善待实验动物,是指在饲养管理和使用实验动物过程中,要采取有效措施,使实验动物免遭不必要的伤害、饥渴、不适、惊恐、折磨、疾病和疼痛,保证动物能够实现自然行为,受到良好的管理与照料,为其提供清洁、舒适的生活环境,提供充足的、保证健康的食物、饮水,避免或减轻疼痛和痛苦等

注 * :例如,《医疗器械临床试验质量管理规范》《体外诊断试剂临床试验技术指导原则》《药物临床试验质量管理规范》《医疗器械拓展性临床试验管理规定(试行)》《国家食品药品监督管理总局关于发布接受医疗器械境外临床试验数据技术指导原则的通告》《浙江省卫生健康委办公室关于成立浙江省临床研究专家委员会的通知》《广西壮族自治区卫生健康委员会关于成立广西卫生健康委涉及人的生物医学伦理专家委员会的通知》

资料来源:根据威科先行法律信息库检索结果整理。

(二)程序透明,民主协商

风险预防的治理方式,要求透明的决策程序,通过民主表决,才能使伦理审查正当化,并提高公众的信任度。① 科技伦理(审查)委员会一般

---

① 阿明·格伦瓦尔德主编《技术伦理学手册》,吴宁译,社会科学文献出版社,2017,第659~732页。

由多学科专家组成。《审查办法》规定，委员会由具备相关科学技术背景的同行专家，以及伦理、法律等相应专业背景的专家组成，并应当有不同性别和非本单位的委员，民族自治地方应有熟悉当地情况的委员。

科技伦理（审查）委员会虽然是对科技活动进行伦理考虑的制度体现，但在实际运作时，理论含量高的伦理论辩在绝大多数时候是不必要的，科技伦理（审查）委员会的目标是形成一个兼容并包的判断，不是一个在论证上具有优势的伦理观点。这种实体伦理讨论程度的减弱，换来了程序伦理价值的保障。[①] 何况，伦理的答案，不一定来自伦理学，而是相关当事人对情境的应对、商谈、妥协。"应用伦理学所倡导的伦理委员会是人们通过广泛的民主对话以及精细的专业协商而在有关特定具体问题上形成道德共识的重要场所。"[②] 程序伦理优于实体伦理，务实商谈重于理论探讨，可以说是科技伦理（审查）委员会的运行特点。

[①]　季卫东、赵泽睿：《人工智能伦理的程序保障——法律与代码的双重正当化机制设计》，《数字法治》2023 年第 1 期。

[②]　甘绍平：《应用伦理学的理论形态》，《哲学动态》2023 年第 10 期。

传统美好生活观及其创造性转化[*]

钟芙蓉^{**}

摘 要：传统美好生活观是围绕"人伦日用"展开的，以"太平"为传统美好生活的前提条件，以"恒产"为传统美好生活的物质需求，以"家和"为传统美好生活的伦理价值之源，以"礼义"来满足传统美好生活的精神需要，以"五福"为传统美好生活的终身幸福追求。在个人和家庭追求美好生活时强调以德配位、勤俭持家，在国家民族共同体追求美好生活时强调"民为邦本"，注重德政保民。传统美好生活观对构建新时代人民的美好生活的作用具有两面性。根据新时代的社会发展需要和个人发展需要，实现传统美好生活观的自我革新与自我超越，是传统美好生活观创造性转化的根本任务。

关键词：传统伦理 传统美好生活 创造性转化

党的二十大报告强调了中华优秀传统文化创造性转化的任务，这是创造新时代人民美好生活价值底蕴的历史自信、文化自信。传统文化是面向生活的，"道不远人"，传统伦理精神浸润于"人伦日用"之中，充满了对美好生活的向往和对生活意义的追寻，形成了独树一帜的传统美好生活观。善于继承才能更好创新，传统美好生活观的创造性转化要立足于中国式现代化建设的总体趋势，坚持马克思主义的指导思想，以历史唯物主义的方法认识和把握人民美好生活的现实需要，从而找到传统美好生活观创造性转化的立足之基。

---

* 本文为国家社科基金青年项目"跨文化视角下'美好生活'的价值底蕴及现实构建研究"（18CZX052）阶段性成果。
** 钟芙蓉，长沙理工大学马克思主义学院副教授。

一　传统美好生活观的价值内涵

　　传统美好生活观具有非常鲜明的现实幸福主义特质，在农耕文明时期创造了繁荣的古代社会生活。中国传统伦理的"俗"与"圣"都在日常生活中，赋予传统生活丰富的精神价值追求，既不摒弃日常生活的"俗"，又可在现实生活中通过道德修养实现生命价值的升华，达到崇高的精神境界。在传统社会中，是什么样的美好生活观指导人们追求人生价值，创造出古代社会丰富的物质文明和精神文明？

（一）太平——传统美好生活的前提条件

　　太平盛世是传统社会的理想状态，"为万世开太平"也就成为历代仁人志士孜孜不倦的追求。传统社会对太平有一种终极渴望，正如冯梦龙《醒世恒言》所言："宁为太平犬，莫作离乱人。"一个时代好不好，百姓是通过自己的生活状态来评价的，人们宁愿在天下太平时降低生活水平、降低做人的尊严，也胜过在天下大乱时过奢华的生活。中华文化追求的是现世幸福，在传统社会中，活着是老百姓最基本的诉求。人首先要能活着，然后才能有生活。在乱世中，朝不保夕，活着都成了奢望，美好生活也就无从谈起。天下太平是人能够生活，并且活得好的前提条件。

　　天下太平的基本含义包括和平安宁和政治清明两个方面。和平安宁即无自然灾害，无战乱动荡。《史记·秦始皇本纪》曰："今皇帝并一海内，以为郡县，天下和平。"传统文化以"和"为最高理念，对和平的追求深深镌刻在中国人的文化基因里。长期的和平统一是治世、盛世的社会基础，和平稳定的社会环境为人的生活提供安全保障，满足人的生存需要，让人有稳定的住所。安居才能乐业，当和平的客观条件具备后，统治者创造的政治环境就成为能否实现美好生活的决定性因素。如果税负、劳役、兵役过重，政策朝令夕改，即使是在和平时期也有可能使人不人，最终造成社会动荡、引发战争。古代社会苛捐杂税、兵役劳役繁多，孔子感叹"苛政猛于虎"，期盼统治者能够轻徭薄赋。《诗经·大雅·民劳》云：

"民亦劳止，汔可小康。惠此中国，以绥四方。"表达了希望统治者能够体恤百姓、与民休息的心愿。当和平安宁和政治清明的条件具备后，老百姓才有可能通过自己的双手创造美好生活。

（二）恒产——传统美好生活的物质需求观

传统社会注重民生，首先关注的是人的基本生存问题。马克思、恩格斯指出："人们为了能够'创造历史'，必须能够生活。但是为了生活，首先就需要吃喝住穿以及其他一些东西。"① 能够"养民"，解决穿衣吃饭的基本问题，是传统美好生活观的头等大事。儒家所关注的民生福祉有哪些方面？"使老有所终，壮有所用，幼有所长，矜、寡、孤、独、废疾者皆有所养。"（《礼记·礼运》）孔子指出："所重：民、食、丧、祭。"（《论语·尧曰》）人的吃穿需要满足到什么程度才算美好生活？农耕社会生产力水平低下，民生需求极为简单朴素，追求的是温饱型需要。然而在古代社会，即使是满足温饱需要也并非易事。孟子指出要实现"黎民不饥不寒"，"乐岁终身饱，凶年免于死亡"，"养生丧死无憾"（《孟子·梁惠王上》）。

如何满足百姓的基本物质生活需要？传统社会习惯安土重迁，不喜人口流动，农业社会要增加财富，必以农桑为本。孟子重视生产劳动，多次提出要"制民之产"，认为："有恒产者有恒心，无恒产者无恒心。"（《孟子·滕文公上》）"五亩之宅，树之以桑，五十者可以衣帛矣。鸡豚狗彘之畜，无失其时，七十者可以食肉矣。百亩之田，勿夺其时，数口之家可以无饥矣。"（《孟子·梁惠王上》）解决了基本的吃穿问题之后，又将如何提高生活质量？孔子到卫国，看到人丁兴旺，就对冉有说"富之"，提出了富民的要求。归根到底，"恒产"就是要满足百姓自给自足的需要，他们拥有一定的财产、田产，才能够过上男耕女织的生活，解决温饱问题，遇上好的年景则可能有所富余，这就是传统社会中百姓可以期盼的美

---

① 中共中央马克思恩格斯列宁斯大林著作编译局编译《马克思恩格斯文集》（第一卷），人民出版社，2009，第531页。

好物质生活。

（三）家和——传统美好生活的家庭伦理观

传统社会生活的结构是以血缘家庭为核心的共同体生活，以人伦关系为中心，构建起独特的伦理本位的生活世界。滕尼斯认为血缘共同体发展着，并逐渐地分化成地缘共同体，地缘共同体又进一步发展并分化成精神共同体，精神共同体结合了前两种共同体的特征，构成一种真正属人的、最高级的共同体类型。[①]

传统社会的家是一种高级的血缘共同体，以"和"的价值理念来维系家庭共同生活、维护家庭共同利益。"齐家"是古人立身处世的起点，也是人生幸福的终点，"家和万事兴"成为传统美好生活一切价值的源泉。"家和"的伦理要求有几个方面。一是家人团圆，享天伦之乐，就是孟子所说的"父母俱在，兄弟无故"（《孟子·尽心上》）。二是要求家人遵守家庭伦理规范，"礼义以为纪，以正君臣，以笃父子，以睦兄弟，以和夫妇"（《礼记·礼运》）。三是个人利益服从家庭利益，子女对父母、弟对兄要恭顺，不能"犯上"。

这种"差序格局"之下的家庭伦理责任是以传统社会的生产分工、财产分配制度为依据的，家庭既是生产生活单位，又是具有伦理精神的命运共同体，个人命运与家的兴衰荣辱息息相关。"家文化"作为"和文化"最重要的现实载体，使"和"的理念渗透到日常生活的方方面面。衣食住行、婚丧嫁娶、生老病死，无不遵循"礼之用，和为贵"（《论语·学而》）的要求，这规约着人们追求美好生活的思想与行为。传统社会是一个同心圆结构，推己及人、由近及远，形成了"家天下"的社会格局和治理模式。"和文化"深刻影响着中华民族在追求美好生活的历史进程中的思维方式和价值精神，形成了尚合作、明秩序、讲奉献、重集体的美好生活价值取向，以共同体的美好生活为个人奋斗的最高目标。

---

① 斐迪南·滕尼斯：《共同体与社会——纯粹社会学的基本概念》，张巍卓译，商务印书馆，2019，第87页。

（四）礼义——传统美好生活的文化教育观

当人的基本生活需要被满足后，生活的意义才能建构起来。李泽厚认为，"活"和"活的意义"都是人建构起来的。人生意义虽不在人生之外，但也不等于人生，于是有"为什么活"的问题。[①] 有了活着的意义，现实生活的幸福感才能得到升华。孔子在提出"庶之""富之"的要求后，又进一步提出"教之"的文化教育要求。管仲提出"仓廪实而知礼节，衣食足而知荣辱"（《史记·管晏列传》），道出了文化教育要遵循经济发展规律。只有教育满足人的精神生活需要，人才能活得好，才能真正过上属于人的生活。如何满足美好生活的教育需要？孟子提出了"设为庠、序、学、校以教之"（《孟子·滕文公上》）。教育的根本要求是什么？仁义礼智信的道德规范是传统教育的核心，目标是实现"申之以孝悌之义，颁白者不负戴于道路矣"（《孟子·梁惠王上》），以教育来提升人的素质，增进家庭、邻里、社会的和谐，营造人人相亲、守望互助的和谐美好社会。

通过道德教育，人过上道德生活，是传统美好生活的核心要义。王泽应指出，道德生活的理想性是人类对美好生活状态的设想和期望，是应然的价值目标及由此产生的震撼人心和激励人们前行的力量。[②] 教育能使人超越物质欲望的局限，主动追求崇高的精神生活。传统社会的"乐感文化"，其乐观主义精神来源于道德。"乐"是君子主动选择践行的生活方式，是美好生活的现实性与理想性之间的桥梁。何为"君子之乐"？"孔颜之乐"是主动淡漠物质需要，追求安贫乐道的德性幸福。孟子对"君子之乐"的论述更加全面："父母俱存，兄弟无故，一乐也。仰不愧于天，俯不怍于人，二乐也。得天下英才而教育之，三乐也。"（《孟子·尽心上》）儒家把道德视为人的主观性、创造性之源，以道德为核心建构起生活世界的意义，以道德教育作为人生之乐的终极追求，在生活中践行着"成人"与"成圣"的崇高追求。

[①] 李泽厚：《实用理性与乐感文化》，三联书店，2005，第167页。
[②] 王泽应：《中华民族道德生活史·先秦卷》，东方出版中心，2014，第18页。

（五）五福——传统美好生活的人生幸福观

在现实的美好生活追求中，"福"是最深入人心的表达，传统文化中所有与美好生活相关的词语，几乎都与"福"字沾边，"福"最能代表传统社会中美好生活的现实主义向往。在福文化中，"五福"是一套美好生活的综合评价体系。"五福"是中华民族特有价值追求的最典型标志，反映了古老的中华民族对幸福美好生活的热切追求和美好希冀，同时也体现了中国人对美好生活的宏观认识和总体把握。[①]"五福"思想在历史上出现过几次流变，其中以《尚书·洪范》的"五福"最具代表性："一曰寿，二曰富，三曰康宁，四曰攸好德，五曰考终命。"

"寿"强调生命存在是人生幸福的基础，古代生活水平、医疗水平低下，加上尊老、敬老的社会文化传统，使人们把长寿视为"五福"之首。"富"是财富，注重的是物质生活利益，与"恒产"相对应，是美好生活的经济保障。"康宁"是康健平安，是生命的机体与精神面貌的良好与和谐。"攸好德"，即所好德，道德是福的根本，"攸好德"既是"五福"的一种，又是获得和维持"五福"其他利益的关键。"考终命"是善终，孔子认为"事死如事生"，死与生同样重要，求得善终的人生才算圆满。总的来说，《尚书》"五福"追求的是生命的完满，其中道德处于统摄地位，体现了感性需要与理性需要、物质利益与精神利益的统一，既重视维持生命与增加财富的现实需要，又注重道德境界的提升，追求的是审慎的、长远的、整体的美好生活需要，既重视功利幸福，又具有崇高的道德追求，体现美好生活的实然性与应然性的统一，是现实主义的"德福一致"。

二　传统美好生活观的实践路径

传统美好生活观是面向现实生活的，秉承了传统伦理"合知行"的理念，在日常生活、社会生活和政治生活中都具有很强的实践性。注重现实

---

① 江畅、宋进斗：《中国传统"五福"幸福观考论》，《湖北大学学报》2018 年第 2 期。

的传统美好生活观，在实践方式上是求诸己身的，体现了自强不息的奋斗精神，在追求个人和家庭的美好生活时强调以德配位、勤俭持家，在国家民族共同体追求美好生活时强调"民为邦本"，注重德政保民。

（一）立德修身配享美好生活

传统美好生活观是以人生论为基础的，追求的不是一时的幸福，而是长久的、安身立命的人生价值。为人、修德与过好生活，本质上是一致的。古代君子以修身为立世之本，立德修身对于美好生活有两层含义：一是成为有道德的人本身就是幸福，二是成为有道德的人是获得现实利益的主观前提。因此，修身自律、涵养品德，是君子追求美好生活的第一要义，强调的是良善生活的自得与自足。自足之情根本上来源于道德上的自我满足、精神上的圆融无碍。德性主义的幸福观奠定了传统美好生活的价值基础，决定了向内做功的求取方式。孔子说："不义而富且贵，于我如浮云。"（《论语·述而》）这就鲜明地体现了以义为先、利以义取的价值取向，是有崇高道德境界的精神自足的生活，外在的贫富等生活条件并不能对此造成影响。

立德修身也是个人获得幸福和配享美好生活的根本依据。在《中庸》中，孔子称赞舜："大德必得其位，必得其禄，必得其名，必得其寿。"孔子从不排斥功利幸福，但始终把德性幸福摆在首位。美好生活是靠美好德性争取来的，道德是获得幸福、配享美好生活的根本原因。虽然在阶级道德的统治下，这存在明显的等级差别和抽象幸福观色彩，但是以德配位的生活价值观，抓住了美好生活的本质问题。反之，"德不配位，必有灾殃"（《周易·系辞下》）。一个人无论享受了多少物质财富和精神财富，如果没有道德作为价值支撑，那么是无法实现真正的幸福的。人要获得幸福和配享美好生活，就必须通过修身自律实现道德人格的自我完善，修身是贯穿人一生的道德活动，它要求人不断自省、求诸己身。

立德修身又是推己及人、增进社会福祉的重要素质与能力。修身、齐家是治国、平天下的立足之基，日常生活不仅是追求美好生活的现实土壤，又是成人成圣的日常实践活动。传统伦理的美好生活观高于日常生活的特征就在于，它与个人的人生理想、政治抱负相连。道德生活对内可齐家，对外不仅可产生良好的社会示范效应，若发扬光大还可治国、平天下。"己欲立而立人，己欲达而达人"（《论语·雍也》），"内圣"必然要走向"外王"，修身立德又是有志之士立志成才、报效国家、造福人民，从而打通道德生活与政治生活的自我提升路径，是把个人和家庭对美好生活的向往转化为促进国家民族共同体美好生活实现的关键机制。

（二）克勤克俭创造美好生活

中华民族自古以来热爱劳动、奉行节俭。"克勤于邦，克俭于家。"（《尚书》）勤与俭，是生活中的开源与节流。劳动创造美好生活，节俭维持美好生活。朱用纯在《朱柏庐治家格言》中说道："勤与俭，治生之道也。不勤，则寡入；不俭，则妄费。"勤俭是传统社会中不同时期、不同阶级所公认的美德，上至天子、士大夫，下至平民百姓，勤俭都是教育子孙长保福祚的根本道德原则。曾国藩《将赴天津示二子》中说："历览有国有家之兴，皆由克勤克俭所致。其衰也，则反是。"勤俭不仅是为了维持生活的强本节用，而且本身就是一种生活态度、处世价值，是帝王谋求长治久安之法、家庭传世绵延之道。

勤，体现了中华民族自强不息、热爱劳动的精神。勤劳创造美好生活，是中华民族最为鲜明的传统美德之一。传统社会以农桑为本，对于统治者而言就是要勤政，勤政必然要求爱民。天子、诸侯虽然不亲自参加生产劳动，但也需要通过在祭祀场合参加礼仪性的劳动鼓励农桑。对于百姓而言就是积极从事劳动生产，古圣先贤很早就认识到劳动是人的生活的本质需要，墨家、农家极其崇尚劳动，创造了许多劳动技艺和满足劳动人民需要的朴素伦理思想。儒家虽然不教劳动之术，但始终把使民安居乐业视作学为政的主要目标。百姓能够自主地安排劳动，其本身就是美好生活的重要组成部分。正如《庄子·让王》曰："春耕种，形足以劳动。秋收敛，身足以休食；日出而作，日入而息，逍遥于天地之间而心意自得。"

俭与勤相对应，构成实现美好生活的基本要件。在生产力落后、物质生活水平低的历史条件下，俭既是保障基本生活的必然要求，又是对待生活需要、人性欲望的自制态度。传统的节俭观不是一味地节省，而是中庸辩证的。从物质生活来看，俭是要以"礼"为尺度的，既反对奢侈，又反对吝啬，要求既不浪费财货，待人待己又不至苛刻。《颜氏家训》说："俭者，省约为礼之谓也；吝者，穷急不恤之谓也……如能施而不奢，俭而不吝，可矣。"从精神生活来看，追求简单朴素的生活是为了涵养美德，不为物欲所累，适度无为，才能自由洒脱，实现人生理想。诸葛亮《诫子书》中说道："静以修身，俭以养德，非淡泊无以明志，非宁静无以致远。"由此观之，勤俭之道乃治家之本、治国之基。强本节用，一方面是维持美好生活的基本需要，另一方面是通过追求勤俭，使人获得好的道德品质，来引导物质生活的正确价值取向。

（三）德政保民开创美好生活治世

传统社会的家庭生活与政治生活的治理理念是相通的。中国传统的家国同构的社会格局决定了家庭、家族和国家在组织结构方面的共同性。[1]"忠孝一体"决定了传统社会在追求美好生活的价值目标上具有同一性，国家兴衰决定个人荣辱，有志之士皆以追求国家民族共同体的利益为己任。"家天下"的政治格局使国家政治生活具有浓厚的伦理色彩，其中心问题是"民为邦本"。西周打破了天命观，将"敬德保民"作为为政之基，安民、养民、富民、教民就上升为政治生活的核心，形成了为民谋福祉的德政传统。由于父权制度、家长主义，统治阶级的作为对百姓是否能过上美好生活有决定性作用，民众的生活质量取决于统治者是否能自上而下地"推恩"，"故推恩足以保四海，不推恩无以保妻子"（《孟子·梁惠王上》）。保民生是仁政之始、德治之基，对于为政者而言，无论是天子、诸侯还是地方长官，都应当以保障民生为政治生活中的基本要务，孟子更是旗帜鲜明地提出了"民贵君轻"的思想。

"大同"和"小康"是传统文化中的理想社会和美好生活的经典图景，包含了对社会生活和民生福祉的美好向往。如何创造"大同""小康"的

---

① 张立文：《中国传统和合文化与人类命运共同体》，《中国人民大学学报》2019年第3期。

美好生活盛世?"大道之行也,天下为公。"(《礼纪·礼运》)"大道"是天然形成的自然秩序,从"天道"衍生出"人道",这是传统伦理的基本逻辑。"大道之行"是为"大同",是阶级产生以前的社会生活,是地域血缘共同体互助式的生活方式。"人不独亲其亲,不独子其子,使老有所终,壮有所用,幼有所长,矜、寡、孤、独、废疾者皆有所养",这是人与人未分化的生活状态,是没有等级、没有私心的"公天下"社会。"大道既隐"是为"小康",是人为的伦理秩序,"各亲其亲,各子其子,货力为己",这是指私有制产生后,要以"礼"来约束、规范人的行为,使人遵礼而谨言慎行,各安其位,追求礼义教化。

"大同"与"小康"的分水岭,根本上在于公与私。"大同"是无为而治,"小康"是礼乐之治,在古人的价值观中,自然秩序优于人为秩序,"人道"要符合"天道"。"大道"虽隐,但"大同"始终作为至善理念而存在于政治伦理思想中,这就要求统治者崇公抑私,以"公心"来治理国家,推己及人以施行仁政,"以不忍人之心,行不忍人之政","养生丧死无憾,王道之始也"(《孟子·梁惠王上》)。《贞观政要》记载,黄门侍郎王珪劝谏唐太宗"以百姓心为心",太宗深然其言。[①] 儒家的民生思想是务实而具体的,虽然在礼制规定下,人与人之间有着不可逾越的身份鸿沟,老百姓不能享用士大夫阶级的生活待遇,但是对人的生命的尊重是深入人心、影响深远的,即使是寻常百姓,其生存权和基本生活利益也应得到国家的保障。历史上能够秉持这样的爱民思想的君王,必然能够开创百姓安居乐业的治世或国力强大的盛世,培养出一大批为民请命的官吏,形成追求国家民族共同体美好生活的政治伦理传统。

三 传统美好生活观的创造性转化

党的二十大报告对优秀传统文化的创造性转化提出了明确的要求:"坚持古为今用、推陈出新,把马克思主义思想精髓同中华优秀传统文化

---

① 骈宇骞译注《贞观政要》,中华书局,2011,第29页。

精华贯通起来、同人民群众日用而不觉的共同价值观念融通起来。"传统美好生活观正是"人民群众日用而不觉的共同价值观念",促进传统美好生活观的创造性转化,能为创造新时代人民的美好生活提供价值上的源头活水。但是与此同时,传统美好生活观对现代生活发展具有两面性,其创造性转化需要建立在对历史和现实的全面反思的基础上。

(一) 传统美好生活观的创造性转化任务

优秀传统文化是我们的根和魂,我们现实生活的价值观念、思维方式、风俗习惯都根植于优秀传统文化的土壤中。中华文明源远流长的一个重要原因就是源于生活、做在日常,把传统文化的优秀价值观化于人伦日用之中。然而,传统社会的经济基础是物质短缺的自然经济,社会发育水平低,缺少发展思想,传统美好生活观的思想内涵与实践方式存在保守性、落后性的一面。传统生活方式具有习惯性、情感性的特点,往往化于人伦日用而不知,一些旧道德还存在于家庭生活领域,在新时代沉渣泛起,成为我们认识和追求新时代美好生活的传统文化阻力。

不断发展传统美好生活观,使其优秀精神内核转化为新时代美好生活的伦理价值基础,根本上要立足于新时代的社会生活实践,服务于社会主义现代化建设的生活方式转型需要。社会转型是伴随我国现代化建设进程的一个重大时代问题,生活方式的转型是社会转型的基本组成部分。生活方式的现代化转型不只是生活行为、习惯的转变,更重要的是将重新定义人的存在方式、存在意义。现代化的本质归根到底是人的现代化,这是社会主义现代化建设的深层次要求。所谓社会转型,实质上是人自身的发展进入了一个新阶段。① 美好生活在新时代的提出,本身就是一场社会与人的重大变革,这场变革追求的是人的物质生活与精神生活的全面现代化。

改革开放40多年来,我国的现代化建设快速发展,主导因素是由国家层面大力推动的生产力发展,生活领域的现代化则落后于生产领域的现代

---

① 杨清荣:《公共生活伦理研究——以中国的社会转型为背景》,人民出版社,2016,第2页。

化。这种"自上而下"的现代化发展模式，使现代化的精神实质尚未在社会生活中充分发育，国人生活方式的现代化转型长期处于自发状态，传统美好生活观中存在的保守落后的成分，制约着新时代人民美好生活价值的自觉实现，使我们的生活方式在传统与现代之间仍然存在"剪不断，理还乱"的纠结。总体而言，无主体性与非发展性是传统美好生活观的两个重大局限，也是实现传统美好生活观创造性转化的两大关键问题，必须坚持马克思主义的发展观，坚持以人民为主体，重新审视传统美好生活观的价值。

就主体性问题而言，传统美好生活观的发展桎梏在于"家天下"的社会格局形成了公私不分明的共同体生活，无法产生独立的生活主体。从前现代社会到现代社会，一个极为重大的变化是人的自我理解的转换。[1] 这在传统美好生活观现代化转型中，是一个亟待解决的问题。传统生活的弊端在于过分崇公抑私，甚至灭私，导致人的个性被束缚，抑制个体的美好生活需要。主体性的缺失，又造成重视民生的传统仁政思想是有民生而无民主的圣人式的家长主义。民众始终是"有利而无权"的，而"治权在君"的政治原则又无法真正实现君民平等，这就导致传统民本思想最终没能实现向近代民主思想的蜕变。[2] 美好生活是依靠人创造的，而非等待"恩赐"得来的。树立现代美好生活的主体精神，坚持人民主体地位，是改造传统美好生活观的基本理论问题。

就发展性问题而言，传统美好生活观缺少发展变化的观念，世代生活循环往复，追求日出而作、日落而息的安稳，民生需求朴素单一，人们依靠本能需要来生活，生活水平、社会发展长期停滞不前。加之传统社会的生产与生活是分散的，在小农经济下养成的小富即安的生活观念有很强的保守性，一旦超出血缘或地缘共同体的范畴，一贯以血缘共同体思维来追求美好生活的文化传统就难以适应建立在社会化大生产基础上的现代生活。就个体层面而言，这对人的美好生活需要水平的自觉提高具有抑制作

---

① 刘兴盛：《人的现代化的跃迁：中国式现代化的主体之维》，《哲学研究》2023 年第 4 期。

② 李建华：《中国传统民本观的政治伦理价值及其现代转换》，《中南大学学报》2019 年第 5 期。

用，使人的美好生活需要水平难以朝高质量方向发展；就国家层面而言，这会对社会的改革与创新造成阻碍。因此，要扬弃传统社会小富即安的生活思维和发展惰性，跨越中等收入陷阱，为国家改革发展注入持续奋斗的动力，推动社会主义现代化建设不断迈上新台阶，为人民提供更普惠、更持久的美好生活社会条件。

传统与现代关系的合理协调，不仅厚植了中国式现代化的传统文化根基，使其具有鲜明的民族特色和历史底蕴，同时也有效避免了传统与现代之间可能产生的冲突，为现代化建设的稳步推进起到了保驾护航的作用。①传统美好生活观有深厚的历史文化底蕴和融入日常生活的实践智慧，在长期的生活传承中包含着"活的历史"。如何重估传统美好生活观的优良价值，摒弃其落后价值，使传统生活中最富有生命的美好价值在现代化建设中被重构与活化，引导人民在继承传统中创造新时代的美好生活，创造中华民族共同体的美好生活，是传统美好生活观创造性转化的根本任务。

（二）传承和创新传统美好生活观的优良价值

对传统美好生活观的优良价值，要坚定文化自信，坚守文化特色，坚持辩证吸收，坚持双向批判：一方面，以马克思主义的生活理论批判和改变传统美好生活观对社会发展的阻碍、对个人主体性的抑制和对现实生活利益的遮蔽等消极作用，使传统美好生活观获得现代价值；另一方面，又要以传统美好生活观反向批判现代化给人的生活的稳定、和谐与美造成的冲击，活化传统美好生活观中的宝贵思想资源，疗愈现代化进程中的由生活节奏过快造成的碎片化生存、功利性生存等弊病及其导致的生活意义失落。

一是追求生命价值的人本生活。传统美好生活观重视生命本身的价值，寻求返璞归真，在物质生活上崇尚"做减法"，在精神生活上崇尚追求本心。这种少私寡欲的生活追求，从客观上看，是由古代社会结构单一、生产力水平低下决定的，但从主观上看，这又是古代志士在精神追求

---

① 陈金龙、杨芳：《中国式现代化的实践智慧》，《现代哲学》2023 年第 2 期。

上的主动选择，他们在有限的物质条件下，选择了审慎持久、内心和谐、精神富足的生活方式。随着国家逐步富裕，人们的生活选择越来越丰富，现代社会的美好生活观更崇尚"做加法"，这有利于增加社会的物质财富和精神财富，满足美好生活的多元价值。但是，选择太多、欲望太多又会遮蔽属于人的生活本质意义，使物质利益与精神利益背道而驰。重视生命价值，有利于我们认识美好生活的本质，适度节俭，抵御物质主义、享乐主义的冲击，实现物质生活与精神生活的高水平和谐。

二是追求德性主义的良善生活。传统美好生活观把美德作为统摄美好生活的核心价值，从现代视角观之，道德虽然不能完全等同于生活，但美好生活必定是以美德为基础的良善生活。如果说重义轻利的生活价值观在传统社会下有一定的虚伪性和统治性，那么在现代社会下，在我们不断追求富裕的物质生活的条件下，以德性为统率来追求美好生活则具有非常重要的现实意义。在现代化进程中，人们在追求美好生活时出现了误区，物质生活水平与主观幸福感不成正比，这根源于日常生活的物化、异化，弱化了道德精神的追求。生活的功利化，导致生活主体工具化，造成德福分离的生活危机，产生"空心病"。实现良善生活应当追求个人在道德精神上的丰富与全面，使生活回归人自身，内得于己，外得于人。

三是追求善治共享的社会生活。注重共同体的美好生活，注重民生导向，是中华民族鲜明的政治伦理传统。美好生活是新时代人民的共同需要，中华民族共同体的美好生活是个人美好生活的基础和保障。新时代美好生活要超越传统仁政思想中有民生无民权的局限，民生问题无小事，要健全广泛的民主参与机制，提高国家治理的科学化水平。传统美好生活观是包容的，注重共同体的美好生活，主张"独乐乐不如众乐乐"的和谐共享理念。要克服传统社会重共享、轻共建的弊端，引导人民在民主共建中提高社会基层治理水平，营造和谐的社会交往环境，为人民共享美好生活提供美好的社会生活环境，在全过程人民民主中共建美好生活。

四是追求生态和谐的绿色生活。天人合一、天人交感是传统生活深入骨髓的理念，俯仰于天地之间，"仁者乐山，智者乐水"，体悟生命与万物的交感，是保持机体健康和精神健康不可分离的美好生活的基本前提与重要价值。然而，现代人的生活与自然之间被商品和市场阻隔，人与自然之间的"物质变换"受阻。当人不能以全面的方式面向自然时，人类的精神世界在自然界中也是孤立的，人的生活则是片面的，人与自然的关系变成人对物的占有，这样的生活是不可持续的。绿色是美好生活的底色，人与自然和谐共生是中国式现代化的发展基础，要到传统美好生活观中寻找生态智慧，把和谐共生的理念融入现代生活，为人民的美好生活提供永续发展的自然环境、物质条件和精神养分。

结 语

中国式现代化必定具有深厚的中华文化底蕴。在五千年的文明史中，中国人形成了一脉相承的美好生活价值追求和从未断绝的传统生活习俗，这些都能为新时代人民的美好生活提供丰厚的精神滋养。要实现现代化各个环节协调发展，就要深入人民的生活世界，对传统美好生活观进行充分挖掘、辩证传承和创新转化。这是我国在社会主义现代化建设进程中丰富人民美好生活的价值内涵、增进民生福祉的题中应有之义。同时，也有利于增强文化认同，使我们在追求美好生活的过程中铸牢中华民族共同体意识，创造具有向心力、凝聚力的新时代美好生活共同价值，激发全体人民的主动性、创造性，使人民追求美好生活的奋斗精神和创造精神成为全面建设社会主义现代化国家的前进动力。

论传统乡土伦理文化的现代转型

李亚莉*

摘　要：伴随着中国式现代化进程的不断推进，乡土社会从"熟人社会"走向
"半熟人社会"。传统乡土伦理文化受到现代化生活方式的冲击，呈现"传统与现
代""过去与现代"的文化交织现象。我国在极短时间内完成了"乡土中国"向"城市
中国"的转变，出现了乡村经济社会发展进程中不可避免的"道德阵痛"。现代乡村
伦理体系的建构不是回归到传统熟人社会中，而是实现传统乡土伦理文化与现代化生
活方式的有效衔接，实现传统乡土伦理文化的现代转型。

关键词：传统乡土伦理文化　现代化生活方式　礼治　法治

党的二十大报告指出："问题是时代的声音，回答并指导解决问题是
理论的根本任务。"[1] 而"全面建设社会主义现代化国家，最艰巨最繁重的
任务仍然在农村"。[2] 伴随着改革开放和市场经济的不断推进，传统的乡土
社会迎来了巨大的变革，传统乡土伦理文化也失去了滋养其生长的沃土，
又受到西方现代文化的冲击，滋生了不少乡村伦理难题。道德失范现象时
有发生，而传统的"礼治"手段不断式微，已无法实现有效调节。"从伦
理视角看，根植于传统乡村社会生产、生活和交往方式的传统伦理文化逐
渐'退场'，而与当前乡村市场经济发展相适应的伦理文化尚未建构并
'出场'，由此产生的乡村社会伦理'缺场'现象，是造成诸多现实问题的

---

* 李亚莉，陕西科技大学马克思主义学院讲师。

① 习近平：《高举中国特色社会主义伟大旗帜　为全面建设社会主义现代化国家而团结奋
斗——在中国共产党第二十次全国代表大会上的报告》，人民出版社，2022，第20页。

② 习近平：《高举中国特色社会主义伟大旗帜　为全面建设社会主义现代化国家而团结奋
斗——在中国共产党第二十次全国代表大会上的报告》，第30~31页。

伦理文化根源。"① 是否能够妥善处理传统乡土伦理文化与现代化生活方式的关系成为我国当前乡村文化振兴的关键所在，也是建构新时代乡村社会秩序的必然要求。

一 传统乡土伦理文化在现代化 进程中的境遇变化与时代考验

中华文明是建立在自给自足的农耕生产和生活方式基础上的农业文明，这种文明在中国延续了数千年之久，深深地刻入了中国人的骨子里。乡土关系是中国传统农业社会关系中的基本关系，所以费孝通说："从基层上看去，中国社会是乡土性的。"② 中国的传统伦理道德观念也是基于这样的实际而产生的，是农耕生产、生活方式的精神反映。在这种传统农业社会中，最基本的社会群体是家，若干个"家"因血缘和地缘的联合而形成较大的地域群体，从而形成了一种特有的乡土关系。传统"乡土社会"的文化特质是伦理文化，而这种伦理文化的核心是家庭伦理。按照儒家"由己及人"的仁爱原则，个体"以己为中心，像石子一般投入水中，……像水的波纹一般，一圈圈推出去，愈推愈远，也愈推愈薄"。③ 个体首先维系因血缘纽带而形成的社会关系，然后再根据地缘关系不断往外延伸。"礼治"成为这种乡土社会秩序维护和社会治理的基本方式。基于礼治秩序的乡土社会从家庭、家族到整个村庄自觉地形成了一种"自明"的制度规约系统。在这个"生于斯、长于斯、死于斯"的熟人社会中，人们的道德记忆是根深蒂固的，至今仍被部分村民认同和践行，成为他们衡量和评价个体行为的道德标准。

自中华人民共和国成立以来，中国广大农村的文明风貌出现了翻天覆地的变化。尤其是40年来，农村城市化、城乡一体化进程不断加快，中国

---

① 王露璐：《新乡土伦理——社会转型期的中国乡村伦理问题研究》，人民出版社，2016，第11页。
② 费孝通：《乡土中国》，华东师范大学出版社，2018，第1页。
③ 费孝通：《乡土中国》，第26页。

传统乡土格局发生了深刻的变化：乡土社会开始从熟人社会向半熟人社会转变。一方面，农村人口大量流入城市，使农村呈现空心化的趋势，出现留守老人和儿童聚居的现象；另一方面，在政策引导下，农村涌入一批职业化和市场化的新"村民"，村庄也有成为"陌生的家乡"的趋势。这两种趋势交织在一起，使以"血缘和地缘"为基础的熟人社会的格局被打破。传统乡土伦理文化受到现代化生活方式的冲击，村民日益个体化的自主选择和个体权利意识的觉醒，试图从传统的宗族社会关系的约束中脱离出来，摆脱血缘亲情的道德要求，乡土礼治社会开始发生深刻的变化。当然，这并不意味着熟人社会的"礼治"对他们不再发挥作用，而是说相较以前而言，融入了实用性和功利性的因素。与此同时，以往人们在彼此熟悉的基础上产生的相互之间的信任与合作的交往伦理也无法快速地延伸到新村民群体中，也就无法快速地将新旧村民融合为新的伦理共同体。新村民所秉持的以"公正"为核心的现代价值观念与旧村民以"仁爱"为核心的人情关系认同之间也常常发生碰撞，呈现"传统与现代""过去与现代"的文化交织现象，使乡村文化、乡村伦理以多样性和丰富性的样态展现出来。因此，"在当代中国，作为乡村文化核心内容的乡村伦理，具有明显的'内卷化'特征"。①

我国在极短时间内完成了从"乡土中国"向"城市中国"的转变。乡土远去，地方性的村规民约体系逐渐解体，人情、理性、法律、权力都纷纷展现自己的用武之地。正如亨廷顿的那句名言："现代性孕育着稳定，而现代化过程却滋生着动乱。"② 乡土社会充满活力，却又处处潜藏风险。在马克思主义唯物史观看来，道德观念和道德水准归根到底都是当时的社会经济状况的产物，道德进步是人类文明发展的必然趋势。在肯定乡村伦理建设取得成绩的基础上，不可否认，乡村道德生活依然存在诸多问题，这是我国乡村经济社会发展进程中不可避免的"道德阵痛"。

乡村家庭伦理陷入困境。费孝通先生说："中国乡土社会的基层结构

---

① 孙春晨：《中国当代乡村伦理的"内卷化"图景》，《道德与文明》2016年第6期。
② 塞缪尔·P. 亨廷顿：《变化社会中的政治秩序》，王冠华、刘为等译，三联书店，1989，第38页。

是一种我所谓'差序格局',是一个'一根根私人联系所构成的网络'。"①
家庭是社会的细胞,在中国社会中占有中心地位,传统"礼治"的基本要求也是从妥善处理家庭关系开始的。《中庸》认为"仁者人也,亲亲为大"。仁者爱人,首先爱自己的亲人,相应要求包括"夫义妇顺""父慈子孝""兄友弟恭"等。"父慈子孝"是处理父子关系的基本要求,孔子说:"父父,子子。"父亲要有父亲的样子,儿子要有儿子的样子。父母应当抚养子女,子女则应孝顺父母。百善孝为先,子女孝敬父母是天经地义的事情,但是在今天的中国乡村,孝道出现了衰落的趋势。其表现为父母的道德权威弱化,在处理家庭事务时不再是父母说了算,而是父母与子女之间"博弈"的结果,在一定程度上增加了双方的意见纷争。在现实生活中,一些子女在赡养老人的问题上基于实用主义或是利己主义的考虑,不积极尽孝道,甚至试图不尽孝道。与此同时,在市场经济体制下,抚养子女的成本大大提高,导致乡村子女抚养中出现诸多问题。主要表现在三个方面:一是基于经济压力,一些父母外出打工,无法妥善地抚育子女,导致子女成为留守儿童,身心健康出现问题;二是基于生活压力,一些父母将不好的情绪发泄在子女身上,动辄打骂,没有尽到抚育的责任;三是基于夫妻关系破裂,一些父母不积极,甚至是不愿承担抚育子女的责任。当代乡村社会人与人之间的情感伦理在最亲密的生活共同体中也日渐衰落,家庭伦理陷入困境,严重影响个体道德品质的养成。如果说良好的家庭、家教、家风会内化为一种潜在的动力,影响人、教育人、塑造人,是乡民和谐的润滑剂,那么,一个破碎变异的家庭、家教、家风也会内化为一种潜在的力量,不仅不利于个人成长,甚至会危害整个社会的和谐秩序。一个不孝敬父母或是不爱护子女的人,会如何对待没有血缘的人?家庭责任都无法承担的人,我们能指望他具备优良的职业道德和美好的社会公德?

乡村人情—信任机制不断式微。传统的乡土社会是以"血缘和地缘"为基础的熟人社会,人们在彼此熟悉的基础上产生相互之间的信任与合作,信任互助是乡土熟人社会重要的交往伦理。传统的乡土社会是安土重

---

① 费孝通:《乡土中国》,第31页。

迁的"生于斯，死于斯"的社会。因此，乡土文化的构建只需要以家庭伦理为基础，辐射其周围相联系的熟人社会。熟人之间的日常交往建立在亲情和友情基础之上，以感情为纽带，以互惠互助为基础。在传统乡村熟人社会，婚丧嫁娶都需要大家互帮互助，遇到问题和困难，大家一起想办法解决。"乡土社会里从熟悉得到信任。……乡土社会的信用并不是对契约的重视，而是发生于对一种行为的规矩熟悉到不假思索时的可靠性。"① 作为一个伦理共同体，乡村社会给人一种充满人情味的感觉。当然，这种人情关系离不开共同的利益。正如马克思所说："人们奋斗所争取的一切，都同他们的利益有关。"② 乡村伦理共同体也是利益共同体，他们通过这种方式提高应对自然和社会风险的能力，以及完成集体行动的协调性和情感水平。但是伴随着市场经济的快速发展，个人主义、实用主义、功利主义的价值观开始向乡村扩散，这也就导致熟人之间的信任在人情淡漠化的过程中不断丧失，互惠互助也不再是基于情感而是基于利益。人际交往不谈感情，谈利益交换。一些村民利用"人情"谋私利，全然不顾乡里乡亲的情面，在彼此的心里筑起一道防护墙，不断降低对彼此的信任。人情淡漠、信任丧失的乡村成为这个时代的"乡愁"。

乡村礼治秩序逐渐弱化。传统乡村社会秩序的维系与现代社会秩序的维系方式是不同的，这并不意味着乡土社会是"无法之地"，而是在这种鸡犬相闻的熟人社会中，社会秩序无须外力来维系，单凭个人良知和社会舆论就能实现自治。正所谓"皇权不下县，县下唯宗族，宗族皆自治，自治靠伦理，伦理靠乡绅"。这种以宗法血缘为纽带、以德高望重的地方士绅为主的地方宗族治理体系，在乡村治理中发挥着重要作用。在一个相对封闭的乡土社会中，乡村秩序主要通过乡绅们的道德示范，并利用乡绅们在村民中的威望建立起民众之间上传下达的密切联系，从而在很大程度上维持着地方的和谐稳定。"乡绅不仅代替政府行使治理乡村的权力，而且修桥铺路、热心公益慈善、教化村民的道德修养并以传统道德和公序良俗

---

① 费孝通:《乡土中国》，第 6 页。
② 《马克思恩格斯全集》(第一卷)，人民出版社，1956，第 82 页。

来调解村民之间的各种纠纷。"① 在市场经济和个人主义的冲击下，传统儒家思想遭受越来越多的质疑，失去了赖以生存的文化土壤的士绅阶层与宗族自治也开始走向消亡。失去了乡绅们的"道德示范"，个体自由和权利意识又日益提高，村民们是否还能单凭自我的良知和村规民约来实现自治呢？问题的答案可以从失序的道德现象中找到，礼治社会秩序正逐渐弱化，当前乡村伦理难题无法单凭"礼治"方式解决，基本秩序也难以仅靠乡土文化的内生力量维系。当然，现代乡村伦理体系的建构不是要回归到传统熟人社会中，而是应在传统乡土伦理文化与现代化生活方式之间找到一个合理的连接点，实现成功融合，使传统优秀乡土伦理文化在现代化的土壤中延续昔日荣光。

二 传统乡土伦理文化与现代化
生活方式衔接存在的问题

社会在变化，时代在前进。中国乡村振兴战略的实践不断深入推进，时代的变迁为乡村伦理文化研究取得突破性进展提供了难得的机遇。当代中国正在发生社会变革和实践创新，乡村现代化是中国式现代化的必然要求，传统乡土伦理文化若无法适应这种现代化的生活方式，就不能更好地推进中国特色社会主义的发展。当前，传统乡土伦理文化与现代化生活方式在衔接上遇到了诸多的难题。

传统乡土伦理文化与快速发展的乡村市场经济脱节。马克思主义唯物史观认为社会存在决定社会意识。中国快速发展的市场经济不断推动社会存在发生变化，在乡村中的突出表现是在乡村振兴战略的推动下，乡村经济有了突飞猛进的发展，且呈现发展不平衡的状态。社会意识是社会物质生活过程及其条件的主观反映，是人们进行社会物质交往的产物。随着社会存在的发展，社会意识也或早或晚地发生着变化。而当前中国乡村发展的实际就表现为社会意识相较于社会存在发展而较迟地发生变化。这也就

---

① 孙春晨：《中国当代乡村伦理的"内卷化"图景》，《道德与文明》2016年第6期。

导致我们在面对快速的社会变迁时显得茫然无措、跟不上"节奏"。我们必须以理性的态度来看待这个问题，乡村巨变是人类现代化规律的必然结果，无论我们的意愿如何，男耕女织的乡村生活已经远去。当下乡村建设是要使我们落后的社会意识加快脚步赶上社会存在，而不是让社会存在停滞、倒退来适应社会意识，否则就会开历史的倒车，不利于社会的发展。"易穷则变，变则通，通则久。是以自天佑之，吉无不利。"（《周易·系辞下》）时代发生变化，我们的社会意识也要紧跟着发生变化。道德进步是人类文明演进的总方向，市场经济引发的生产方式、生活方式的变革，催生新的道德价值观念的形成和发展。在自由化和个体化的时代，每个人在追逐自己的利益的时候必然会与其他人发生竞争，如何合理竞争催生了正义原则。竞争越激烈，越需要正义。如果说中国传统伦理的中心原则是仁爱，那么现代伦理的中心原则就是正义。这并不意味着我们要完全抛弃传统的仁爱原则，而是说在个体化时代，伦理的中心原则变成了正义，仁爱原则是正义原则的必要补充。随着乡村振兴战略的不断推进，乡村的巨变只会越演越烈，传统的乡村伦理也需要进行创造性转化和创新性发展，使其适应已经变化了的社会现实。

传统的社会道德标准与不断现实化的个体道德标准在某些方面发生了严重的偏离。"今天中国的社会主义市场经济，一定意义上其实是'道德理想主义加市场经济'，这种外在加和而成的结构，其要素之间往往是不协调的，即市场经济与道德理想主义出现了严重分离：社会已经市场化了，而我们的道德理想、许多人的基本精神框架却仍没有真正容下和接纳这个市场。"① 长期沉浸在道德理想主义之中却又不得不面对现实利益的人们，一方面希望社会抱有原来的美好理想，另一方面又希望个人能够获得现实的市场利益。于是，道德理想越来越脱离自己的利益行为，上升成一种抽象的观念，仅用于要求和评价别人，而自己却用"生活所迫"来解释。"即别人应当'无私'利他，自己却得'有私'自利。"② 中国一直有

---

① 易小明：《道德评价标准的人我分离现象剖析》，《齐鲁学刊》2019 年第 6 期。

② 易小明：《道德评价标准的人我分离现象剖析》，《齐鲁学刊》2019 年第 6 期。

"高标准、严要求"的传统,传统的道德理想主义在个人修养和社会规范方面总是建立极高的道德原则,而且规范严格,形成"见贤思齐、法乎其上"的社会风气。在中国的革命和建设时期,这种道德理想主义呈现越演越烈的倾向。人们沉醉于美好的道德理想之中,不愿意将过于理想的道德原则向现实市场"下放",而是一味高扬道德理想主义大旗。这就导致"应然"与"实然"之间越走越远。这种现象在乡村表现尤甚,村民固守着传统的乡俗村规的道德要求,用以评价他人的行为,而自己则出于生活的"迫不得已",只能用合法谋利的现实道德原则加以指导,俗称"宽以待己,严于律人"。

大传统伦理与小传统伦理分殊与融合。有学者指出:"无论是传统乡村社会还是当代乡村社会,实际上都存在着大传统伦理与小传统伦理的分殊与融合的问题。"① 美国人类学家罗伯特·芮德菲尔德认为,所谓"大传统"是指上层人士、精英人物所代表的文化,"小传统"则是乡村中农民所代表的文化。中国的乡村社会存在着各式各样的小传统伦理,导致大传统伦理与小传统伦理可以以不同方式进行融合。而在传统乡村社会向现代化演进的过程中,大传统伦理与小传统伦理有机结合的机制被破坏了。"传统中国的确是在土地束缚下的,但是,土地束缚的表现形式和程度却在各地表现不一,由此,乡土本色的表现和产生的逻辑也不尽相同。"② 乡村社会实现现代化的方式是不同的,所形成的小传统伦理也不尽相同。以"离土不离乡"的小城镇发展模式与以代际分工为基础的半工半耕模式这两种城镇化模式为例,"离土不离乡"主要出现在经济相对发达的地区,伴随着乡镇企业的发展,一部分村民在村里生活,在乡镇企业工作。以代际分工为基础的半工半耕模式是当前最普遍的现象,表现为年轻夫妻在城市工作,融入城市生活体系中,老人和小孩在农村,依旧从事农业生产。在"孝"这个大传统伦理的要求下,这两种模式下的人"尽孝"的方式肯定是不同的,"离土不离乡"更多的是情感关怀和身体力行的照顾,而半

---

① 孙春晨:《中国当代乡村伦理的"内卷化"图景》,《道德与文明》2016年第6期。
② 吕德文:《大国底色:巨变时代的基层治理》,东方出版社,2021,第22页。

工半耕模式则更多的是言语关怀和物质保障。我们不能说哪种方式更好，只能说哪种方式更符合实际、更恰当。"不离家"可能是为了尽孝道，"离家"可能也是为了尽孝道，不能以偏概全。"当代中国社会的大传统伦理和小传统伦理不可能固定不变和抱残守缺，而是不断生成、创新和发展的。"① 不仅如此，我国还存在东中西、南中北的地区差异。我国又是一个多民族的国家，民族文化本身也存在差异。地方烙印、民族特色是无法被磨灭的。因此，现代乡村伦理体系的建构在遵守普遍的道德价值观念的基础上，还需要结合各个地方的实际情况，既彰显地区特色，又具有"普遍性意义"。

三　传统乡土伦理文化现代转型的路径选择

在乡村社会这个场域中，我们如何回答当前所面临的"时代的伦理之问"并实现传统乡土伦理文化与现代化生活方式的有效衔接是中国现代化进程中不可规避的问题。现代化乡村伦理体系建构的空间依旧在乡村，这就决定了它无法脱离传统而新生，要求我们从传统乡土伦理文化中，剥去其糟粕的部分，保留其精华的部分，凝结成传统优秀乡土伦理文化。现代乡村伦理体系建构的时间是新时代，这就注定它必须融入这个时代的精华，彰显这个时代的风貌，在社会主义现代化建设的实践中不断赋予传统乡土伦理文化以新的内容、新的形式来适应这个时代的发展需求。

（一）挖掘传统优秀乡土伦理文化是实现传统乡土伦理文化现代转型的必要前提

习近平总书记指出："我国农耕文明源远流长、博大精深，是中华优秀传统文化的根。我国很多村庄有几百年甚至上千年的历史，至今保持完整。很多风俗习惯、村规民约等具有深厚的优秀传统文化基因，至今仍然

---

① 孙春晨：《中国当代乡村伦理的"内卷化"图景》，《道德与文明》2016 年第 6 期。

发挥着重要作用。"① 今天，乡土依然是中国社会的根本所在，也是绝大多数人民的生活所在地。乡土文化依旧深深地扎根在乡村这片催生它的土壤中，是不可磨灭的乡村符号，作为优秀传统文化基本内核的传统乡土伦理文化依旧存在滋养其发展的土壤。脱离传统乡土伦理文化的纯现代化的乡村伦理建设，会成为无源之水、无本之木。

"人们自己创造自己的历史，但是他们并不是随心所欲地创造，并不是在他们自己选定的条件下创造，而是在直接碰到的、既定的、从过去承继下来的条件下创造。"② 在我国五千多年的文明发展历程中，人民团结奋斗、自强不息，共同创造出源远流长、博大精深的中华文化，积淀着中华民族最深层次的精神追求，给中华民族烙上了独特的精神印记。中华优秀传统文化承载着中华民族最基本的文化基因，是区别于其他民族的独特标志。美国人类学家克拉克洪认为："一个社会要想从以往的文化中完全解放出来是根本不可想象的，离开文化传统的基础而求变、求新，其结果必然招致失败。"③ 传统乡土伦理文化根植于传统农耕社会，是村民在生产生活中不断演化而成的行为道德规范，既是他们的处事原则，也是他们赖以生存的精神依托。虽然现代社会生活发生了巨大变化，充满各种偶然性，但是村民现代生活的大部分仍处于与从过去继承而来的风俗、礼仪、信仰和习惯等相一致的制度之中。乡村伦理文化的发展要建立在历史传统的基础上，抛弃传统等于割断文化的根。这是否意味着传统乡土伦理文化都要继承？传统乡土伦理文化分为两个部分，一部分是无论社会如何变迁依旧能够闪耀智慧光芒的精华，另一部分是在社会变迁中难以适应且阻碍社会进步的糟粕。每一次的思想进步，必然是对传统的一次"扬弃"。

挖掘传统优秀乡土伦理文化有两种途径：一种是学者们对传统乡土伦理文化进行梳理，发现和指出其精华所在，通过各种途径进行宣传和弘扬；另一种是在社会实践中，村民们自然"筛选、流传、沉淀、凝结"的

---

① 习近平：《习近平谈治国理政》（第三卷），外文出版社，2020，第 260 页。
② 中共中央马克思恩格斯列宁斯大林著作编译局编译《马克思恩格斯文集》（第二卷），人民出版社，2009，第 470~471 页。
③ C. Kluckhohn, *Culture and Behavior*, The Free Press, 1962, p. 76.

过程。当前已经有许多的学者和志愿者投入田野调查、文献梳理当中，为挖掘优秀传统乡土伦理文化做出了诸多的贡献，也能看到官方和非官方的民间组织通过各种形式的活动大力弘扬传统优秀乡土伦理文化。第二种途径在社会主义现代化的建设过程中也开始逐渐显现效果。在乡村现代化建设过程中，村民们在日常的生产生活交往中，会逐渐通过自身所得和社会评价两种途径筛选出合情、合理、合法的方式，凝结成一种新的交往伦理。比如某村民通过"勤劳"实现了"致富"这一目的，他自身就会对"勤劳"这一品质产生一种笃定的信任，而其他村民在这一案例的激励下也会形成"勤劳致富"的认知，并逐渐渗透到教育和实践之中。同样，某家庭在教育子女上十分有心得，教出的孩子各方面都很优秀，也会得到村民的认可，引起村民之间的相互学习和探讨。

因此，我们能看到勤劳勇敢、自强不息、尊老爱幼、团结互助、勤俭节约、艰苦奋斗等精神品质所构成的民族精神在新时代历久弥新，在乡村现代化建设过程中依旧闪耀着智慧的光芒，成为村民们的精神信仰。文明乡风、良好家风、淳朴民风并没有因为时代的变迁而消失，依旧在村民日常交往生活中有所呈现。"礼治"的方式虽然式微，但是依旧是乡里乡亲处理人际关系的手段之一。传统乡绅阶级消失，包括优秀基层干部、道德模范、身边好人等先进典型所构成的新乡贤群体正用自身的嘉言懿行垂范乡里，以自身的实际行动起到良好的示范效应，传播着见贤思齐、崇德向善的力量。

（二）赋予传统优秀乡土伦理文化以时代精神是实现传统乡土伦理文化现代转型的必然选择

"每一历史时代的经济生产以及必然由此产生的社会结构，是该时代政治的和精神的历史的基础。"[①] 新时代，我国面临着新的时代之问和新的伦理之问。传统优秀乡土伦理文化需要不断注入时代精神的力量，针对现

---

① 中共中央马克思恩格斯列宁斯大林著作编译局编译《马克思恩格斯文集》（第二卷），第9页。

实问题，以我们正在做的事情为中心，直面前进道路上的各种矛盾困难、风险挑战，着力破解难题，推动乡村文化全面发展，助力乡村全面振兴。"以实践性为显著特征的伦理学，不是一成不变的思想理论体系，而是在时代生活实践的变化中发现新问题、回答新问题，以创新姿态适应时代需要的实践哲学。"① 传统优秀乡土伦理文化不是一蹴而就的，是不同时代的村民在生产生活实践中不断凝聚而成的精神文化。赋予传统优秀乡土伦理文化以时代精神，既是时代精神流变的必然结果，也是传统乡土伦理文化现代转型的必然选择，更是历史发展的必然所在。传统乡土伦理文化要适应现代化生活方式，必然要随着时代精神的历史流变而进行现代转型，刻上时代精神的烙印。赋予传统优秀乡土伦理文化以时代精神，是新时代传承和发扬传统优秀乡土伦理文化的解决方案，是推进传统优秀乡土伦理文化传承与现代化乡村顺利接轨的样本范例。

改革开放是当代中国最鲜明的特色。以改革创新为核心的时代精神是党带领人民在继承和弘扬伟大民族精神的基础上，立足新的时代条件而形成的。创新决定未来，改革关乎命运。当代中国经济社会的发展离不开改革创新，改革创新是社会发展的重要动力，坚持改革创新是新时代的迫切要求。随着中国式现代化的不断推进，乡村现代化是必然趋势。要实现乡村现代化，改革创新是必然要求。改革创新，并不是凭空编造，而是站在前人积累的知识基础上。传统优秀乡土伦理文化的现代化转型，本质上就是一种改革创新，是在传统优秀乡土伦理文化基础上，不断注入新的时代精神的一个动态过程。比如，勤劳是传统优秀乡土伦理文化，现代生产方式的变革，尤其是机械化农具的使用，在一定程度上会弱化村民对勤劳品质的推崇，但并不会使勤劳这一品质消失，而是赋予勤劳以新的时代内涵。勤劳不再是获得丰收的唯一方式，科学的方式也可以获得丰收。勤劳的内涵也会发生变化，传统农耕社会的勤劳主要表现为体力劳动的付出，而新时代的勤劳除了体力劳动，更注重脑力劳动，所以，当前的勤劳表现为体力劳动和脑力劳动的有机统一。传统乡土伦理文化的产生基于一定时

---

① 孙春晨:《作答时代的伦理之问》,《道德与文明》2022 年第 5 期。

间、地点、条件等因素，当其中的因素发生了变化，与之相对的内容会产生相应的变化，这是正常的现象，也是我们要进行改革创新的部分。

（三）形成礼法结合的治理方式是实现传统乡土伦理文化现代转型的必然结果

党的十八大以来，我国发生了翻天覆地的变化，如期完成脱贫攻坚、全面建成小康社会的历史任务，为全面推进乡村振兴打下了坚实的基础。农民不仅富了"口袋"，而且扎实开展乡村精神文明建设，持续推进移风易俗，着重发展乡村文化。当前我国正处于巩固拓展脱贫攻坚成果同乡村振兴有效衔接的关键阶段，传统乡土伦理文化的现代转型是实现乡村现代化的题中之义。可以说，未来乡村振兴的重点应是乡村文化振兴，建设现代化的乡村社会秩序。

传统乡土社会是礼治社会，"礼是社会公认合式的行为规范。合于礼的就是说这些行为是做得对的，对是合式的意思"。① 维护"礼"这种规范的方式是依靠传统，而"传统是社会所累积的经验"。② 在乡土社会，传统具有很大的效力。但是到现代社会，传统的这种效力明显下降，主要原因是传统无法有效地应对当前的生活问题。在快速变迁的乡土社会中，传统的效力是无法保证的。无论这种传统在过去如何有效，环境一改变，谁也无法依传统应付新的问题，这就为"法治"的进入创造了条件。全面依法治国是新的时代条件下推进改革开放和社会主义现代化建设、坚持和发展中国特色社会主义的重要战略决策。将"法治"引入乡村治理之中是中国式现代化发展的必然要求，也是传统乡土伦理文化实现改革创新的重大举措。

有学者的田野调查显示："通过法律途径解决"所代表的法治秩序、"找熟人解决"所代表的传统礼治秩序和"找村委员或村党支部解决"所

---

① 费孝通：《乡土中国》，第 52 页。
② 费孝通：《乡土中国》，第 53 页。

代表的新型礼治秩序，共同构成了当前我国基层农村解决利益纠纷的基本路径。[①] 随着中国法治化和全民普法宣传的推进，乡村社会的法治环境和村民的法治意识都发生巨大的变化，村民可以享受与城市居民同等的法律待遇。村民对法律法规的知晓度、法治精神的认同度、法治实践的参与度有所提高，尊法、学法、守法、用法的自觉性和主动性显著增强。乡村社会办事依法、遇事找法、解决问题用法、化解矛盾靠法的法治环境正在形成。国家颁布的成文法具有普遍适用性，涵盖了乡村生活中的大部分法律关系和伦理关系，能够解决乡村生活中的大部分问题。但是，针对一些特殊问题，仍然需要由道德规则构成的传统礼治文化来补充。乡村社会的习惯法实际上就是传统礼治文化在乡村日常生活中法律化的一种表现，虽未被国家立法机关正式颁布，但在乡村社会中依旧具有调节人际关系的效力。"乡村社会的习惯法体现了人们日常生活中的'常识、常理、常情'"，[②] 得到了村民内心的认同，也是村民们默认的行为准则。如"父债子偿"，就法律规定而言，如果继承人放弃继承遗产，可以不用偿还，而习惯法会建议继承人偿还。这就意味着"不偿还"合法但是不合常理，会影响人际关系，"偿还"虽非法律要求，但符合常理，更容易被大家接受。以"法治"为主体、"礼治"为补充，礼法结合，是传统乡土伦理文化现代转型的必然结果。

---

① 王露璐：《伦理视角下中国乡村社会变迁中的"礼"与"法"》，《中国社会科学》2015年第 7 期。
② 孙春晨：《中国当代乡村伦理的"内卷化"图景》，《道德与文明》2016 年第 6 期。

失调情境下老龄主播"创业"实践的冲突与伪自洽修复*

贾祥敏　苗　禾**

摘　要：本文立足于新媒介技术下社会互动情境及其内涵嬗变，结合认知失调理论和情境论视角，对抖音直播间老龄女性主播"创业"数字实践进行过程性考察。研究发现，在投入情感、时间和货币等前提下，一方面老龄女性主播不断整饬老龄化自我"正确身份"，凸显敢于追求独立自主的主体形象，另一方面基于身为"平台打工人"的客观实际，她们需要尽可能去满足平台和粉丝的一切诉求，持续进行数据劳动，从而试图在流量基础上"让创业梦想起飞"。这种内在张力和冲突构成的"失调情境"挑战了一致性维持的努力，主播们进而采用一系列伪自洽修复决策，如平衡多重的情境身份、稳定游移的规则定义、主导混杂的中区行为等。即使如此，老龄女性主播也因在数字融入中处于弱势境地而未能达到其所追求的情境"自洽"。

关键词：认知失调　老龄主播　自洽

一　研究背景、研究问题和研究方法

近年来，抖音、快手、视频号等短视频平台发展迅猛，并在美妆、美食、生活、教育等不同赛道推动多个"一哥""一姐"的诞生。2019 年，抖音把直播权限开放给全部用户，"零成本"开播成为平台吸引网民的噱头。更多的普通老年人也不再仅仅满足将抖音视为"记录美好生活"的个

---

*　本文为浙江省哲学社会科学规划项目（20230062）成果。

**　贾祥敏，浙江传媒学院文化创意与管理学院讲师、浙江省社会治理与传播研究院研究员；苗禾，浙江传媒学院硕士研究生。

人平台，而是在见识过"财富神话"之后开始跃跃欲试，开展诸多类型的数字实践，兴起一浪又一浪的"淘金潮"。从才艺表演到情感"树洞"，从身体展露到符号设置，银发网红们作为率先尝试跨越数字鸿沟的老年群体，积极通过多元的方式呈现自我。对老龄女性主播群体和媒介技术的长期关注，激发笔者思考一系列问题：老龄直播间是如何作为一种新型媒介呈现情境的？老年群体又是如何进入"直播间"并对其进行情境定义的？这些缺乏交易行为的直播间的日常实践又在何种程度上解构了老龄主播所宣称的创业梦想？主播们又将如何修复这种失调实践及结果？

　　为深入探讨老龄化和数字化之间的复杂关系，笔者从老龄女性主播的直播实践切入，在2023年1月到2023年8月进行了6个多月的参与式观察，结合抖音内搜索和算法推荐筛选出12个样本（见表1），观看30分钟至180分钟时长不等的上百场直播，并在观察过程中与主播进行密集互动。为更好地考察老年人在数字接触、融入及适应等方面的前期路径，辅之走查法（the walkthrough method），① 利用逐步技术（step-by-step technique），完成抖音直播间注册、进入、日常使用和停止使用的四阶段，这使老年开播实践原本隐含的参与过程变得更加明确。

表1　12位老龄女性主播样本情况

编号	年龄	基础标签	开播时间	场观平均人数
Z1	77	金牌主播、独立完成短视频创作和直播操作、发挥余热	2021.12	1000人及以上
Z2	84	创业、知识分享、带货	2021.11	1000人及以上
Z3	83	农村、创业、经验分享	2023.3	10~99人
Z4	80	农村、时代主旋律、挑战自己、超越自己	2022.1	0~9人
Z5	82	知识分享	2022.4	0~9人
Z6	77	孤单、没人照顾的老人	2022.12	10~99人
Z7	85	经验分享、聊天主播	2020.3	10~99人

---

① B. A. Light, J. E. Burgess, and S. Duguay, "The Walkthrough Method: An Approach to the Study of Apps," *New Media and Society*, Vol. 20, No. 3, 2018, pp. 881-900.

编号	年龄	基础标签	开播时间	场观平均人数
Z8	72	不服老、让老年生活更有意义	2022.10	1000 人及以上
Z9	77	已退休、直播创业	2022.11	100~999 人
Z10	69	经验分享	2022.7	10~99 人
Z11	81	度日月	2021.3	10~99 人
Z12	77	经验分享	2022.7	100~999 人

资料来源：笔者自制。

二　文献综述

（一）平台社会中的老龄群体

凭借强大的连接和渗透能力，平台以基础设施的身份嵌入我们生活的方方面面。在发明、普及和分配身份及社会愿望层面，平台扮演着极其重要的角色，它甚至占据符号化生产的中心。直播秀场作为当前平台中门槛较低的社群建构实践，贡献了源源不断的符号刺激和流量经济。依托平台，网络直播充当了"当下社会日常生活经验的构建者和人际传播的全新内容生成平台"。[①]　就研究取向来说，不少偏向传播政治经济学的讨论通常会从数字劳动、人的异化等视角讨论直播过程中的数字技术与劳动的控制与剥削、工人自主性、文化与资本侵入的关系问题。[②]　这种批判的审慎态度对媒体与文化研究来说非常必要，但如果这种批判契合当前舆论对主播行业的负面评价，对这一群体进行更加全面深入的探讨可能就会被阻碍。就研究对象而言，学界对直播秀场中的年轻女性主播的研究较多，并集中

[①]　吴炜华、龙慧蕊：《传播情境的重构与技术赋权——远距家庭微信的使用与信息互动》，《当代传播》2016 年第 5 期。

[②]　陈龙：《两个世界与双重身份——数字经济时代的平台劳动过程与劳动关系》，《社会学研究》2022 年第 6 期；涂永前、熊赟：《情感制造：泛娱乐直播中女主播的劳动过程研究》，《青年研究》2019 年第 4 期。

在身体表演、情感卷入、审美劳动的角度。① 对垂直领域的游戏类、电商类头部"网红"也有不少研究。② 同时，也有学者关注更多普通人被抖音上的"直播淘金梦"吸引的现象，发现素人直播间存在的独特实践逻辑，有学者将之称为"希望实践"。③

"数字乐观主义"的常见论点是消费者越来越强地影响内容生产，信息可以通过平台连接更多用户，公众可以运用新媒介技术对既有的社会结构和话语体系进行改变和重构，平台所呈现的偏年轻化和正能量的形象也有利于提升老年人的自我效能感。④ 事实如此，但这仅是部分事实。如果用同样的乐观视角去审视老年网红群体，会发现他们通过自我在线展演、利用媒介可见性进行商业变现等行为的确能够改变其在数字化时代被遮蔽、被忽视的边缘地位。⑤ 走向身体老化的多数普通老人，在技术取向的媒介逻辑之下逐渐成为数字时代的落伍者。学者用"技术难民"来描述被抛弃在新技术之外的老年群体。⑥ 即使在老年群体内部，也有"技术难民"的等级划分，其中老年女性、农村女性尤其值得关注。有学者认为，传媒应对老龄化不力主要表现在媒介的应对认识不足、媒介形态太少、媒介对老年人口的构成和文化需求不了解等。⑦ 当下，媒介形态愈加丰富，但是对老年群体数字接入后的情感体验和价值追求等研究依然不足。

---

① 董晨宇、叶蓁：《做主播：一项关系劳动的数码民族志》，《国际新闻界》2021 年第 12 期；曾一果：《网络女主播的身体表演与社会交流》，《西北师大学报》2018 年第 1 期。

② 徐敬宏等：《弹幕与规训：网络直播中的性别凝视——基于斗鱼大数据的分析》，《国际新闻界》2022 年第 4 期。

③ 谌知翼、李璟：《"三无直播间"何以维系：抖音平台素人主播的希望实践》，《新闻记者》2022 年第 11 期。

④ 张梦霞：《从疏离到介入：短视频平台老年网红群体的兴起与发展》，《视听》2021 年第 2 期。

⑤ 苏玲：《"破壁"出圈、重塑形象与创造经济——短视频空间中银发网红的叙事价值探究》，《视听》2022 年第 9 期。

⑥ 范晓光、李岩：《危机与抗争：老年身份的媒介生产与话语批判》，《编辑之友》2023 年第 3 期。

⑦ 周星：《倾心于银色世界的平等关爱——宏观社会背景下的老年传媒分析》，《当代电视》2004 年第 5 期。

(二)"失调情境"演变：从现实社会到新媒介

理解任何个体或群体，都应该将其置于一种关系体系（system of relations）中。作为分析社会互动关系的重要理论资源之一，情境论的内涵和外延随社会环境、媒介技术的更迭而不断丰富。芝加哥学派早期奠基人托马斯最先对"情境"（situation）进行概念化处理，默顿将之视为"托马斯定理"，其主要内容就是人们对一个状态的客观特征做出反应，一旦人们赋予这个状态以一定的意义，则随后的行为和结果就被作为起因的意义决定。① 换言之，随处可见的"情境定义"（definition of the situation）意味着如果人们主观认为某种情境是真实的，那么其产生的客观后果也必然是真实的。戈夫曼则将情境视为基本的分析单元，通过阐述情境社会学来分析日常生活的表演和社会秩序的构成。② 他将情境定义为"一种物理区域，在它里面的任何地方，两个或以上的个体彼此处于视觉与听觉的范围之内"，③ 我们正是在日常生活接触的情境中，构建并维持社会的再生产。有学者总结，戈夫曼的情境论通过有知觉的人和身体化的社会实践确立新的社会分析模式，情境通常是生成性的，而非决定性的。④ 媒介介入互动情境会给原有的情境和交往带来何种改变，这个问题在梅洛维茨那里得到了进一步发展，梅洛维茨称之为情境式方法（situational approach）。他分析了与电子媒介带来后台前台化、前台后台化密切相关的混合场景（combined setting）现象，认为人际交往本质取决于信息流动而非物理环境，⑤ 电子媒介改变了既有的信息传播模式，情境定义的讨论可以由直接物质现实问题

---

① 罗伯特·K. 默顿：《社会理论和社会结构》，唐少杰、齐心等译，译林出版社，2008，第549页。

② Anne Warfield, "Orders of Interaction and Intelligibility: Intersections between Goffman and Garfinkel by Way of Durkheim,"in Javier Trevifio, ed., *Goffman's Legacy*, Rowman & Littlefield Publishers, 2003, p. 231.

③ E. Goffman, *Forms of Talk*, University of Pennsylvania Press, 1981, p. 84.

④ 王晴锋：《身体的展演、管理与互动秩序——论欧文·戈夫曼的身体观》，《西华大学学报》2019年第4期。

⑤ 约书亚·梅洛维茨：《消失的地域：电子媒介对社会行为的影响》，肖志军译，清华大学出版社，2002，第8页。

完全转向只关注信息渠道。有学者提出"阈限性情境"这一术语，用来概括直播媒介介入物理情境的系列后果，其中之一就是行动者的身体实践处于不同结构"之间"的状态。[①] 考虑到理论工具的适用性，还有学者将中国人际交往中的关系和脸面理论引入微信朋友圈的情境分析，进而提出社会—关系情境的本土理论视角。[②] 可见，虽然学者们一直在运用"情境"这一概念，但对身体在场、社会互动和信息传播等的理解已发生很大变化。

作为一致性理论中的一种，认知失调理论通常是指认知层面态度与行为不一致时的心理状态，为缓解认知失调的压力与不适，人会努力通过一些策略来化解这种心理不适，这里的前提假设是人们普遍有一种一致或平衡的倾向，一旦失衡，人们就会主动避免失调的情境和信息。[③] 心理学层面的认知失调与情境论中的表演中断（performance disruptions）共同指向的结果都是个体会产生不和谐、不平衡、不舒服的心理状态，但导致这两种不舒服状态的原因不同。前者是由两种认知元素之间存在着不一致引起的不舒服状态，后者通常是通过无意动作、不合时宜的闯入者、失礼及闹剧等几种形式，导致角色在前台陷于尴尬境况。不管是认知失调还是表演中断，压力都会带来相应的决策，如前者会导致寻求社会支持，后者则会导致进行印象管理，以避免小型社会互动系统的瓦解。

（三）自洽/自我一致性与情境崩塌

如果回溯到一致性本身的讨论，会发现如物理学、哲学、语言学都将之作为一个逻辑问题，并由此探讨时间旅行场景中的因果关系、模式、自由意志和身份等问题。普遍意义上的自洽（self-consistent）则按照自身逻辑推演可以证明自身至少不是矛盾或错误的，正如建立在客观基础上遵循

---

① 张丽华：《阈限性情境：经由直播媒介的身体实践与关系变迁》，《新闻记者》2021年第3期。

② 张杰、马一琨：《从情景崩溃到情境再分离：社会—关系情境中的用户社交媒介实践——基于微信朋友圈"仅三天可见"的研究》，《国际新闻界》2022年第8期。

③ 利昂·费斯汀格：《认知失调理论》，郑全全译，浙江教育出版社，1999，第11～13页。

逻辑自洽性的科学研究，一个不能满足自洽性的理论或方法是站不住脚的。在人格理论学家看来，自洽/自我一致性原则指涉主体的一种主观判断和思考，认知主体对其判断和思考需做到自我一致、自我协调、自我判定、自我认同、自我满足和自我允许。[①]

回到情境论的自洽性分析范畴，当作为日常生活中的"演员"时，我们在不同的场合既需要展示出不同的自我，又要在整体上维持相对稳定的风格。第一个问题是个体要如何通过自我呈现来维持对情境的特定定义。比如更多考虑情境的特殊性、信息披露的性质、先前的互动模式及可用的表达设备。第二个问题是剧班的其他成员是否愿意配合个人的表演。一个角色的完美表现需要通过剧班成员密切合作来维持特定情境定义。[②] 在社交媒体平台上，剧班成员往往会争夺情境定义的话语权和控制权，这意味着自我呈现其实时刻面临管理失败的可能。人们对情境的共同定义创造了社会现实的连贯性。如果参与者不再对"这里发生了什么"有着共同的定义，情境就会"崩塌、瓦解，甚至化为乌有"。[③] 随着社交媒体技术与在现实世界中被普遍分割的社会环境相融合，社交媒体用户被迫同时应对植根于不同规范、需要不同社会反应的混杂社会环境，这不可避免地引发了用户自我表达的张力和焦虑。[④] 将不同语境中多样的受众聚集到一个社交媒体平台和一种语境中，就一定会产生语境崩塌（context collapse），进而引发行动者的"人设崩塌""主体崩塌"等系列后果，那么行动者也需要根据情境的需要采取相应的印象管理策略引导观众。为了避免出现类似后果，媒介技术设计层面也有所调整。比如平台根据人们对自洽/自我一致性的追求满足，从界面可供性方面设计可操作的、可预防的"情境崩塌"，微信朋友圈"仅三天可见"功能就可使人们摆脱日常呈现的个人角色，探索自身的陌生性和自我的多种可能性。需要注意

---

① 杨红：《隐喻建构主体自洽原则的思考》，《求索》2010 年第 9 期。

② 欧文·戈夫曼：《日常生活中的自我呈现》，冯钢译，北京大学出版社，2008，第 69 页。

③ 欧文·戈夫曼：《框架分析：经验组织论》，杨馨等译，北京大学出版社，2023，第 302 页。

④ D. Boyd, *It's Complicated: The Social Lives of Networked Teens*, Yale University Press, 2014.

的是，在符号互动论视野中的语境崩溃和情境崩溃是同义的，① 都指涉由不同分离的情境重叠导致的情境难以定义的情况，进而影响到自我如何表达、如何认同等。总之，自洽/自我一致性原则在社科领域的讨论多集中在指涉认知层面的一致性、协商性上，那么在平台直播技术中介化的情况下，进一步对认知、话语和行为层面是否自洽问题的讨论将成为有趣追问。

三　老龄女性直播情境中的冲突与伪自洽

（一）"我是创业者"：平台叙事牵引的上播动机

数字平台是过去十年中国新增就业岗位的主平台，抖音提供的工作机会不仅是一份简单的工作，而且意味着就业者加入了一个由互联网和社交媒体构筑的社群之中。在这种社群中，主播与粉丝之间不单纯是交易的经济关系，会产生很强的社交属性和用户黏性，这种情感体验有时会超越平台和商品依附关系，使彼此建立起陌生人之间的真正互信和理解。

> 咱们都是老铁啊，咱都是交心的朋友。××妹子，我昨天没有去你的直播间实在不好意思。××老弟，我知道你很忙，你赶紧忙去吧，你不要在我的直播间里停留太长时间，你停留一会我就心满意足了。（Z12）

虽然"老年人"的界定在国内外有很大差异，但生理年龄是一个最普遍的标准。50、55、60、65岁都被作为老年人的起始年龄。② 本文所纳样本都是七八十岁的老年人，但她们并不想因为年龄而承认自己毫无价值，而是试图通过平台宣称的"创业"实现自己的人生理想，所以她们的自我

---

① A. E. Marwick, D. Boyd, "I Tweet Honestly, I Tweet Passionately: Twitter Users, Context Collapse, and the Imagined Audience," *New Media and Society*, Vol. 13, No. 1, 2011, pp. 114 - 133.

② 陈勃：《老年人与传媒——互动关系的现状分析及前景预测》，江西人民出版社，2008，第10页。

定位通常是追求独立自由的"创业者"。老龄女性主播在"趴直播间"的学习初期会发现直播对年龄、学历、长相等没有严苛限制，认为只要坚持下去就有机会像大主播一样获得成功。定位于"经验分享"的主播分享自己做直播的"成功经验"，且不论直播间的场观人数，都会竭力为抖音正能量官方平台呐喊，往往一场直播下来，要花费大量的时间对"正能量的抖音平台"表示感谢，此类话术几乎成为上播"老人"的统一开场词，"经验分享"倒成了创业叙事的点缀。直播过程中，老龄主播会向直播间的观众"讨要"一些低成本和零成本的"打赏"，例如花"1抖币"（约0.14元人民币）加入粉丝团或者在直播间中点一点旁边的爱心动画以增加人气，而主播们的收益正是来自其与粉丝的相互协作，只要主播能保住平台分发的初始流量（泛流量），算法会自动放大这一优势并将其扩展至规模流量进行推送，甚至扩展至精准流量进行推送，只要流量可观，平台就会通过签约、绩效奖励或现金提取等方式给予激励，这极大鼓励了老龄主播加入的行为实践。

> 我已经77岁了，我在抖音上开播两年多，曾做到了万人直播间，也拿到了金牌主播，我不是在炫耀，就是想告诉大家，现在是个最好的创业风口，这是一份大事业。（Z1）
>
> 我这么大岁数的老太太怎么能在抖音上干直播事业，抖音它不嫌弃咱们年龄大、学历低，大家都可以来直播创业。（Z9）
>
> 我来抖音不是来玩的，我是来创业的，我80多岁还能来抖音平台创业，真是福气。（Z3）

就像算法重新定义工作一样，平台对传统劳动关系、劳动模式产生了冲击，并且采用一套可以实现自身价值的聪明话术重新阐释何为劳动，并向我们揭示数字文化如何改变我们的工作性质。[1] 与其他网络平台一样，

---

① 亚历克斯·罗森布拉特：《优步：算法重新定义工作》，郭丹杰译，中信出版社，2019，第6页。

抖音将自己描绘成一个致力于提升社会福祉、传播正能量的平台，通过参与公益慈善、扶贫助农等活动打造自身品牌的正面形象。抖音的"美好生活"叙事并不能决定其上线后"攻城略地"般迅速崛起，但该叙事及对陪伴、信任、价值的想象被更多人接受，使创业成功机会民主化的许诺成为一个巨大的"诱饵"，围绕抖音平台，已形成一个庞大、稳定、有序而复杂的就业体系。实际上，抖音也正是通过推出"创作者成长计划"等，承诺为创作者提供资金补贴、流量支持、技能培训、使用权限等全面支持，为从事内容创业的创作者提供一站式服务。但是，抖音平台就业也是高度职业化和专业化的，① 恰恰是那些本身有一技之长或专业团队打造的用户"扮演"了"普通人"，制造了任何人都可以"一夜暴富""一举成名"的假象。

（二）"免费但有代价"：与量化自我博弈

我们正步入一个"数据化"的时代，人们日常生活中的方方面面都可以转化为可供深加工的数据资源，而平台除了被框定为一种意识形态和商业利益的工具，更可以纯粹为自身利益不断扩大自身。数据本身没有价值，只有通过平台的生产过程，数据才能变成流量，为平台资本带来价值和利润。② 抖音算法核心是赛马机制，主播只有在完成停留、转评赞、粉丝团等任务后，其直播间流量分配程序才能被"逐层唤醒"，数据越好，平台推流越多。只要踏进直播间，就等于踏入了一个完全数据化的空间，不管是主播还是粉丝都会变为控制中的"量化自我"，这也意味着对"老铁"和"真心朋友"的衡量需要以三六九等的等级数据来排序，做任务、送礼物、购买商品都可以提升与主播的亲密度，对亲密度的衡量也不需要任何数值单位，而是可以用赤裸裸的数字衡量。比如，笔者加入 Z1 粉丝团，但距离升级为更"优秀"的粉丝还需要 232 亲密度。如果想和主播更

---

① 中国人民大学国家发展与战略研究院 2020 年 9 月发布的《灵工时代：抖音平台促进就业研究报告》，测算时间为 2019 年 8 月至 2020 年 8 月。

② 蓝江：《数据—流量、平台与数字生态——当代平台资本主义的政治经济学批判》，《国外理论动态》2022 年第 1 期。

加亲密,就需要通过开通会员做主播的专属会员。"音浪区"不仅可以展示"老铁们"送出的各种礼物,彰显主播的受欢迎程度,送礼物者也会因为送出价格不菲的大额礼物且以"飘屏"形式划过,从而达到在他人直播间增加自己曝光度的目的。"灯牌不亮,直播间白逛",老龄主播们为了不让粉丝"白逛",会耐心地一遍遍和进入直播间的粉丝讲解如何送礼物、点亮灯牌,解锁一个个提升自己与主播亲密度的新技能,头像和级别等是主播判断粉丝经济资本最为直接的凭证。抖音等级每增长一级,需要花费400元左右,因此每一位进入直播间的粉丝都带有很强的"原生"印迹。除了主播主动生产的数据之外,粉丝们主动生产出的数据也同样被平台数据商品化的逻辑渗透。在"用数据说话"的直播平台上,年龄、学历、阅历等统统被隐去,老龄主播与平台上其他主播同场竞技,平台方可以根据数据表现调整主播的人气数据,并对主播进行奖惩,促进主播调整其自身行为。而主播看到的前台数据,有时是平台操纵的产物——它不仅与主播的数据权利无关,还可能是一种平台设计的、对主播数字劳动的"胁迫式陷阱"。[①] 对于老龄主播来说,理解平台规则尚属困难,毋宁说要与平台协商定义权。

> 抖音的识别能力太强了,这说明抖音对咱们每一位主播都认真负责。可能是因为我拍的视频有问题,最近就被限流了,但我也不知道怎么回事。(Z5)
>
> 我之前有2000多人,从800多人到200多人,再到个位数,过去一周我都被限流了,但我要经得住抖音对我的考验。虽然我的场观人数不多,但是我也忙得很,我在家里边吃饭边打卡,忙得焦头烂额但还舍不得离开,我创业挣钱后就自由了。(Z12)

主播头顶上的"加我粉丝团"不停闪烁,提醒屏前粉丝点击,像夜晚

---

① 吕鹏:《作为数据的劳动:网络主播的数字劳动及其治理研究》,《社会科学》2023年第1期。

街边商店的霓虹灯极力吸引"刷客"（普通用户）驻足。"公示墙"、"人气榜"和"小时榜"不断更新，并连接到抖音直播间的整体排名情况。抖音声称"自带广告播放和用户分享功能，可以对账号进行免费推广"。它鼓励全民免费开直播、免费学直播，目前只要在平台上简单操作就可完成注册，而开通直播也只需实名认证即可，近乎"一键开播"的界面操作给更多普通老年人提供了尝试的行为激励。但抖音实质上实行的是签约服务，主播只有遵守平台的一系列规则才可以进行直播，并施行相应奖惩制度，奖励分为流量奖励和资金奖励，惩罚主要体现为流量剥夺导致的"失败羞辱"，并且平台深谙如何使用数据和定义情境，从而把"羞辱"加到主播身上。平台实际上并没有为老龄女性主播提供充分且明确的信息，让她们可以评估直播是否真的有利可图。在没有任何讨价还价余地的情况下，为了让数据"好看"，部分老龄主播学会了使用"点赞器"，纯粹为了数据而生产数据，从而失去了掌握甚至了解算法排序逻辑的可能性。

（三）做"人上人"：自主目标与希望实践

旨在"创业"的老龄主播日复一日经营着自己的直播间，不管老龄主播在直播间里讲什么话题，留言区内"求关注""交朋友""让梦想起飞""正能量"等的标语式内容成为标配，这些话语既可以活跃直播间气氛，也是主播和粉丝在难以理解平台限流机制下的安全之举。虽然有的直播间里场观人数为0，但老龄主播仍然以"经验分享主播"的身份分享"成功经验"，"做人上人"的目标追求与数据现实经常会形成极大反差。如Z4在直播间只有沉默的笔者与之"面对面"的情境下，依然坚持传授其"成功"的创业经验。Z7因为直播时场观人数一直在10人左右，开始埋怨吐槽，并在直播间发飙，之后直接下播，但在次日直播中又全情投入其中。正是在一次次失败过程中，希望的潜力不断撬动一种基于未来的当下实践。①

---

① 谌知翼、李璟：《"三无直播间"何以维系：抖音平台素人主播的希望实践》，《新闻记者》2022年第11期。

我虽然85岁了，但还年轻，抖音就是改变我命运的机会。（Z7）

虽然我的场观人数不多，但万丈高楼平地起，我看过有一个老太太的直播间里有2000多人，我也悄悄给自己定了个目标，我一定要拿到一个结果。（Z9）

做抖音是个大事业，咱们共同推动数据产生爆发力，共享抖音这块大蛋糕。我们一起改变命运。（Z1）

主播虽然口口声声在直播间里称呼场观用户为"家人们"，但提醒更多的人莫开"同城"、屏蔽子女、远离熟人，这给老龄女性主播"超越自我"、做"人上人"的目标追求加上了一层道德束缚。实际上，任何一种情境定义都具有明显的道德特征，据此，个体依据自身的道德权利要求他人以适当的方式评价和对待自己，更重要的是要言行一致。以往学者对社会个体道德特征的分析在失调情境的直播间里不断遭遇挑战，老龄主播们声称的"独立自主"目标与现实落差在不断加大。Z3坦言自己常常难过，对社会毫无价值感，对家庭可有可无，内心空虚、无聊，睡不着觉。但当直播时间再次到来，老龄主播们依然会在"最小成本"思路考量下重新参与，比起精确计算的概率，含混的可能性却能保留希望，[①]这也可以解释为什么老龄主播们在"开播—停播—复播"中循环。

四　失调情境及定义之下的伪自洽修复

（一）平衡冲突的情境身份

在新的媒介技术下，社会舞台和社会行为都面临重组。不管是从概念层面，还是从实践层面，自我身份都不断变化，这和身份所具有的社会性、独特性、稳定性和建构性密切相关。[②] 一般意义上的老年身份指向老

---

① M. Miceli, C. Castelfranchi, "Hope: The Power of Wish and Possibility," *Theory & Psychology*, Vol. 20, No. 2, 2010, pp. 251–276.

② 吴小勇等：《身份及其相关研究进展》，《西南大学学报》2008年第3期。

年主体的身份意识及其归属感，即他人对老年人在社会群体中的地位、角色的界定，以及老年人由内而外形成的老年意识和自身归属的判定，这种身份概念既是媒介建构的产物，也是社会建构的产物。① 在社会老龄化和平台化合流的现实背景下，老年群体身份认同正在经历一场新的文化重塑过程。老年人基本上从经济收入创造者向经济收入享用者转化，虽然他们大多拥有大量可自行支配的闲暇时间，但能亲身接触的社会范围其实更加狭窄。② 在新媒介技术环境中，老龄女性主播成为数字时代的"创业劳动者"群体中的一部分，展现出新的内容生产逻辑，其身份呈现动态的外在特征。从直播间话语来看，老龄女性主播做出"上播"这一选择带有极强的主体自觉。本文观察的 12 位主播无一不在宣称自己"要从一个默默无闻的普通老人转向一种新的生活方式"。获得突破禁忌、超越自我的新定位并不容易，因为她们要"力克家人反对"，躲避邻人"说三道四"，追求自由。

> 我说服了 5 个子女。开始我家里人嫌弃我丢人现眼，最后还是我的小女儿帮我购买了声卡、手机支架、充电宝，第一场直播赚了 4.5元。（Z5）
>
> 人老了，生活圈子越来越小，幸亏有抖音，抖音就像一个单位，咱们就一起干事业。（Z8）

在缺乏家庭支持的情况下，这些老人开始寻求社会支持和技术支持。家人反对、社会偏见与老龄女性主播的自主实践之间形成一种张力。当需要将不同的身份呈现出来时，现有的直播技术可以为老年人提供随时进入外界天地的可能性。抖音直播间中的老龄女性主播拥有现实身份、标签身份、在线身份等三重身份，"社会剧本"注重为每个现实生活中的老龄女性的"常态"列出一串关键词，譬如追求健康、吃饱穿暖、依赖性强、选

---

① 范晓光、李岩：《危机与抗争：老年身份的媒介生产与话语批判》，《编辑之友》2023 年第 3 期。
② 陈勃：《老年人与传媒——互动关系的现状分析及前景预测》，第 20 页。

择丧失等，这不仅是社会和媒介建构的老年阶段普遍的"应然"状态，也是样本调查中反对母亲开直播的儿女们的多数看法。标签身份是老龄女性主播的自我定位在个人账户可见性中的重要部分，围绕"创业"主题进行的经验分享、聊天交友、带货等直播行为都是在该身份下实行的。在线身份通常从两条线呈现，老龄女性主播虽然以个人身份上播，但对外宣称的是自己的创业者的职业身份，就可以构成一个个独立社会情境的直播间来说，老龄主播可以通过在线身体游走在不同的直播间，从主播身份随时切换至粉丝和场观用户中的一员，在"以号会友""寻找老铁""交友交友，越交越有"的过程中摆脱自身所处的固着情境和结构性的状态，进而参与到人际交流的维系和社会关系的再造中。样本中的主播们通常有积极主动的学习心态，向更有经验的主播学习经验，其中场观人数在 1000 人及以上的 Z1 就是一位被学习的对象。无论看直播还是被看直播，社会角色的认知与确立都是高度符号化的，这是个体主动选择的结果。① 这三重变动的情境身份在直播间里通过话语和互动轮番呈现，人们总是需要一种知道"我是谁"的感觉，而这种感觉通常寄生在他们日常生活的诸种体制和活动中。②

　　我虽然吃喝不愁，也有退休金，但是我不快乐，我要追求自己的价值。(Z9)

老龄女性主播从"扮演"社会及媒介建构的"正确老人"到具有"离经叛道"意味的"孤勇者"的身份转向及平衡过程，离不开主体的自我认知和他者的认知，更依赖于平台媒介的文化经验生产逻辑，即与具有纯粹情境意义的身份归属感的建构紧密勾连起来，"老年人"的自我建构正是在符号的稳固性和身份意义的流动性之中保持了一种平衡。

---

① 周勇、何天平:《"自主"的情境:直播与社会互动关系建构的当代再现——对梅罗维茨情境论的再审视》，《国际新闻界》2018 年第 12 期。
② 杜鹏、伍小兰:《中国老年人身份认同的实证研究》，《人口研究》2008 年第 2 期。

(二) 稳定游移的定义规则

不同的情境有不同的定义规则，而直播间情境有平台、主播、粉丝等多个主体进行评估并定义。主播可以从分类、话语修辞、物理空间、外貌等方面评估情境并做出相应行为，粉丝认同这种定义，并知道"这里正在发生什么"，正如 Z11 在直播间里所言："我这个直播间已经将近900天，我在直播间里就是聊天，就聊我自己 80 多年的经历。"主播也可以改变这种情景规则，比如将聊天分享类别改为才艺表演。对直播间里的表演而言，一个基本问题就是信息控制的问题，绝不能让观众获得任何有关正在被定义的情境的破坏性信息。顾及自身行为的现实影响，老龄女性主播还会在直播间里分享如何设置"屏蔽同城"，表面上看是怕邻里街坊"说三道四"，其深层指向是避免"情境崩塌"带来的现实尴尬。她们在直播间尽力维护"主导"身份、"单向"分享的空间情境。老龄女性主播作为行动者，虽然在其直播间内具有"第一"情境定义权，但其他不一致的角色始终存在，这也意味着随时面临"情境崩塌"的可能性。如果有破坏分子、不合时宜的闯入者，那么主播基于年龄会尽量用眼神、语言和权限操作来制止此类行为，作为同一"剧班"的成员，直播间中的其他连麦者也会帮助主播喝止这种行为。值得注意的是，老龄女性主播会灵活运用道德准则对不一致的角色进行训诫，以保证情境规则制定的主动性。

> 进入直播间大家要尊重老年人，谁都有爸爸妈妈。虽然你是"黑粉"，但我要感谢你，因为你依然给我做出了数据贡献。(Z10)
>
> 直播间的人来自四面八方，你穿上我的"黄马甲"，下次你就能找到我了，来到我直播间的人都要做积德行善的孩子、孝敬长辈的孩子。(Z7)

如前所述，老龄女性主播对直播情境的定义可以分为两种形式，一是主播对情境所做的单向性定义，二是直播间里主播和平台在互动过程中的双向建构。直播间里的老龄主播非常顾及表演过程中的面子问题和随之而来的表演障碍，一旦出现出言不逊者，主播们若掌握平台技术方法，就会用以防止进一步"情境崩溃"，具有极强的保护情境定义的防卫意味，这是一种由主播掌控的单向情境定义和关系走向。

主播只拥有直播间的部分定义权，平台掌握定义直播间的最终主导权，比如内容节奏、互动频率等。直播间通过技术装置进行一种系统化、等级化的筛选，这也共同决定了主播如何改变情境定义和规则。作为直播间的"点睛"设置，主播账号承载了主播形象、自我定位、受欢迎程度等。主播账号，同时显示本场直播的点赞数据，并显示粉丝与主播之间的绑定关系，比如关系到粉丝"地位提升"的亲密度，这一分级可以通过直播界面的多个技术装置实现："点亮小红心""连线排名""音浪区飘屏"。通过象征性地将粉丝地位提升，主播不断向粉丝灌输排名重要性，鼓励粉丝做出更多数据贡献，从而让粉丝在粉丝群体中拥有独特的身份标签，从而获得更多潜在的关注者，达到引流目的。平台为直播间提供总体性规则，在此前提下，抖音直播间里的老龄女性主播们可以通过"过滤"、筛选以及特定平台的社会规范和代理进行情境定义。

（三）主导混杂的中区行为

网络媒介消弭了有形建筑的物理空间，让可以构成独立空间的情境成为一种虚拟化再现，虽然"直播间"并不存在真正的围墙和界限，但依然通过"间"的表达方式试图构建一个个独立稳定的情境空间。作为一种舞台背景，主播在充满装饰品、背景幕布等符号装备的直播间里表演，这使被展示出来的物理空间风格呈现标准化、趋同化的特征。如在部分以颜值赢得关注的年轻女性主播直播间里，床、台灯、毛绒玩具、单人沙发等俨然成为标配。与注重通过滤镜、美颜摄像头、柔光灯箱、布景板、表演动作等进行精心设置的职业主播相比，老龄女性直播间的物理空间就简单很多，毫无粉饰的白墙、廉价幕布、杂乱的生活角落等都可以作为展演的"中区"舞台。梅洛维茨认为，不能二元对立地区分"前台"和"后台"行为，在大多数混合型的场景中，中区行为才是人们最主要的互动形态。

老龄女性主播普遍将更多精力放在中区的情感连接和话语表达上，而非单纯地以前台身份表明自己是一位职业人士，也没有完全呈现自己的后台生活，而是在这两种区隔里不断穿梭。相较而言，对直播间中的自我呈现和形象塑造越讲究的主播，其场观人数更多，直播间更活跃，数据更可观。当进行更多的情感分享时，主播会以情感和支持资源交换的形式激活网络观众的反应，[①] 由个人表演维系的人际情感流动重构了人们的关系场景，点对点的人际传播则生成了一个个微观社会互动场域。分享即诉说，分享对象即使很模糊，也仍然与给予和关心联系在一起。[②] "我为什么开直播，因为有人陪我说话、听我讲话。"（Z11）这些分享—诉说实践涉及自我呈现、身份协商、表演等多种模式和实践，并产生很高的参与度。[③]

从社交角度看，物理空间距离会影响人们心理上的距离感，而直播技术会让观看者产生"进入"感与"在场"感，直播场景往往是生活化的空间。老龄主播非常在意粉丝对自己表演的反馈，不断重复地强调"如果大家认可我说的，就打字说个'对'""如果大家明白的话，就打字说'明白'，不明白就打字说'不明白'"，在活跃直播间的同时，她们也在试图通过这种反应来控制直播间的话语秩序。然而直播间并不是一个有效互动的空间，这些场观用户和主播虽然同在一个直播间，但实际上直播间被分割为多个情境空间，直播间的出现也让布尔迪厄意义上以品位为划分标准的区隔被打破，转向一种以"关注与被关注"目的为表征的另类圈群，但这一圈群内真正互动和关联的意义在直播间里需要得到更多研究。

五　总结与进一步讨论

不管是托马斯的社会情境、戈夫曼的戏剧情境，还是梅洛维茨的媒介情

---

① K. Giaxoglou, K. Döveling, S. Pitsillides, "Networked Emotions: Interdisciplinary Perspectives on Sharing Loss Online,"*Journal of Broadcasting & Electronic Media*, Vol. 61, No. 1, 2017.

② N. A. John, "Sharing and Web 2.0: The Emergence of a Keyword," *New Media & Society*, Vol. 15, No. 2, 2013.

③ Z. Papacharissi, *A Networked Self: Identity, Community, and Culture on Social Network Sites*, Routledge, 2010, p. 86.

境，抑或费斯汀格的认知失调理论，社会互动达成的前提是要有共通性的理解和认知，更需要自洽性的持续生产，但他们都未涉及新媒体具体情境。当下一些学者针对新媒体直播提出了阈限性情境、社会—关系情境等概念，研究重点集中在直播中的身体以及定义障碍等，对网络直播间如何重构一种情境并予以一致性维持并未过多讨论。事实上，在老龄主播直播间的失调情境中，前文讨论的自洽性到处都是漏洞，本文通过"失调情境"这一概念对该老龄群体的情感需求、数字融入问题等的讨论或可给予一些有益参考，毕竟我们正在进入一个人口重度老龄化的社会。

在学界和舆论关注度极高的直播主体中，本文关注的普通老龄女性主播是外围的、边缘的，有别于产业价值链中被高度包装的"老年网红"，也不同于那些有颜值和才艺支撑、有机构和团队加持的秉持"颜值即正义"信念的年轻女性主播，也缺少既忠诚又多金的"榜一大哥"，不管是上播动机、直播实践，还是带货目的，都具有该群体独特的话语和特征。老龄女性主播仅是抖音平台所带动的数千万就业人员中的微小个体，却是现实中大多数老龄女性的缩影。笔者聚焦于老龄女性主播"创业"身份的生成轨迹和数字实践，通过对平台中介下的混合情境中的行为的剖析，发现了老龄女性主播的自我创业身份确认过程，以及平台直接而持续地对老年人的愿望、价值、观念等进行干涉的隐形过程，考察了该过程中老龄女性群体在自我追寻中的冲突、伪自洽以及修复实践，以期探讨更多城乡老年人被整合到平台文化市场的动力机制，检视持续扩张的新媒介经济嵌入老年人日常生活的一体化过程。

作为一个数字接入门槛较低的平台，抖音对不同年龄层次的群体包容性非常强。社会生活范围不断缩小的老龄女性，通过直播间可以开启自己的"第二人生"，实现获取信息、交流情感甚至探索无限可能性的目的。虽然以技术为基础的传播媒介建构对创建和再造我们所融入的世界至关重要，但其建构方式正在产生新的代价、张力和苦痛。①

① 尼克·库尔德利、安德烈亚斯·赫普：《现实的中介化建构》，刘泱育译，复旦大学出版社，2023，第3页。

试论当代婚姻家庭伦理的政策建构

李耀锋*

摘　要：在中国式现代化进程中，当代中国婚姻家庭面临现代性风险。家庭观念多元化、家庭类型多样化、家庭结构复杂化、家庭格局差异化日趋明显。婚姻家庭问题日益从私人领域扩展到公共领域，公共政策的家庭调节功能凸显。在推动中华优秀传统文化创造性转化、创新性发展过程中，可以有效借鉴国外家庭政策经验，实现家庭政策从"去家庭化"向"再家庭化"转化，通过重塑家文化和制定积极的家庭政策产生正向的社会效应，以建构和谐稳定、幸福健康之家。

关键词：现代化　婚姻家庭　公共政策　家庭伦理

家庭是社会的细胞，是人们社会生活的最基本单位和世代继替的场所。家庭问题是社会问题的一个核心内容。对社会问题的思考既要放大格局，又要缩微聚焦，尤其是具体的婚姻家庭等社会现象及其问题。而要对一个社会特征进行有效的刻画，经济制度和家庭制度是两个具有头等重要性的元素。[①] 将个人生活理想与婚姻家庭理想、社会理想紧密结合，实现社会治理体系创新，关键在于公共政策对人们普遍性的精神困境的应对，实现家庭政策从"去家庭化"向"再家庭化"转化，通过"家庭友好型"的家庭政策体系建构以适应社会变迁和时代发展需要，通过积极的家庭政策产生正向的社会效应，以建构和谐稳定、幸福健康之家。

一　当代家庭面临的转型期危机

大社会的变动必然会引起家庭各方面的变动，而家庭变动也会影响大

---

* 李耀锋，博士，浙江传媒学院马克思主义学院副教授，浙江省习近平新时代中国特色社会主义思想研究中心浙江传媒学院研究基地研究员。

① 伯特兰·罗素：《幸福婚姻与性》，陈小白译，华夏出版社，2014，第1页。

社会的变动。中国农村和城市家庭结构的变动是中国社会变动的重要组成部分。家庭问题已经成为我们这个时代的重要课题，所以要了解中国社会，必须关注中国家庭问题。① 在中国社会转型期，传统家庭逐步向现代家庭转型，家庭的生产单位角色逐步向消费单位角色转化，而社会心态所产生的普遍焦虑集中反映在家庭之中，其突出的表现是对婚姻家庭的焦虑。现代婚姻家庭风险不断增大，中国婚姻家庭面临严峻的社会危机。有学者指出，"只有少数人卷入家庭破裂不幸，也许需要个人负责。但是，如果差不多同时在许多国家发生了上百万宗这种家庭的不幸——离婚，分居，以及其他"诸多家庭问题，那么就已经成为严峻的社会问题，如果单纯地追究个人原因，其合理性难以站得住脚。② 无论从家庭观念、家庭关系、家庭功能、家庭结构，还是从家庭角色、家庭类型来看，非传统类型家庭大量出现，中国家庭规模呈现缩小化、家庭结构呈现核心化，流动家庭、留守家庭、独居家庭和高离婚率等成为社会普遍现象。在当代中国，婚姻家庭问题由于其所具有的特殊性，日益成为国家、社会问题的核心议题。

（一）家庭观念多元化、家庭类型多样化、家庭结构复杂化、家庭格局差异化明显

人们的思想观念直接影响了家庭生育、家庭人口结构以及家庭成员的发展。从家庭观念上来看，当代中国传统家庭观念根深蒂固，现代家庭观念还未成型。受到多重社会思潮的影响，人们传统的家庭道德、婚姻伦理、性道德等观念在社会变迁中遭遇多重道德困境。从中国传统思想文化方面来考察，儒家思想倡导上尊下卑、爱有差等、有亲有疏、由近及远。但对夫妇关系而言，诚如冯友兰认为，儒家强调"夫妇有别""夫妇有义"，但未言"夫妇有爱"。墨家思想则倡导爱无差等、爱人爱己、推己及人思想。将西方社会学家吉登斯的同类意识和相同人格彼此承认的思想，

---

① 费孝通：《论中国家庭结构的变动》，《天津社会科学》1982 年第 3 期。
② 阿尔温·托夫勒：《第三次浪潮》，朱志焱等译，三联书店，1983，第 273 页。

与中国墨家思想加以比较，可以发现二者具有一定的契合性。而两性身份的斗争，诸如女权运动、同性恋合法化等，则使两性身份更加模糊不清。婚姻家庭在不同时代、不同地域呈现多样态。在早期的欧洲，有大约 10% 的男女成为神职人员，他们终生未婚，往往成为知识分子。工业革命给男女角色和身份带来了巨大变化，男女之间支配—依附关系也发生了很大变化。即使男女平等已经成为社会之共识，现代社会夫权、父权制仍以更加僵化或某种新的面孔出现。此外，生物遗传工程技术的发展颠覆了人类人口迭代的传统生产方式，人类自身的繁衍出现多样态。

中国传统社会家庭伦理观念绵延不绝，而其中根源在于传统文化中的礼教意识以及父母对子女的尊贵的权威。在新中国成立之前，舍私利而就公义是家庭观念的核心精神支柱。家庭形式以大家庭为主，累世、同居、同灶、共财。此外，即使在工业基础相对薄弱的城市，分财异居的核心家庭也有其生存的空间。随着中国工业化、城市化和城镇化的不断推进，主要以农业为生产方式的家庭结构发生了急剧变化，三世、四世同堂的大家庭被解构，家长权威被削弱、转移，新的社会伦理结构取其而代之。在生产方式发生变化的过程中，家庭这一社会单元也发生了不同程度的变化。改革开放之后，20 世纪 80 年代，城乡二元结构将中国家庭形态分割成不同的形式，城市以核心家庭为主，并存在着大家庭形式；相比较而言，乡村也存在大家庭和核心家庭形式，核心家庭日趋普遍化。由于社会生产方式对家庭关系、家庭结构、家庭功能所产生的重要影响，家庭成员参与社会生产劳动的方式对家庭结构影响深远。最为突出的表现在于，中国的农村改革，通过家庭联产承包责任制政策的施行，解放了大量的农村富余劳动力，流动性的农民工队伍在城市择业定居或长期漂泊，农村社会生产发生的变革，促使农村家庭结构发生变化。人们工作场所与家庭住所的分离，则催生出城市空巢家庭，乡村则因为成年子女常年外出工作，出现留守儿童家庭、留守老人家庭等。城市化吸纳了大量的农村人口，对人们心理产生直接影响，人们的生产生活方式也发生了巨大转变。那些长期漂泊在城市的农民工，虽然已经习惯了城市的生活方式，但潜在的就业和生活成本压力使他们往往会产生城市与乡村之间的疏离感、困顿感和焦虑感。

常年外出打工、年轻夫妇长期分居异地等因素，成为农村夫妻离婚的重要原因。

随着大量劳动力的转移，中国社会流动性大大增强，原有的家庭稳定性受到冲击，家庭结构形式呈现多样化。根据中国社会科学院社会学研究所在 1982 年、1993 年、1997 年全国主要城市进行的三次较大规模的针对不同家庭婚姻结构类型的调查，随着时代的变迁，城市家庭结构也发生了相应的变化。譬如，1982 年，5 个代表性城市的家庭结构是单身家庭、核心家庭、主干家庭、联合家庭、其他家庭等，1993 年、1997 年则增加了未育家庭、空巢家庭、隔代家庭等。[1] 而 20 世纪 90 年代末期以后，中国家庭结构类型呈现更为多样化的趋向。几代人生活在同一屋檐下的大家庭向核心家庭转变，单亲家庭、丁克家庭、少女家庭、同性恋家庭、失独家庭、失能家庭、空巢家庭、独居者家庭等出现。而合伙家庭（两个离过婚且带有孩子的男女再次结婚，把双方原来的孩子或成人组织起来，成为一个扩大的家庭，未成年子女由"多父母"共同抚育）、双亲家庭、继亲家庭、单亲家庭、不育家庭等深刻地影响着传统的家庭文化。家庭关系在纵向上突出体现在家庭代际关系方面，临时主干家庭、隔代抚养家庭、邻住家庭、轮值家庭、拆分家庭等反映出代际家庭的多元性。家庭结构的多样化反映着社会经济与文化的多样化，这些是大众化、社会分众化的结果。家庭结构变迁迎合了工业社会化大生产的需要，同时也带来了后工业社会前所未有的挑战。城市中独居青年数量正在激增，他们坚持在理想与现实的缝隙中寻觅未来，已然成为眼下无法忽视的社会现象。独自生活从一个侧面预示了社会成员之间信任度降低。对亲密关系的不信任，以及对承诺的不信任，最终可能导致对自身的不信任，即美国社会学家桑德拉·斯密所谓的"防御性的个人主义"。此外，高度孤立的独居生活会产生社会安全风险。譬如，1995 年 7 月 12 日至 16 日，美国芝加哥日温记录达到 41 摄氏度，这场致命的热浪，造成了大约 750 人死亡。究其原因，除极端天气原因外，另一重要原因则是独自生活的危害，它造就了一个"独自生活并

---

① 刘宝驹：《现代中国城市家庭结构变化研究》，《社会学研究》2000 年第 6 期。

独立死去的神秘社会"现象。① 随着老龄化社会的来临，家庭轴心发生转换，家庭重心在孩子与老人之间偏移，这些对家庭关系产生直接影响。家庭伦理中家庭成员角色错位，"敬老不足，爱幼有余"的现象严重。家庭制度与社会的生产制度、信息制度一样变得非群体化。从家庭规模形态上来观察，家庭规模日趋小型化，而家庭关系也日趋复杂化，由原来的父子轴转向夫妻轴、子女轴，家庭成员个体主体意识增强，家庭在传统家族网络中处于相对游离的状态，多种家庭结构和家庭关系模式并存。

在家庭组织中，社会地位、家庭角色的定位、社会职业的获取、经济的分离，加剧了男女两性角色地位的分裂，在原来铁板一块的家庭整体中形成了断痕。许多社会领域存在的不信任感危及家庭的稳定，使家庭成员的忠诚度受到质疑，社会普遍存在的信任危机增加了家庭和谐的成本。家庭丧失了权威性，以往通过成员之间的互信而建立的纽带和联结方式，降低了家庭未来的不确定性，在今天则表现为家庭结构的脆弱性及家庭组织的松散性，家庭婚姻存续的契约关系明显。在婚姻存续过程中，人们可能选择离婚。人们已经认可关注自我与照顾家庭具有同等重要的义务，人们可能各得其所或各有所失。社会分工转化对家庭责任起到重新建构作用。社会群体的离散，导致出现无主角家庭的悲哀。在家庭发生矛盾的时候，在两方都是正确的情况下，可能会出现哲学上"布里丹驴子"围绕同样距离、同样好的两堆草的问题，最终可能导致饿死的悲剧。另外，改革开放以来，独生子女群体逐渐成为中国社会中坚力量，他们的生存与发展状况直接关系到社会发展的前景。

（二）婚姻家庭问题日益从私人领域扩展到公共领域，公共政策的家庭调节功能凸显

家庭作为一种社会生活方式，是社会的砖石，是社会伦理道德的实体单位，其对社会道德价值取向的反映最为直接，对社会道德价值取向的透视更是多维度的。婚姻家庭和谐对于维系、凝聚亲情，保障和稳定家庭、

---

① 艾里克·克里南伯格：《单身社会》，沈开喜译，上海文艺出版社，2015，第28页。

社会和谐具有极其重要的作用。在人类社会发展过程中，传统家庭是社会个体道德意识、道德行为形成的第一生活实践场所。了解个体的人离不开其家庭生活，生于斯，长于斯，甚至终了于斯。而家庭道德是社会整体道德的微缩，它同时对社会整体道德产生重大影响。在当下中国的语境下，在社会转型过程中，家庭道德面临新的问题和前所未有的挑战，家庭在子女社会化过程中的主导地位受到了家庭之外其他社会化主体的挑战，家庭幸福与不幸福都成为社会现代化过程中的重要内容。家庭生活又是由具有个性的个体成员来表现的，家庭成员的性格、爱好和兴趣的特殊性赋予了家庭道德不同于其他社会道德的特点，家庭生活样式深刻地影响着一个地方的文化和社会个体的性格养成，同时，社会发展形成的具有主导倾向的生活实践方式必将对家庭产生直接影响。诚如美国经济学家贝克尔认为，"家庭是人类社会生活最基本的一个细胞，尽管千百年来社会、经济、文化环境已经发生了巨大的变化，但家庭却依然保留了对全部制度的最大影响"。在包括现代市场经济在内的一切社会里，家庭对一半或一半以上的经济活动都承担着责任。他将经济学研究方法应用于家庭结构，指出"家庭就是一个有效率的经济单位"。① 当代普遍存在的消费主义和消费文化也深深地印在家庭之中。性别的事实不平等依然存在，正如美国妇女运动的口号所言："个人的问题是政治的问题。"权力无孔不入，它甚至渗透到私人的社会关系、男女关系的各个细节。② 随着家庭的独立化以及家庭职能不断弱化，家庭职能的社会化进程加快，家庭的一些功能由替代型的社会机构来完成。家庭问题日益与社会政治问题密切关联，中国家庭主义、家族主义逐渐向公共性的社会问题转化。

家庭作为一种资源配置形式存在，其与国家之间的区分存在模糊性，可以说二者紧密连在一起，不同社会阶级、阶层共享一套伦理价值，家成为中国古代社会最核心的道德价值基石。在传统思想文化理念中，家庭是

---

① 加里·斯坦利·贝克尔：《家庭论》，王献生、王宇译，商务印书馆，1998，译者的话，第 3 页。
② 落合惠美子：《21 世纪的日本家庭，何去何从》，郑杨译，山东人民出版社，2010，第179 页。

社会的"大减震器",是人们在社会上的栖息地,家庭日益成为动荡不定的社会环境中的一个稳定点。随着后工业时代的到来,家庭"减震器"的社会功能受到冲击。[①] 涂尔干认为,现代流动性的出场和传统规范的缺位,撕裂了传统家庭关系、血缘关系和邻里关系,强化了社会成员个体的疏离感,弱化了传统家庭功能。当一个社会缺乏某些规范基础、权威来源时,道德秩序就会崩溃。[②] 在当代中国,婚姻家庭面临家庭危机。家庭权威能否继续维持,传统家庭的神话是否已经破灭?随着家庭观念、家庭结构以及家庭功能的变革和转化,中国当代婚姻家庭不仅呈现多样化的形态,而且已经深刻地影响到社会变迁及发展。

与传统的家庭共同体不同,现代家庭已经从家庭成员之间建立毕生信赖关系的感情的结晶转化为感情栖居的驿站。离婚率不断增长和再婚家庭增多,家庭被瓦解、分化和重新组合,家庭生活成为分化社会的重要因素。家庭这一单一的社会组织,其结构日趋复杂化,婚姻成为现代人必须面对的最为棘手的难题之一。"家事的影响不只是在家里",婚姻过程中夫妻关系对各自身心健康、工作角色担当以及营造家庭环境等都会产生影响。家庭成员胜任合适的角色,成为正确认识自我的重要内容。中国传统社会家庭伦理本位强调社会伦理建构"发端在家庭,培养在家庭"。[③] 在现当代,家庭成员主体意识增强,年轻一代婚姻自主但不自立,对生活畏惧、对婚姻焦虑,家庭的这种纽带关系被解构。

在数字信息时代,电子虚拟家庭应运而生,疫情影响下的电子办公、蓬勃发展的电商,有利于人们回到家庭工作,同时改善了家庭生活,减少了社会流动及社会运行成本,也带来了工作与家庭劳动之间的冲突和张力。随着中国老龄化社会的来临,"家庭养老"向"社会养老"的过渡还有很长一段路要走,养老问题成为当今中国面临的紧迫问题。在社会转型期,公共政策间接或直接地对家庭产生影响:一方面,国家从私人领域撤

---

① 阿尔文·托夫勒:《未来的冲击》,孟广均等译,新华出版社,1996,第200页。
② 大卫·莱昂:《后现代性》,郭为桂译,吉林人民出版社,2004,第51页。
③ 中国文化书院学术委员会编《梁漱溟全集》(第三卷),山东人民出版社,1989,第180页。

离，家庭面临的风险往往需要借助家庭代际关系加以抵御；另一方面，当大众家庭普遍面临具有共同性和公共性的问题时，家庭问题所具有的私人性日益成为社会问题的核心议题之一。它已经从私人领域转化为重要的公共领域，婚姻家庭已经从主要涉及私人领域的概念范畴扩展到更为广阔的社会公共领域。因此，公共政策作为社会的调节器，对现代婚姻家庭发挥了重要的调节功能，应当从公共政策视域来考察社会转型期婚姻家庭面临的社会道德问题。

二　不同国家和地区的婚姻家庭政策经验借鉴

在社会生活道德实践中，社会道德状况最为集中地微缩于婚姻家庭之中，而单个的婚姻家庭共同放大，展现了我们社会生活整体的道德实际。在现实条件下，家庭成为纯粹道德上的结合只是一种理想状态。无论是成长教育过程中的父母与子女关系、有效平衡的家庭与工作关系，还是促进社会组织参与家庭教育及家庭成员发展，尤其是照看儿童、老龄人员和残疾人等方面，社会公共政策对婚姻家庭有重要的道德导向作用。在一个变化、动荡、失去控制的社会里，当本应起着"方向盘"或"稳定器"作用的公共政策失调时，社会紊乱就成为不可避免的事实。建构婚姻家庭的有效社会支持系统，除了依赖于血缘和亲情之外，加强法规政策的支持，将社会普遍认同的伦理道德上升为政策法规，以调适婚姻家庭的社会功能，也是有效维护婚姻家庭伦理道德的底线要求。

1939 年，法国制定《家庭法》，这一法案通过提高家庭经济生存能力强化家庭功能。从 1982 年开始，法国每年定期开展国家家庭问题讨论会，并将这一做法制度化，在政府部门、有关社会合作部门和社会组织的共同参与下，形成应对有关家庭问题的公共政策。其中，在 20 世纪 90 年代，法国政府把对家庭教育的支持列为政府政策优先考虑的重要内容。在欧盟国家，其家庭政策致力于职业、家庭和私人生活之间的有效平衡。早在1953 年，联邦德国政府就设立"联邦家庭事务部"，其工作领域包括家庭、儿童、青年、老年和妇女等，工作目标是促进和维护家庭及其成员的发展。依据公平原则，德国家庭法将家务劳动与职业生活提升到同一层面，明确规定在婚姻家庭生活范围内，家务劳动是履行家庭生活义务的一种方式，它是具有法律效力的职业行为，该法强调从事家务劳动与从事家务劳动以外的社会职业本质上具有等同意义，为婚姻关系存续期间及婚姻关系解除后，从事或主要从事家务劳动这一职业的一方当事人的生活提供了有力的法律保障。① 从宏观来考察，德国婚姻家庭政策作为社会公共政策的一项重要内容，使婚姻家庭建构与国家整体利益相融合，以实现家庭与国家的双向支撑、协力共进。

虽然美国没有明确的全国性家庭政策，但其与家庭政策相关联的是对贫困的儿童和家庭的关注。为了促进学生学习，加强学校教育中家庭与学校的合作，美国教育部门制定了将家庭教育融入学校教育体系的法律政策。其中，布什政府出台了一项重要的基础教育改革法案——《不让一个孩子掉队法》，该法案是将家庭教育纳入学校教育体系的具体政策。此外，美国通过企业管理制度实现对家庭利益的维护。在美国工作，如果夫妻婚后不在一起工作、两地分居的话，女方可向工作单位提出申请，到丈夫家中居住并在家中上班（个人电脑同公司联网即可在家工作）；有的丈夫家离工作单位很远，不在同一个州，而公司有时又必须召集员工布置或会商某事，此时，员工从外州来公司的往返机票和住宿费用都可以向公司报销；员工在家工作时所需的电脑网络、电话、文具等办公费用，全部可以向公司报销。这种人性化的措施是美国企业、研究机构自觉自愿实施的，因为谁都有家庭，谁都不愿意夫妻两地分居。这是美国人的共识使然。此外，美国社会安全制度的确立促进了老龄人在经济上的独立性，以一系列与养老和照料有关的老人医疗照顾保险、贫户医疗保险、养老机构、护理之家等公共政策举措使老龄人安度晚年。②

东亚国家、地区的家庭政策逐渐从传统向现代转型，家庭照料向社会服务转化，社会服务呈现多元化、产业化。新加坡家庭政策试图构筑理想

---

① 何群：《论德国家庭法上的家务劳动及其启示》，《政治与法律》2008 年第 4 期。
② 石金群：《转型期家庭代际关系流变：机制、逻辑与张力》，《社会学研究》2016 年第 6 期。

家庭模式，重视家庭发展，认为家庭是经济社会蓬勃发展和成功国家的基石。其国家公共政策一直致力于在多元文化中构筑某种价值认同，这一价值认同对公共事务伦理规范的形成发挥了不可替代的作用。① 新加坡公共政策体现的是实用主义思想，而该国人民的务实精神正是对中国传统儒家文化真切的体悟和践行，并将儒家思想作为维护世俗人生的秩序的根底。其实用主义思想不仅体现在治国方面，也体现在维护家庭传统文化方面。新加坡人口问题自二战之后显现，随着城市化的发展，医疗服务水平提高，婴儿死亡率降到低水平，人口急剧膨胀。20 世纪 80 年代以后，新加坡出现受教育程度低的夫妇往往多子女，相反，受过高等教育的夫妇少子女的现象。低教育水平的夫妇平均生育 3.5 个子女，高教育水平的夫妇平均生育 1.7 个子女。低教育水平的夫妇常常是在经济上不富裕的人，而且父母受教育程度直接关系到子女的培养，为了防止新加坡人口素质不断下降，新加坡提出"人口素质重于数量"的婚育政策。1984 年颁布新的生育政策，鼓励高教育水平的育龄夫妇多生子女，同时鼓励低教育水平的夫妇保持或减少国家规定的生育数量，给予高教育水平夫妇的子女优先进入重点学校的权利。每月收入不到两百元且没有能力抚养和教育多名子女的家庭，拥有子女不超过两个。政策规定生育数以外的孩子，不享受住屋津贴、社会化的医疗服务和免费教育等福利。对于多生孩子的家庭，其不享受申请公共住屋方面的优先权。②

自 20 世纪 90 年代末开始，日本政府先后设立了"工作与家庭思考月""家庭周""家庭日"，倡导全社会成员肩负家庭责任，共同面对和破解家庭问题。除了政府的积极倡导外，落实工作与生活平衡政策更需要各级政府部门、企业、民间组织的通力合作。③ 2008 年，日本内阁专门设立了"推进工作与生活平衡室"，以解决工作与生活冲突问题，并对优秀企

---

① 李耀锋：《论公共政策的价值导向与道德治理——以新加坡社会公共政策的道德引导为例》，《上海交通大学学报》2014 年第 3 期。

② 新加坡《联合早报》编《李光耀 40 年政论选》，新加坡：联邦出版社，1993，第 274～276 页。

③ 刘霞：《多重矛盾困扰城乡家庭，专家建言：将家庭相关政策纳入公共政策体系》，《中国妇女报》2012 年 2 月 14 日。

业进行专项奖励。日本的夯实家庭基础计划，提出多项优待家庭主妇的政策。譬如，配偶法定继承遗产比例的提升（1980）、保障工薪家庭主妇免保险费的养老金改革（1985）、配偶特别补助的设立（1986）等。即使在诸多家庭政策支持下，日本也日益面临突出的婚姻家庭问题。根据日本政府 2015 年版《少子化社会对策白皮书》数据，截至 2013 年，日本国民平均初婚年龄，男性为 30.9 岁、女性为 29.3 岁，日本晚婚趋势在逐年加剧。在短短 30 年中，日本国民平均初婚年龄，男性和女性分别推迟了 3.1 岁和 4.1 岁。由于晚婚人数越来越多，以及不结婚、离婚、老年丧偶等，一个人生活的家庭成为日本重要的家庭结构形式。[①]

三 当代婚姻家庭伦理建构的多维度分析

进入 21 世纪，家庭作为社会成员生存、成长、发展的基本社会环境，依然处于重要地位。无论是在中国乡村还是在中国城市，亲属网络依然非常活跃，是核心家庭（包括夫妻家庭）在应对现代风险社会时不可缺少的援助体系和资源传递渠道。[②] 随着家庭问题逐步从私人领域走向社会公共领域，在政策制定过程中，家庭政策与经济政策、文化政策、环境政策等趋向同等重要的位置，显性公共政策的引导作用对重构现代家庭伦理具有重要意义。

（一）确立婚姻家庭核心价值观，重塑家文化

家和万事兴，忠孝传家久，传家有道唯存厚。中华民族之所以赓续不断，是因为丰厚的家文化底蕴，家文化构筑了中国社会文化的基本框架，并成为社会文化的核心内容。在当代中国，应当从注重家庭开始构建中国人的价值观，通过公共政策维系、呵护婚姻家庭的伦理实体性和情感纽带。在中国现代化进程中，如何形成一个传统与现代兼容并包的社会和家

---

① 大前研一：《低欲望社会：人口老龄化的经济危机与破解之道》，郭超敏译，机械工业出版社，2018，第 24 页。

② 马春华等：《中国城市家庭变迁的趋势和最新发现》，《社会学研究》2011 年第 2 期。

庭组织，值得深入思考。首先，"家风是社会风气的重要组成部分。家庭不只是人们身体的住处，更是人们心灵的归宿"。① 家风是最直接、最现实、最细碎的家庭文化反映，并以无可替代的精神财富惠泽于家庭的成员。尤为重要的是，家风关系到政风，直接影响到社会风气。

此外，应当切实重视利益关系对家庭关系所产生的深刻影响。在经济社会发展过程中，需要产生"超越市场"的现代婚姻家庭道德与文明。极端消费主义的后果是人们过分迷恋于物质，一切以市场作用为中心。生产与消费的分离，最终是人的异化、人的精神与物质的分离、家庭的分裂，家庭成为聚散不定的符号。诚如马克思、恩格斯在《共产党宣言》中指出，赤裸的自我利益至上原则，将人与人的关系禁锢在麻木不仁的"现款交易"的基础之上。各种社会关系，包括家庭血缘关系，都遭到市场化个人利益的玷污和腐蚀。

（二）对多样化婚姻家庭伦理的社会认同培育

从家庭的社会功能来看，家庭具有生育、抚养、教育、养老等社会作用。独生子女家庭是当代中国家庭独特的风景线，独生子女教育问题、独生子女父母养老问题是现当代面临的严峻挑战。从经济学来看，家庭是重要的生产单位。在农业社会，孩子成为农业社会的"生产物资"，孩子成人之后是家庭财富积累的主要来源和支柱；在工业社会，孩子则成为"消费物资"，如孩子教育投入、参加工作后的住房首付款等，家庭成为孩子独立生活的最重要的物质保障基础，当代家庭中子女的教育，包括未来的发展面临的问题更为突出。就业、住房、婚姻等方面的现实问题是未来每一个子女都必须面对的实际问题。

在家庭多元趋势下，中国家庭规模不同、家庭结构多样，如单身家庭、"一个人"的独居家庭、空巢家庭（独居空巢、夫妻空巢）、失独家庭、同居家庭、核心家庭、混合家庭等。建构包容、多元的家庭政策应当借鉴域外的家庭政策，以寻找契合中国家庭政策的有效路径。相比较而

① 习近平：《推动形成社会主义家庭文明新风尚》，《人民日报》2016年12月13日。

言，美国家庭政策以就业为载体，以工作福利代替救济性福利，英国则是以"儿童为中心"的家庭政策为主导。在当代中国"少子化"、"独子化"和"老龄化"的社会大背景下，众多家庭成员的流动迁移造成的地域分割，抑制了家庭成员之间相互扶助，家庭给予其成员的滋养与互助功能面临挑战。尤其是当代中国由离婚双方组建的组合家庭，需要国家在住房、子女教育、医疗、户籍等方面给予政策倾斜，帮助新家庭成员进行身份和角色的认同培育，促进组合家庭子女的健康成长，促进家庭成员和谐。

（三）重视家庭教育对婚姻家庭伦理的基础功能

由于晚婚、不婚、未婚同居、非婚生子女等现象的出现，家庭生育功能退化、赡养功能弱化，家庭消费向多元化方向发展。单亲家庭增多，再婚家庭、同居家庭、组合家庭成为常态，迫切需要建立健全有利于稳定生育水平的利益导向机制。家庭是儿童社会化过程的过渡，这也是家庭功能的重要体现。目前，农村留守儿童面临被"遗弃"的境地，留守儿童存在高侵害率、高犯罪率和高发病率等现象，家庭教育严重缺失。家庭教育更应该注意爱的教育、理想信念教育。同时，应当密切关注家庭责任与社会责任的关联性，在社会文化发生变化时，其根源来自已经发生的基本社会和经济变化。

独生子女家庭教育的缺陷日益显现，社会公共政策不应漠视这一既定事实和面临的现实问题。生育抚养的单系性、双系性，以及家庭教育费用的支出成为影响家庭幸福的重要因素。独生子女现实状况可能给家庭教育带来消极影响，独生子女成为家庭的中心，在家庭环境中，没有人与他们有相对平等的关系，没有同伴深切感知他们童年所独有的欢乐和痛苦。对孩子家庭教育的实践表明，"孩子在家庭中必须有与他相似的同伴，才能使父母的关心不会在他们身上形成指望他人供养的依赖心，而会养成他们共同参与、共同感受的能力，养成以人道主义的负责的态度对待别人的能力"。① 制定婚前教育的法律法规，将婚姻家庭观念和责任义务前置。譬如，中国台湾提倡婚前教育，以明确未婚者的婚姻态度，帮助他们（她们）获得人际互动交往学习机会，有助于提升年轻一代未来经营婚姻及亲密关系的能力。中国台湾的家庭政策则从"家庭照顾"向"照顾家庭"转变。而在新加坡，随着社会妇女受教育水平的不断提高，妇女享有同等就业机会，家庭妇女经济上的独立性增强，妇女的社会地位得到提高。但是由于新加坡传统价值观念的有效传导，新加坡离婚率没有急剧上升，值得借鉴的方面在于传统家庭婚姻价值观念的教育。

性解放在西方发达国家成为一种潮流，其汹涌之势动摇了现代社会的根基，如何正确面对性问题是现代家庭转型过程中应有的议题。采取一种隐秘避讳的态度，往往促使人们对性的不健康方面产生更多的关注。人类与其他动物的区别在于人类具有精神意识的特性以及由此产生的尊严，即人类能够认识到人不但在生理上具有动物有机体的一面，而且存在精神性的一面。可以说，衡量人类文化和文明的标尺就是人类的规则或规范，人类依据这些规则或规范来处理肉体器官和生理机能。人类如何对待性问题的文化，往往通过传承而获得。性文化作为人类的生存方式，在人们过去的观念中固有，今天则因教育而客观化。性教育方面存在两个极端倾向：一是开放、放任主义；二是神秘、压制主义。我们应当认识到，人类的性关系不但是人的生物性的体现，而且建立在人类社会性的爱和尊严基础上，进一步形成人的社会性、道德性。在当代中国，应当树立科学文明的性伦理教育是家庭教育的重要内容这一理念，以促进家庭成员健康成长和自由全面发展。

（四）建立平等、宽容与自由的家庭核心价值理念的政策法规保障机制

完善有关家庭的公共政策体系，构建从补充型导向转变为发展型导向的家庭政策体系，从国家和社会层面强化家庭功能，使家庭及其成员成为

---

① A·И. 季塔连科主编《马克思主义伦理学》，黄其才等译，中国人民大学出版社，1984，第310页。

应对转型期社会压力和风险的命运共同体，以提升家庭发展能力。当前婚姻关系的稳定性、家庭的凝聚力和家庭养老功能面临挑战，通过家庭政策激发家庭活力、发掘家庭资源、调整家庭发展策略是实现家庭和谐幸福的重要路径。实现政策转型，在人口老龄化方面将以"部门政策"为主转变为以"公共政策"为主，构建有关涉老问题的公共政策体系。在相关公共政策的制定和实施过程中，统筹政策之间以及部门之间关系，切实发挥公共政策体系的协调性、整体性。

进行积极的家庭养老和社会养老的试点实践，切实转变观念，通过政策引导、社会示范、家庭操作，将老年事业发展由以经济供养为重点，向经济供养、医疗康复、照料护理、精神慰藉、权益保护并举转变，推动养老机构服务功能由单一性向多样性转化，推动养老事业健康发展。构建具有专业性、普适性和普惠性的养老服务体系，实现养老机构服务职能的转变，将原来仅仅面向老年特殊群体的服务转向老年普通群体。推动家庭养老社会化，建立"养护结合、康乐一体、身心共养"的养老服务政策体系和管理机制。现代家庭构建应当以家庭整体为家庭政策的客体，有效协调个体、家庭和国家的利益关系，摒弃应急、被动的家庭政策策略，通过整体性治理模式，满足现代家庭发展需求。① 结合国际家庭日活动，形成中国家庭活动周、活动月，推进相关法律法规的制定，树立统一、整合和系统管理的战略目标，创建"儿童与家庭事务部"，通过优化组织管理体系和社会政策体系为家庭发展提供国家制度保障。

当前我国有些法律政策的制定仍以保障社会和个人权利为重要原则，却忽视了婚姻家庭的伦理实体属性及其对情感纽带的维系。今天，青年一代可能面临孤立无助的境遇，他们即将进入的是一个更为艰难的世界，他们的父母自认为青年一代会比自己干得更好的愿望可能化为遥遥无期的奢望，由于就业压力、购房困境以及逼仄的发展空间，上升的代际更替发展可能性正在成为漫漫征途。我们的制度设计理念要对此有所意识和反思，工作制度要鼓励和支持员工履行家庭职责，让每一个人生活在一个幸福稳

---

① 彭希哲、胡湛：《当代中国家庭变迁与家庭政策重构》，《中国社会科学》2015年第12期。

定的家庭中，还原生活本真面目才是人类社会可持续发展之根本。因此，只有从保卫婚姻制度开始，家庭才有可能成为个人生活的"救生筏"，和睦互助的家庭传统才能发挥其重要的社会团结和稳定功能。①

通过政策法规保障男女平等、婚姻自由和以爱情为基础建立婚姻家庭，具有直接的社会规范意义。譬如，中国首部《反家庭暴力法》于2016年3月1日实施，该法规将监护、寄养和同居等关系的人之间发生的暴力也纳入家庭暴力中，扩大了家庭的外延，有效保障准家庭成员合法权益。在多元文化条件下，由于地域文化差异大，不同地域应当结合实际情况，制定地方性的反家庭暴力条例，将家庭成员之间的平等关系实体化。泛道德的中国传统社会的道德规范具有普遍的约束功能。随着当代社会结构变迁，富有宽容性、包容性和开放性的道德内容也日益凸显。譬如，在私人领域，单身生活、同性恋、婚前性行为和离婚等不同家庭生活方式的选择，呈现人们的道德观念的开放性和包容性。当离婚成为一些家庭或个人生活的一种选择方式时，人们对离婚已相当宽容，离婚不再被认为是不光彩的事情；人们对一些观念和行为普遍表示出极大的宽容，像不婚、单身等。而在保留中国传统美德方面，人们依然重视传统的孝道观念。

在家庭政策体系完善中，加强家庭和谐、幸福的公共政策评估。在相关指标设置、指标量化等方面，建立科学的考评体系，并将其纳入社会治理体系之中。在现代社会中，克服家庭独立前行的困难，使家庭并不独行，迫切需要制订家庭发展计划。构建家庭与社区、学校与社区的有效对接关系，在学校与家庭之间搭建对接平台、中转站。建立家庭与社区对接的24小时轮值区，形成在家庭之外可以为儿童和老年人提供庇护的场所。譬如，可以帮助年轻上班族夫妇解决接送子女上学或放学的问题，使暂时不能回家的家庭成员"家外有家"，建立良好的社会救助场域。建立家外安置服务制度，在原生家庭无法或不适合提供儿童及少年生活照顾，或经评估，儿童及少年需要不同的生活经验与保护时，提供有利于其成长与发展的暂时性或紧急性照顾。通过社会组织如志愿者服务组织、福利基金组

---

① 刘汶蓉：《重视家庭要体现在公共政策制定中》，《中国妇女报》2015年9月7日。

织等参与，推动现代家庭治理。在传统的亲缘、血缘家庭纽带关系中，"远亲不如近邻"这一俗语在现代陌生人社会成为现实，推进家庭与邻里交往互助，提供"类家庭"或替代性家庭服务，对社会公共意识的培育尤为重要，有助于积极应对家庭问题。尤其是在中国农村，由于农民工的大量流动，农村家庭分离问题突出，并在代际循环。农村夫妇一方或双方外出打工，家庭婚姻不稳固，出现摇摆状态，"悬垂家庭"这一现状普遍化。对此应制订长期的携手（回归）家庭计划，通过国家政策实施农村留守儿童、老人援助计划，完善城市空巢老人、贫困子女的救助制度，发挥《婚姻法》《劳动法》《老年人权益保障法》等政策法规对家庭的价值导向功能。

（五）在政府与市场之外把家庭找回来，从就业政策、劳动政策等方面强化家庭伦理

根据中国实际状况，居家养老、社区养老、机构养老、护理院等四种模式是目前存在的主要养老模式，其中居家养老占绝大多数，家庭成员之间的这一传统互助模式仍然是应对外部风险的前提和基本形式。在公共政策领域应当为家庭承担养老责任提供有效支持，为家庭实现这些功能提供必要的社会资源支持。以家庭的税收政策调节方式，为家庭互助提供社会制度保障。中国目前的幼儿或儿童教育主要体现在基础教育或学前教育领域，迫切需要促进婴幼儿教育服务的社会化、专业化、公共化和机构化，将托幼服务纳入国民教育体系之中，完善托幼服务体系建设，着重平衡和协调妇女"家庭—工作"矛盾，由国家、社会提供支持系统及相应服务，以减轻"生育代价"和降低家庭抚育成本，弥补家庭正常照顾幼儿的功能性不足。当前劳动政策应该切实保护妇女合法权益，在儿童抚养期的工作时间、休假期限、工资待遇等方面切实维护妇女权益，特别是母亲这一"职业"的重要性。从整体上看，处于生产年龄的女性就业率越高，孩子出生率就越高。这些政策举措是对我国适时调整计划生育政策的有效回应和配套的政策保障。

提高就业率，尤其是大学生的就业率成为重要的议题。同时，针对国内家庭类型的多样化，为了满足这些家庭的特殊需要，就业政策和劳动政策应配合家庭类型多样化的需要，实现工作与家庭的双向增益。设计弹性工作时间表，实行"灵活工时"制度，以满足单亲家庭家长兼顾工作和照顾好子女的需要。通过远程办公，缩短相对在岗的工作时间，帮助家庭成员充分平衡工作—家庭关系中工作职责、家庭责任等多种担当。对于以往一些单位采取禁止近亲属在同一单位工作的回避制度而言，今天，夫妻双方在同一单位工作有利于工作的开展，并能保持家庭和睦等积极有利的一面。促进家庭成员责任与社会保障制度相结合，当家庭成员一方在家庭照顾方面付出较多，而在家庭之外没有工作收入时，社会保障制度应当适时跟进，通过制度，保障在家庭日常生活中付出较多一方的利益。

《最高人民法院关于审理工伤保险行政案件若干问题的规定》从 2014 年 9 月 1 日起正式实施，这一规定对司法裁判标准不一致的"上下班途中"的工伤认定进行细化，通过司法解释，对兼顾工作和家庭角色给予法律认可。根据规定，职工在合理时间内往返于工作地与配偶、父母、子女居住地的合理路线的上下班途中发生事故的，以及在合理时间和合理路线的上下班途中从事属于日常工作生活所需要的活动发生事故的，都可认定为工伤。这一司法规定把职工到父母、子女和配偶的住所的路线都纳入上下班的合理路线，拓展了居住地的概念，更符合当前家庭结构和家庭成员居住模式的多元化趋势。除了在上下班途中接送孩子、买菜外，照顾老人、购置日常必需品、往返医院护理生病的家庭成员等也被纳入"从事属于日常工作生活所需要的活动"之中。该司法规定考虑到职工的家庭责任，有助于他们更好地扮演工作和家庭的双重角色。

传统女性美德在当代婚恋议题中的转化应用

刘昱均*

摘　要：在现代西方美德伦理复兴的背景下，我们需要重新审视儒家美德伦理学。面对当代婚恋议题，传统女性美德重归人们的视界。美德伦理学关注行为者主体，认为道德主体的个人品质是伦理行为的主导力，当道德主体持有正向品德特质时，其个人行为被认为是道德的，诚如传统女性美德所指的修身。普遍追求幸福和情感完满，这一当代婚恋议题浮出水面。为寻求道德共识，对基于儒家伦理学的传统女性美德进行转化应用具有重要价值。解决当代婚恋中的问题，需要依循儒家的人生价值观、人性修养观和知行实践观，这是中国女性在恋爱、婚姻和家庭中实现人生幸福的道德智慧。

关键词：美德伦理学　传统女性美德　当代婚恋议题

站在西方哲学视角看，有学者认为儒家伦理学属于美德伦理学；站在中国哲学视角看，可以说儒家伦理学包含美德伦理学。美德伦理学以追求人生幸福和情感完满为目标，与当代女性对幸福人生的追求一致。

一　美德伦理学中的人生幸福论

美德伦理学关注人对幸福和情感完满的追求，而幸福主义偏理性和情感主义偏感性的美德结构，显示了二者在人性结构中的偏向存在局限性。在对孔子伦理学进行幸福主义美德伦理学和情感主义美德伦理学的解读后，学者发现前者无法实现美德化，后者无法实现普遍化。[①] 实际上，无

＊　刘昱均，玉溪师范学院讲师。

① 韩燕丽：《论当代美德伦理学对孔子伦理学的两种解读》，《南昌大学学报》2018 年第 4 期。

论儒家美德伦理学还是当代美德伦理学的不同派别，它们集中关注的是人对幸福和情感完满的追求，二者目标一致。

当代美德伦理学主要有两种派别。第一种是以亚里士多德传统为基础的幸福主义美德伦理学，主张美德的基础人性基于理性的主导。亚里士多德认为，人生最终目标是对最高的善——幸福的追求，在目的论框架下，他对幸福如何可能做了具体解释。自爱者真正关心的是自己的美德，即内在福祉，而非健康、财富、名誉等外在福祉。当代美德伦理学家艾文贺（Phillip Ivanhoe）认为，幸福主义美德伦理学具有两种特征：第一，幸福主义美德伦理学对人性的内容结构、整体形态（shape）都做出说明，它们都以一个详尽综合的人性概念为基础；第二，在人性繁育、人性到美德的过程中，一种类似于亚里士多德伦理学的工具论视角起到重要作用。研究者在工具论视角下，对道德行为者应该以一种怎样的理想范例式的（paradigmatic）模型来实现人生的兴旺发达给出论证，[1]也即，美德基于人性，美德是人性的应然表达，是行为主体发挥主观能动性通达幸福人生的必由途径。

当代美德伦理学的第二种派别是以休谟学说为基础的情感主义美德伦理学。休谟认为，所有的道德行为和道德理解都建立在其所谓的同情（sympathy）之上，现在被称为移情（empathy）。情感主义美德伦理学同样以道德行为者的品质为关注点，在如何践行美德、人性与美德的关系上不同于幸福主义美德伦理学。艾文贺认为，情感主义美德伦理学有两种特征：第一，情感主义美德伦理学在对人性概念或人性结构的解读中，认为道德行为者的心理状态以及情感占有更大份额，在这种情况下，人性概念不是详尽综合的概念，而是大概的轮廓概念；第二，它用品性（disposition）描述美德，且这种品性关注身处社会团体中的道德行为者与他人良好人际关系的建立。[2]也即，人的心理状态和情绪感受在人性

[1] Michael Slote, "Comments on Bryan Van Norden's Virtue Ethics and Consequentialism in Early Chinese Philosophy," in *Essays on the History of Ethics*, Oxford University Press, 2010, pp. 32-34.

[2] Phillip J. Ivanhoe, "Virtue Ethics and Chinese Confucian Tradition," in *Virtue Ethics and Confucianism*, eds. by Stephen C. Angle and Michael Slote, Routledge, 2015, pp. 32-34.

结构中占比更大，影响行为者主体的道德行为。注重情绪感受、追求幸福人生是人性本能，人既有情绪感性，亦有理性思考，人基于自然属性，有生理需求，又有个性特质的心理需求。对美德伦理学进行种和类的分析，帮助主体行为者认识自身和理解人性无可厚非。然而，面对人性及人性结构的复杂构成，依据一种美德伦理分类，对行为主体进行道德判断，显然是靠不住的。

儒家伦理学内含美德伦理学，可称为儒家美德伦理学。国内学者对儒家伦理和儒家美德伦理学有不同的解释。刘余莉认为："儒家伦理学对道德独特的理解方式——道德是普遍的宇宙之道和主体之德的统一。"① 陈来将儒家美德伦理学的美德不仅理解为美德名称，而且理解为一种为人处世的准则、法则，他将这些准则、法则称为"社会道德生活的根本原则和定律"。② 他还认为，孔子伦理学虽然推崇美德品质，但其只是道德人格中的一部分，更关注和强调整体性的道德人格。儒家美德伦理学是一个完整的人生美德伦理体系，既有幸福人生的美德伦理学内涵，又有满足情感需求的情感主义美德伦理学旨趣。儒家美德伦理学是基于儒家哲学本体论，以人生价值为目标，以人性修养趋善和知行实践为内容的完整道德伦理取向体系，在人生的"修齐治平"中，接受教化、实现进化、完满人生、男女自然均在其中。

二　以追求幸福人生为中心的当代婚恋议题

两性关系中事实上的不平等或压迫，是女性主义存在的根源。进入 20 世纪，西方社会女性通过第三次女性主义运动，基本上获得了与男性平等的教育权、选举权、劳动权、社会权和自我主导管理权，现代女性也在婚恋自主性方面迈出了一大步。伴随新中国的成立、改革开放的发展和新时代的到来，男女平等、实现人的自由全面发展是中国人的社会共识。无论

---

① 刘余莉：《儒家伦理学：规则与美德的统一》，中国社会科学出版社，2011，第 86 页。
② 陈来：《〈论语〉的德行伦理体系》，《清华大学学报》2011 年第 1 期。

男女，人都有向往情感满足、追求幸福人生的愿景。世界是男女同在的人类共同体，婚恋关系是男女之间最基本、最普遍的社会伦理关系，男女婚育是人类社会存在发展的基础。当今世界，人的婚恋观念正在悄然发生变化，处在地球村的中国自然无法例外。普遍出现的社会婚恋议题是，婚还是不婚，生还是不生，爱人还是爱己，具体表现为恋而不婚、恋而不爱、爱而无恋、大龄不婚、婚亦离婚、非婚生育、婚而不生、亲子纠缠以及教养失序等婚恋现象。

（一）婚与不婚

中国传统婚恋观念因性别差异，存在诸多不平等问题。随着时代的进步，当今社会已彻底推翻古代的婚恋观念，如同新文化运动前夕批判孔子一样，目前存在着否定儒家思想和中华传统文化价值之疑。《礼记》中说，"昏礼者，合二姓之好，上以事宗庙，而下以继后世也，故君子重之"。在中国古代，婚姻是两个家庭的事情，结婚是为了敬祖孝亲和传宗接代。于是，结婚是结亲联姻的重大喜事，选择慎重、婚嫁有序、互敬互爱，乃人生之大事。曾经被视为天经地义的"男尊女卑""夫为妻纲"，在家庭关系中体现出极度的男女不平等。时代进步推翻了旧时代因性别差异而在家庭、社会中对女性的不公正待遇，改变了妻子必须言听计从，只许丈夫休妻、不许妻子反抗的从属婚姻模式。时代的变迁，为性别自然属性不同的男女提供了重新分工的机会，男主外、女主内转变为男女均可主内、男女均可主外。在不依赖体力优势的时代，人可以自由地根据其社会性和自然性去发展自己，实现男女真实平等。

结婚率低，单身受追捧。西方社会结婚率走低，出现了一些新形式的亲密关系。比如北欧一些国家，很多人选择不结婚，这种趋势逐渐扩展到整个欧洲和北美，现在不结婚的人数超过了人口的半数。1995 年意大利结婚人数 29 万对，1996 年 27 万对，1997 年降到 22 万对。① 我国的结婚率同样走低。《2021 年民政事业发展统计公报》显示，2021 年，依法办理结婚

---

① 李雪霞：《游离"围城"之外的现代西方青年》，《中国青年研究》2000 年第 5 期。

登记 764.3 万对，比上年下降 6.1%；结婚率为 5.4‰，比上年下降 0.4 个千分点。2013 年我国结婚率为 9.9‰，到 2021 年结婚率仅为 5.4‰，8 年间结婚率下降近一半。中国青年网 2019 年发布的《90 后青年婚恋新常态调研报告》显示：一线城市单身青年占比持续领先，流动人口单身率更高；90 后单身的主要原因是圈子小、工作忙、对爱情幻想过于完美，且学历越高越容易受困于以上原因引发的择偶问题。《2021 年民政事业发展统计公报》显示，从 2021 年结婚登记人口年龄分布情况看，30 岁以上结婚人群占比近半；25~29 岁年龄段人数最多，为 539.3 万人；30~34 岁年龄段人数次之，有 305.2 万人；35~39 岁年龄段人数有 133.2 万人；40 岁以上年龄段人数有 297.9 万人。推迟结婚已成为一种社会现象。

（二）婚恋退居自由，无神圣与尊崇

1. 大龄不婚，崇尚独立

随着年轻女性受教育程度的提高、经济独立和自我意识的觉醒，一些人逐渐认同并接受个人主义价值观，崇尚完全的自由，认为婚姻是束缚、苦役，"围城"里有种种道义和责任，不能牺牲自我被婚姻绑缚。如日本年轻女性搬出家独居，吃素食泡面，穿廉价衣服，不洗衣服不洗澡，过新兴人类生活，他们打定主意不进"围城"；匈牙利结婚的人口占总人口的 12%，其余的人或者同居，或者单身，或者 LAT（Living Apart Together），即分开居住的伴侣。①

2. 同居不婚，性生活自由

当前社会，人们的感情观、婚姻观随着时代的发展，正潜移默化地发生改变，一种同居不婚的生活方式受部分年轻人群追捧。同居不婚的情侣，双方有较高的自由度，各自选择灵活地安排工作和生活，这种同居不婚关系显得轻松随意。在同居不婚的关系中，男女尤其强调权利和义务的对应关系，双方选择根据自己的意愿和需求分配家务、支配财务等。同居不婚是一种开放式关系，由于没有婚姻关系的束缚，这种生活方式不限制

---

① 李雪霞：《游离"围城"之外的现代西方青年》，《中国青年研究》2000 年第 5 期。

对方的个体行为，彼此之间不受法律保护，没有太多责任义务。受性开放观念的影响，婚前性行为在年轻人中越来越普遍，但性教育的缺失，导致有些年轻人缺乏安全性行为知识和意识，并因此面临着更高的风险，如意外怀孕和染上性病等。

（三）婚育脱节，家教难为，问题叠加

在西方社会，生育问题早已不被局限在婚姻内，表现为非婚生子、婚内无子。上述现象在中国社会亦有发展之势。

1. 婚而不生，困难重重

近些年，婚后不孕不育的案例较多，除一些夫妇自愿不生育外，有的是由于客观因素。比如一对夫妻结婚多年，多次检查治疗，均无法正常怀孕生子，背后的原因复杂。在现代消费主义诱导下，人们超前消费、过度消费，为了还上各类消费贷款，长期处于超常规工作压力下，作息时间不规律。这些外在的因素，加剧了婚后不能生育的风险。

2. 非婚生育，政策放松

欧洲一些国家近年来生育率持续下降，人口老龄化加剧，迫切期待新生命降生。为了鼓励生育，政府给予非婚生育妇女高福利政策补贴，如丰厚的津贴和公益补贴，但对婚后生子又取消全部福利，这是在变相鼓励非婚生育。既然如此，未婚妈妈有什么理由要结婚。[①] 家庭是社会的细胞，小家组成大家，家庭的和谐关系国家的稳定。未婚生子合法化可能引发的一个重要问题是，鼓励非婚生子，出现超越婚姻家庭的性行为合法化。

3. 亲子关系，教养失序

中国人自古以来重视教育，教子成龙、教女成凤是形象且明确的教育目标。改革开放初期经历过艰苦学习、"千军万马过独木桥"的高考的父母一代，亲身经历了"挤上独木桥"和"绕桥而过"的人生差异。父母千方百计，为了子女上重点学校竭尽全力，为了子女获得最好教育，不惜成百上千万购买学区房，放弃休息日陪伴孩子上各类课外班。有的家庭在家

---

① 李雪霞：《游离"围城"之外的现代西方青年》，《中国青年研究》2000年第5期。

长和孩子的双重努力下，考上了理想大学和专业，但也有青春期少年和家长亲子关系紧张，无法沟通，管教无效，一些年龄更小的孩子出现焦虑、厌学甚至抑郁的情况。

三　传统女性美德的转化应用

人类社会进入互联网时代，追求人生幸福和情感满足的道路上充满艰辛酸楚。传统美德在时代的激荡中流于形式。如何用美德伦理学为当下婚恋议题解围？当代人应当过怎样的生活？构建新时代的和谐社会，男女均不可缺席。溯源传统文化优势，为的是迎接当下挑战。

（一）儒家美德伦理学人生价值观的转化应用

孔子将仁作为儒家伦理的核心，将礼作为原则方法，孟子将义作为个体道德行为的衡量标准，仁、礼、义三者构成儒家人生价值观的基础。儒家以修身、齐家、治国、平天下作为人生价值实现的路径、顺序和目标。传统社会中的女性，其人生价值观被迫束缚在修身、齐家范围内。如今，随着文明程度的螺旋上升，人类世界已经进入第三阶文明时代。① 按照儒家的人生价值观指引，在男女平等的时代背景下，人们应追求美德伦理学所指向的最大的善——幸福和情感完满。

1. 人生起点，修身立基

儒家的人生价值观以修身为起点，基础是学会做人。"首孝悌，次谨信。泛爱众，而亲仁。有余力，则学文。"学习是其次重要的事情。中国古代，女子被限制在家庭圈内，其修身以服务家庭为目标；男子受教育，其修身以实现完整的人生价值，逐层达及齐家、治国、平天下。《礼记·大学》中说："自天子以至于庶人，壹是皆以修身为本。"修身是成就人生大事、实现人生价值的起点，男女一致。然而，农耕文明时代，女子人生

---

① 云海潮：《互联网时代重塑创新实操手册——创新素质全民提升　创新应用全面普及》，新华出版社，2021，第 32 页。

轨迹无法完整，导致人生价值被曲解、人生命运被圈定，古代女子追求幸福的权利止步于家庭。以家庭为服务目标的女性，其修身主要以处理家庭事务和家庭成员关系为目标。首先规范言行，其次学习技能技巧，再次提高素养。修身的重点在明明德，彰显内在具有的德性，使人人学而自新，朝着达成至善的方向努力。追求幸福主义美德伦理学导向的目标，修身是前提。当代女性学习各类知识、专业、技能，为获得工作和自身发展做准备，立德树人越来越被视为修身的核心。学习知识技能为获取技术上的优势做准备，立德为实现人生价值做准备。多元价值观在全球激荡，互联网秒速传播。新旧时代交替之初，在男女平等观念的升级中，性别意识功能有时被极端化，婚恋观多样化，共识性标准尚未形成，带有文化基因的传统女性美德可以为当下婚恋议题提供参考。

2. 人生过程，"修齐治平"，追求幸福

近代以来，尤其在当代中国，女性实现人生价值可以走和男性完全一致的发展轨迹，其选择权在自身。女性要走自我主导的人生之路，或者为齐家，或者为治国，或者为平天下。文明跃迁，"修齐治平"需要有新的内涵，修身指身心圈，齐家指家庭圈，治国指工作圈，平天下指社会责任圈。① 随着时代的变化，人生可以自主，出现上述复杂多样的婚恋难题不足为奇。按照儒家的人生价值实现轨迹，当代教育立德树人、修身筑基，家庭圈里稳定和谐，工作圈里和睦胜任，社会圈里承担责任，层层递进，如此才能走赢人生。作为独立个体的男女社会公民，是否选择走儒家美德伦理学指明的人生价值道路，其主导权在自己。人生追求幸福是一个动态的过程，在"修齐治平"中，修身是本。儒家的仁包含礼、义、廉、耻、孝、才、智、勇诸德，以此作为修身做人的道德规范，这不只是针对男性，也是对传统女性的美德要求。

3. 扩而行之，素其位，平天下之不平

《中庸》有言："君子素其位而行，不愿乎其外。素富贵，行乎富贵；

---

① 云海潮：《互联网时代创新宝典：有效解决问题的 1000 个方法》，新华出版社，2020，第81 页。

素贫贱，行乎贫贱；素夷狄，行乎夷狄；素患难，行乎患难。君子无入而不自得焉。"人无论富贵、贫贱，无论所处地域，只有做好该做的事，做好能做的事，内心才能安然自得。人有这样一种心理准备和道德修养，当社会需要且力所能及时，人就能承担起社会责任，对社会做出贡献。今日女性有了平等加入"修齐治平"和实现人生价值的自主选择权，按照儒家的人生价值观，无论男女，齐家是人生中实现自我价值的第一个阶段，家齐而后国治，而后天下平，层级分明，依次递进。经过一生的"修齐治平"，男女个体均可实现人生成长，实现人生幸福和情感完满。

（二）儒家美德伦理学人性修养观的转化应用

从孔子到王阳明，儒家关于人性的理论的善恶观虽不同，但始终以修养趋善一以贯之。人性修养观是儒家人生价值观实现的基础，重视人性修养，是儒家伦理学的重要内容。

1. 人性有善恶，教化修养存乎善

在儒家人性论中，主张人性善的主要代表是孔子和孟子。所谓"人之初，性本善。性相近，习相远"。孔子关于人性的观点，为儒家人性修养和教化成人确定了基调。《中庸》中说："自诚明，谓之性；自明诚，谓之教。"人性虽有不同，但教化修养是趋向。《孔子家语》有言："夫道者，所以明德也。德者，所以尊道也。是以非德道不尊，非道德不明。虽有国之良马，不以其道服乘之，不可以道里。"孔子用仁德将儒家关于道德之论从天上拉到人间，用仁爱使人性趋于向善。孟子认为，人心有四端，仁、义、礼、智，心与性均发自善，习性统一于善。人先天有四心，"仁义礼智，非由外铄我也，我固有之也。弗思耳矣"。人的四心分别是"恻隐之心，仁也；羞恶之心，义也；恭敬之心，礼也；是非之心，智也"。《孟子》中说："人之有四端也，犹其有四体也。有四端而自谓不能者，自贼者也；谓其君不能者，贼其君者也。"在孟子看来，仁、义、礼、智四善端人人与生俱来，如果有人说做不到，就需要正确认识自己，接受教化，改变自己；如果有人认为自己的领导做事不力，就需要学会如何合作。

荀子持性恶论，认为："人之性恶，其善者伪也。"人的本性是恶的，善良的行为是通过后天努力达到的。《荀子》对此做了充分的说明："故必将有师法之化，礼义之道，然后出于辞让，合于文理，而归于治。用此观之，人之性恶明矣，其善者伪也。""今人之性恶，必将待师法然后正，得礼义然后治，今人无师法，则偏险而不正；无礼义，则悖乱而不治。"荀子主张通过礼义教化实现人性向善的目的。荀子针对不同的人性特征，给出了具体的修身养性的方法。《荀子·修身》中说道："血气刚强，则柔之以调和；知虑渐深，则一之以易良；勇胆猛戾，则辅之以道顺；……愚款端悫，则合之以礼乐，通之以思索。"他又补充说："凡治气养心之术，莫径由礼，莫要得师，莫神一好。"

传统女性美德承继儒家人性趋善修养观，以德性教化促成修养工夫。《内训·德性》中说："夫德性原于所禀。而化成于习。匪由外至。实本于身。"明成祖朱棣之妻徐皇后博学好文，幼承父母之教，显然深谙孟子人性趋善之教。人性本来具有仁善之德，教化女子常保持妇德、妇言、妇容、妇功四行，即按照女教书所言学习，接受教化，修养向善，不离心性。古人建设和谐的家庭伦理关系，重点在修身，女教书强调女子在言语、行为上落实德性品质，集中在做好家务、处理好家人关系、做好家庭子女教育等方面，修身修养趋于善，归于对人性的完善上。《荀子》有言："故修身者，齐家之要也。而立教者，明伦之本也。"《内训·德性》继承了荀子的观点，"是故仁以居之。义以行之。智以烛之。信以守之。礼以体之。匪礼勿履。匪义勿由。动必由道。言必由信"。当代教育强调立德树人，修身为重，亦在为齐家、治国、平天下做准备。

2. 人性善恶分，修养持中得

朱熹认为，人性有善恶，如何将人性恶转向人性善，或者保持人性善，是道德修养论需要解决的问题。朱熹继承发挥了二程的"敬义夹持""格物致知"，集中论述了"居敬""穷理"相互作用的修养方法。在《朱子语类》中，朱熹认为："人之所以生，理与气合而已。天理固然浩浩不穷，然非是气，则虽有是理而无所凑泊。"理气合而后人能生，气质之性，在朱熹看来，是人善或不善的原因。因为"天地间只是一个道理，性便是理。人之所以有善有不善，只缘气质之禀各有清浊"。朱熹认为，人禀性而成，本无善恶，现实中有人生而善，有人生而恶，这差别源于所禀气的清与浊。他认为："有是理而后有是气，有是气则必有是理。但禀气之清者，为圣为贤，如宝珠在清冷水中；禀气之浊者，为愚为不肖，如珠在浊水中。"针对禀气之浊，朱子主张严格辨析"义利理欲"的关系，提出"存天理，灭人欲"的观点。他以天地之性或义理之心为道德实践的标准，从道德的主体性出发，主动管控性情欲望，实现心即理的同一。

朱熹对儒家人性论的讨论有重大的突破。儒家早期的思想家们对于人性论的观点主要是围绕人性与天命之间的关系展开的，停留在单维度层面，对现实的人性观点或者善，或者恶，或者善恶混，未能给出根本原因。从张载提出气质之性，到二程提出禀气之性，再到朱熹集大成，提出"性同气异"的人性论，至此，儒家的人性论上了一个新台阶。《朱子语类》说："学者工夫，唯在居敬、穷理二事。此二事互相发，能穷理，则居敬工夫日益进；能居敬，则穷理工夫日益密。"首先，居敬是德性修养的第一要义。当人生发恭敬心的时候，内心会对外在的人和事物产生敬畏，不会贸然在言语行为上不利于他人，不被欲望情感支配，内心逐渐安定下来，被遮蔽的本心逐渐沉静、复明，即"人常恭敬，心常光明"。其次，朱熹的修养工夫是"穷理"，通过穷理而致知，即"格物致知"。

王阳明认为，天下事物本无善恶，是人赋予其善恶，人性亦如此。关于善恶的长消，王阳明的见解是，人从自己的好恶视角看待事物，有了善恶之分。圣人无善恶，是因为圣人"无有作好，无有作恶。不动于气"。圣人不为外物所惑，但普通人需要修善去恶。因此，对于普通人而言，只有诚意向善，见过力改，日日可进步，才能叫修养工夫。在《传习录》中，王阳明说："吾辈今日用功，只是要为善之心真切。此心真切，见善即迁，有过即改，方是真切工夫。如此，则人欲日消，天理日明。若只管求光景，说效验，却是助长外驰病痛，不是工夫。"

儒家有一个基本共识，即"人性善会散失"。因此，人的一生只有不断修养，进行心性上的行为规劝，才能防范道德主体在德性的轨道上走偏。《内训·统论》说："宁其心。定其志。和其气。守之以仁厚。持之以庄敬。质之以信义。一语一默。从容中道。"《内训·统论》关注女性在心性上的修养，期望在谨慎言语交流的行为教化中促进女性提升道德境界，表达了内在的人性关切。儒家趋向善的人性观，在宋明时期，伴随宋明理学、阳明心学的发展，其内涵得以丰富，《女范捷录》的作者亦将儒家向善的人性观纳入女性教育的范畴。人对精神境界的追求是人类文明进步的来源之一，精神境界的提升是人获得幸福感的显著基础。杨国荣教授说："精神境界的核心，集中体现于理想的追求与使命的意识。理想的追求以'人应当期望什么'为指向，使命的意识则展开为'人应当承担什么'的追问，二者从不同方面体现了对人自身存在意义的深沉关切。"① 应当的期待与应当的承担正是人性趋向善的表达，其所带来的喜悦与持久的安定正是王阳明修养身心理论的出发点。《传习录》指出："天下之物本无可格者，其格物之功，只在身心上做。"王阳明关于心性修养的原理，为当代普通人指明了普遍性的人性修养进步路径，女性当实践之。

（三）儒家美德伦理学知行实践观的转化应用

儒家知行观始于学而为知，知先行后，经于知行相须，终于知行合一的渐进性知行实践观。儒家不同思想家提出的知行观与其所持人性观一致，人性善恶虽有所分，但知行实践的目标总是归善。儒家的知行观包括知先行后、知易行难、知先行重、知行并进、知行合一等多种说法。

1. 知先行后，以行为本

儒家知行观以行为本，早期儒家重视教与学，目的是鼓励学习，为有所知。《论语·季氏》中说："生而知之者上也，学而知之者次也；困而学之又其次也。困而不学，民斯为下矣。"《中庸》指出："或生而知之，或学而知之，或困而知之：及其知之，一也。""或安而行之，或利而行之，或勉强而行之，及其成功，一也。"无论哪一种学习方式，其目标是获知，知而后行，即强调最终都要落实于行，知是行的前提，无行知为何？先秦儒家以知为先，渐进树立其知行观。所谓"好学近乎知，力行近乎仁"。

---

① 杨国荣：《再思儒学》，济南出版社，2019，第86页。

《内训·勤励》教与女子"农勤于耕。士勤于学。女勤于工。农惰则五谷不获。士惰则学问不成。女惰则机杼空乏"。要求古代女子将所知转化为所行。《内训·节俭》中说:"戒奢者,必先于节俭。夫澹素养性,奢靡伐德。"

2. 知行相须,知先行重

儒家知行观由知先行后发展为知行相伴相须,先知而后行,行虽后但重。持此观点的主要是朱熹,《朱子语类》说:"知行常相须,如目无足不行,足无目不见。论先后,知为先;论轻重,行为重。"朱熹提出的修养观,即格物以致知,在有所知的前提下,落地实行。知与行之间,知先而行后,知而不行等于不知,强调重视行动。传统女性美德同样重视知行教化,《内训·慈幼》中说:"若夫待之以不慈,而欲责之以孝,则下必不安。下不安则心离,心离则忮,忮则不祥莫大焉。"朱熹在修养工夫基础上提出知行相须,看到了知行之间的相互作用关系,更强调落实行动的重要性。这样的知行观对传统女性美德的养成产生了重要影响。

3. 知行合一,知行统一

儒家以务实为主,到宋明时期,已经有更深入的知行实践观,朱熹提出知行相须后,王阳明将知行关系推向知行合一。王阳明认为,"心即理也","吾心之良知,即所谓天理也",要做到知行合一。知是行的主意,行是知的工夫,知是行,行是知之成。王阳明的知行合一基于其心即理的观点,致良知,即"致其本体之知",至善之知,而后行合于知。穷理为知,居敬为行。居敬穷理即知行合一。王阳明的知行实践观,有以下三方面特征:第一,知行不可割裂,以致良知为前提,认知指导实践,知行统一;第二,物格而后知至,知至而后意诚,意诚而后心正,心正而后身修,诚意、正心、修身,诚意是中心;第三,辩证逻辑,知行相互促进,从低级到高级,有知有行,知行为一,修养工夫,以至善为目的。儒家知行实践观所说的修身,以道为本,以术为中,以行为终。古代女教,重视知行互助作用。如《内训·事父母》中说,"事亲如事天","孝莫大于宁亲,可不敬乎!"《内训·事舅姑》中说:"妇人既嫁,致孝于舅姑。舅姑者,亲同于父母。尊拟于天地。……专心竭诚,毋敢有怠,此孝之大节也，衣服饮食其次矣。"

不同时代，人的需求各不相同。当代社会所需要的女性修养相比于古代女教所重视的修养要求，发生了巨大的变化。知行观是历史范畴，在一个特定的历史阶段，人们所探索的"知"受当时政治、经济、科学、文化等多种因素的影响，知行之间相互作用，形成当时所需要的知行观。知识指导工作，道德指导做人。当今社会，女性除齐家外，亦有治国、平天下之需求和责任。如果把人生比作高塔的话，男女忽视修身，放弃齐家，按儒家人生价值观理解，好似这座高塔缺少了坚实的地基，建在其上的塔层缺乏稳固性。可能是空中楼阁，摇摆不定；可能会坍塌，不复存在。出于自身发展的需求，当代女性面临高于古代女性的对技能、德性的要求，需要兼顾生活、学习和工作的知行实践。人类社会从低级走向高级的过程，亦是人不断提高知识和道德素养的过程。

结　语

毫无疑问，对基于儒家伦理的传统女性美德进行转化应用，能为当代人的婚恋议题提供理论和实践两方面的参考。从美德伦理学视角看，人对于幸福和情感完满的追求，均是人生的内含之义。当代社会的婚恋议题是在时代进步、男女平等的背景下出现的。由于文化传统和精神基因的差异，寻找适应本国国情、契合本民族生活习俗的恋爱婚姻家庭伦理观念及实现美好生活的实践路径，发挥传统女性美德在解决当代婚恋议题中的作用，是一个国家和一个民族道德文化自信的重要体现。

初心如磐　奋楫笃行

——孙春晨教授访谈录

张　雪　李佳辉[*]

采访时间：2023 年 9 月 23 日上午

采访地点：山西太原

采访人：张雪　李佳辉

导语：今天我们非常荣幸地邀请到了中国社会科学院哲学研究所研究员、中国社会科学院大学哲学院教授、国家科技伦理委员会委员、中国伦理学会会长、《道德与文明》主编孙春晨老师作为采访嘉宾，请孙老师跟我们聊一聊他对故乡的印象、求学和研究伦理学的经历以及对当前一些伦理学问题的看法。

张雪：孙老师，我们了解到您是江苏扬中人，扬中岛是长江中仅次于崇明岛的第二大岛，我们经常说"一方水土养一方人"，在您的记忆里，对故乡最深刻的印象是什么？基于这样一个独特的地理环境所形成的故乡的文化传统，对您的生活方式和思想观念有什么影响吗？

孙春晨：我的故乡江苏扬中是长江中的一座岛屿，清代时叫"太平洲"，长江从南京以东至入海口的下游江段又叫"扬子江"，1914 年，县名由"太平县"改称为"扬中县"，取"扬子江中"之意。1994 年，撤县设市，由镇江市代管。

我爷爷那辈因生活所迫，从苏北泰州逃荒到了扬中岛，我是我们这个

＊　张雪，山西大学哲学学院讲师；李佳辉，山西大学哲学学院伦理学专业博士生。

家族的第三代岛民，到北京上大学前的 17 年，我都在这个小岛上生活和学习。对故乡最深刻的记忆是与水相伴的既贫苦又快乐的童年和少年时光。四面环江的扬中岛，水网密布，河道纵横，圩埂沿河自然分布，每家每户房前屋后都有横穿圩埂的或宽或窄的河流，是典型的水乡。在中国传统的风水文化中，开门见水意味着旺财，扬中可谓风水宝地。但是，扬中这个由长江中的泥沙冲积而成的平原，在改革开放之前却没有给岛民带来富足的生活，人多地少，岛民们一年到头辛苦劳作却吃不饱饭，饿肚子是生活的常态。水是大自然赐予我们扬中岛民的恩惠，我从小就跟水打交道。上学后的暑假是最开心的日子，我和小伙伴们可以在河里游泳、打水仗、钓鱼、捞虾和钓螃蟹。那时候长江和内河里的野生水产品比较丰富，虽然缺少粮食，但我们有鱼、虾和螃蟹可吃，这些属于长江的自然味道，我至今记忆犹新。

我的故乡除了水和土地资源之外，没有其他的自然资源馈赠，这种独特的地理环境造就了故乡人开拓创新、奋发努力和勤俭节约的道德品格；扬中是一个移民岛，四面八方的人聚集到这里围堤垦荒，形成了团结互助、吃苦耐劳和善良淳朴的民风家风。我在这样的文化环境中长大，养成了不怕吃苦、与人为善、正直处事的生活方式和为人处世原则。

张雪：孙老师，您 1980 年进入中国人民大学哲学系学习，本科毕业后在中国社会科学院研究生院（现更名为中国社会科学院大学）就读伦理学专业研究生，此后一直从事伦理学研究工作，到现在快 40 年了。请问您学习和研究伦理学的初心或者说契机是什么，又是什么使您在这个领域坚持至今呢？

孙春晨：我选择学习哲学是一个偶然。改革开放后，文学最受我们那一代中学生的追捧，人人都想成为"文学青年"。1980 年夏天高考后填报专业志愿，当年我的高考成绩可以报考任何高校的任何文科专业，我个人的最大心愿是进入复旦大学中文系学习。但是，中学老校长喜欢哲学，而且他对中国人民大学有特别的好感，我听从了他给我的高考志愿安排，大学第一志愿是中国人民大学，专业第一志愿是哲学。一个中学生的文学梦就此作罢。

　　说到我学习和研究伦理学的初心，其实跟1980年轰动全国的"人为什么要活着"的人生观大讨论有关。那一年的《中国青年》杂志刊登了一封署名为"潘晓"，题为《人生的路呵，怎么越走越窄……》的来信，诉说了一位青年对生活满怀憧憬，但在现实生活中屡遭打击的人生际遇。该信在当时引发了全国青年对人生观的热烈讨论。如何走好人生之路，是我们那一代青年学子内心普遍存在的困惑。1981年，人大哲学系为我们80级本科生开设伦理学课程，由罗国杰老师亲自讲授。当时所用的教材是学校的油印本，罗老师边讲课边修改，在油印本的基础上不断完善教材内容。1982年，罗老师主编的新中国第一本伦理学教科书《马克思主义伦理学》由人民出版社正式出版。我对伦理学课程中关于人生观和价值观的相关内容尤其感兴趣，我与伦理学的缘分由此开始。

　　本科毕业考研时，我毫不犹豫地选择了伦理学专业。我考取了中国社会科学院研究生院，导师是我们中国伦理学会的首任会长李奇研究员，我入学时她已经71岁了，我是她的关门弟子。李奇老师是坚定的马克思主义伦理学家，她对我的科研人生影响最大的教诲是，必须坚持用马克思主义的观点、立场和方法来研究伦理学。当时中国社会科学院研究生院的伦理学师资力量不够，有些课程如《西方伦理思想史》等，我是跟中国人民大学1984级的伦理学硕士生（如廖申白老师、何怀宏老师、龚群老师等）一起上的，算是免费蹭课。在当时的交通环境下，从朝阳区西八间房的中国社会科学院研究生院赶到人大上课，来回奔波非常辛苦，但能回到母校继续听老师们讲课是特别开心的一件事。硕士毕业后，我就开始从事伦理学的专业研究工作。2002年，我又在中国社会科学院研究生院拿到了博士学位。在中国社会科学院哲学研究所近40年的学习和工作期间，我得到了陈瑛老师的悉心指导和帮助，陈老师是李奇老师的1978级研究生，是我的同门大师兄。1998年，我担任中国伦理学会副秘书长，协助陈老师处理学会的一些日常事务，此后就一直承担为学会服务的工作。

　　学习和研究伦理学，读本科时的朴素想法就是为了解决自己的人生观和价值观之困惑。伦理学更大的实践作用是推动社会道德风尚的改善和文明程度的提升。我是个道德理想主义者，我希望我们的社会能够有和谐的伦理秩序、友善的人际关系和温暖的生活环境。作为伦理学工作者，我当然要尽己所能，为社会"全面向善"多做一点有用的事情。虽然一个人的力量是有限的，但在我力所能及的范围内能做多少，就要不遗余力地做多少，让自己的学术研究服务于国家经济、社会和文化的发展，服务于道德建设的需要。对伦理学，我从感兴趣到喜欢再到作为志业，初心如磐，奋楫笃行。

张雪：感谢孙老师！您见证了改革开放后我国伦理学学科的发展。就像您刚刚说的那样，伦理学和伦理学工作者应当为整个社会文明程度的提升多做点事，这就涉及道德实践领域。现在学界有这样的说法，"伦理学是哲学中的显学，应用伦理是伦理学中的显学"。从 2022 年起，我们国家增设了应用伦理专业硕士学位，这对我们伦理学人来说是一件非常激动人心的事。现在有很多青年学生想学习应用伦理，他们在学习过程中也产生了一些困惑。我们有一位青年学生，她有一些具体的专业学习上的问题，希望老师帮我们解答。

李佳辉：孙老师好，我是山西大学应用伦理方向的在读博士生。我在学习中发现，应用伦理研究有冷门和热门之分。目前科技伦理研究正盛，已成为应用伦理研究的热点。您认为是否应该区分应用伦理问题研究中的冷门和热门？作为肩负着时代使命的年轻伦理学人，其研究是否应该追逐热点和潮流？

孙春晨：所谓应用伦理研究领域的冷门和热门，其实是与应用伦理学的时代性特征密切相关的。应用伦理研究领域的冷门和热门，源于时代发展中不同时段出现的各种新型的现实伦理问题。伦理学尤其是应用伦理学，对现实道德生活的变迁具有高度敏感性，马克思说，"问题是时代的格言，是表现时代自己内心状态的最实际的呼声"。应用伦理学所关注的全部问题都是随着时代变革而不断产生的，这是应用伦理学历史发展过程中的客观现象。比如说，在改革开放初期，国内研究企业伦理和经济伦理的学者比较多，企业伦理和经济伦理可以说是当时应用伦理研究的热门领域，因为在我国初步建立商品经济和市场经济体制以后产生了许多与企业伦理和经济伦理相关的新问题。然后就是环境伦理学和生命伦理学受到研究者的重视，经济发展必然引发环境问题，而随着生命科技和医疗科技的进步，生命伦理学的问题也显现出来。一段时间内，环境伦理学和生命伦理学也是热门研究领域。现在科技伦理研究"大热"起来，科技伦理成为全社会广泛讨论的话题，我们只要想一想，日新月异的科技发展所带来的如此多的新伦理问题亟待阐释与解决，我们也就能够理解何以科技伦理成为热门研究领域了。尤其是国家出台了《关于加强科技伦理治理的意见》，从顶层设计上支持科技伦理问题的研究，更是推动了科技伦理研究的发展和繁荣。科技伦理的问题很多，涉及面广，并且非常复杂，对我们每个人生活的影响又如此之大，科技伦理作为应用伦理的热门领域，再正常不过。如果它不热，反而是个问题了。

应用伦理的研究领域出现冷门和热门是正常现象，某一领域的伦理问题大家都很关注，都来研究它，就成了热点和热门研究话题，现在最热的应用伦理领域无疑是科技伦理问题。与科技伦理之"大热"相比，过去的一些热门领域如企业伦理和经济伦理，目前似乎成了冷门，关注它们的研究者相对少一些。但是，稍稍冷下来并不代表这些问题就不重要或不值得研究。对于青年学生来说，选择什么样的研究领域不能一味地跟风，不能盲目追热，不能什么问题热就选择什么问题作为自己的研究领域，而是要理性地认真思考自己的知识储备、学术兴趣和研究能力。如果某个问题很热，但自己对这个问题尚不具备基本的知识素养，或者自己对它没有什么研究兴趣，只是为了跟风而选择来研究，那么这对个人的学术发展来说不是一件好事。这是我们青年学生在走向学术研究之路的过程中需要特别注意的方面。

一个社会的现实伦理问题是多方面的，虽然科技伦理热门，但它只是应用伦理研究的一个具体领域，实际上，时代的经济发展和科技进步催生了许多新型的社会伦理问题。比如，数字科技带来的数字经济和平台经济的发展，塑造了企业伦理和经济伦理的新形态，它们所呈现的企业伦理问题和经济伦理问题与市场经济发展初期相比有着明显的不同。举例来说，平台经济企业的用工制度就对传统的企业与员工之间的伦理关系形成了新的挑战。这样的企业伦理新问题也是由科技进步引发和延伸出来的，是建立在科技创新和数字技术之上的经济生活领域的新伦理问题，而不只是科技活动单一领域的伦理问题。青年学生应该找到自己的研究兴趣点，不一定非要跟风去做人工智能、大数据等专门的科技伦理问题研究，但可以做基于人工智能、大数据之上的其他应用领域的伦理问题，这样我们就可以将自己的研究兴趣与当代的科技进步和科技发展结合起来了。就应用伦理的研究领域而言，所谓的"冷门"，只是研究者相对少一些或研究规模相对小一些，而不是表明研究的问题不重要，凡涉及人类生活各个领域的应用伦理问题都很重要，都需要伦理学者予以研究。

李佳辉："冷门"研究是不是可以说成"非主流"研究？

孙春晨：我觉得，用什么词语来说明某些研究领域的非热门现象，其实是无所谓的。应用伦理的热点或主流问题是时代发展的产物，由此吸引更多研究者的注意力集中在某一领域或某几个领域，而其他应用伦理领域似乎就成为冷门、非热门或非主流。社会生活中的应用伦理领域非常之多，如经济伦理、生命伦理、环境伦理、教育伦理、社区伦理、法律伦理等，凡与社会发展和个人生活相关的各种现实伦理问题都是应用伦理研究的"选项"，它们与研究科技伦理等热点问题同等重要。青年学生在从事应用伦理研究时，可选择的具体研究领域很多。如果你对某一领域的应用伦理问题感兴趣，有相应的知识储备并且有信心、有能力做好，就可以做出自主的理性选择。研究任何一个领域的应用伦理具体问题，都是我们作为应用伦理研究者对这个社会所做的学术贡献。

李佳辉：应用伦理有着跨学科融合的突出特征，它能够帮助人们分析现实生活中的道德问题并做出恰当的道德行为选择。但是，面对不同的行业领域，传统意义上的"文科生"所拥有的哲学伦理学理论显然是不够用的。例如，面对当前势头正猛的科技伦理问题，应用伦理的研究需要研究者搞懂某一科学技术较为深入的运行机制。对于伦理学专业的学生而言，想要了解并消化这些偏向于"理科生"的知识，实际上是有一定难度的，会感到始终跟不上科技发展的速度，还没研究透前面的问题，后面又有新问题出现了，对科学技术引发的伦理问题的研究也就无从下手。对此，您有什么看法？您对应用伦理专业的青年学子又有哪些建议呢？

孙春晨：如果从哲学或伦理学角度一般性地讨论科技创新和科技发展中的伦理问题，这当然是"文科生"的强项。我们浏览一下这些年有关科技伦理的研究文献可以发现，刚开始研究科技伦理问题时，研究者通常会对科技伦理问题做出一个一般性的分析和判断，比如，科技进步是一把"双刃剑"，它在给人类带来好处或有益帮助的同时，也会带来一些不好的、违背伦理原则的后果。现在的科技伦理研究已经突破了以往泛泛而谈的研究路径，我们需要对某一项技术本身是否具有道德合理性做出具体的伦理解释，并从改进技术的维度提出具体的有针对性的伦理预防措施，从而对接科技创新、伦理优先的科技伦理治理的目标。为此，我们就需要对相关的技术或技术更新的过程有比较充分的了解。如果我们不清楚人工智能发展的内在机理和自身逻辑，就很难对人工智能带来的具体伦理问题做出准确的分析和判断。

我的本科专业是哲学，硕士研究生和博士研究生的专业方向是伦理学，属于典型的"文科生"，我知道自己的知识缺陷，迄今没有撰写过研究科技伦理具体问题的专业论文，其原因主要是我对相关的科技知识缺乏必要的了解。我在一些场合发表的有关科技伦理的言论，基本上都是科技发展将给当代社会和人类未来带来什么样的伦理影响、如何建构科技伦理治理的机制等宏观层面的看法。但是，如今的我们被强大的科技力量裹挟着往前走，我们需要思考，科技力量将会把人类带向何方？为此，我们这些所谓的"文科生"必须时刻关注科学技术的新发展和新突破，尽可能多了解一些科技知识。应用伦理的跨学科特性要求我们伦理学专业的"文科生"兼具多学科的知识背景，特别是要对自己感兴趣的应用伦理领域的相关学科知识有比较深的了解，掌握研究这一领域伦理问题必备的相关学科知识。比如，研究人工智能伦理，自然要具备人工智能的相关知识基础，并能跟上人工智能快速发展的步伐；研究生命伦理，需要了解生命科技、医疗科技等方面的知识和前沿发展。对于青年"文科"学生而言，如果对科技发展中的伦理问题有研究兴趣，就得做好多学科融合发展的知识准备。

我了解到，我们应用伦理研究者中有不少人在本科或硕士研究生阶段的专业不是哲学或伦理学，而是理工科或其他社会科学专业。相比于哲学或伦理学"文科生"，这些有其他专业知识背景的研究者或青年学生，在研究具体领域应用伦理问题时，具有一定的专业知识优势，能够对某一领域的伦理问题做出相对深入的研究。我希望有更多其他专业的青年学生加入我们的应用伦理研究队伍中，在持续关注相关学科知识和技术发展的同时，不断学习和掌握伦理学的基本理论，因为只有在不同学科知识有机融合的基础上，才能真正展现应用伦理研究的独特魅力。应用伦理专业硕士的培养已在全国启动，这既是机遇，也是挑战。如何培养具有跨学科知识背景的合格的应用伦理专业硕士人才，是一个需要伦理学学科与其他相关学科协同合作、共同研究的全新课题。2022 年以来，我们中国伦理学会与中国人工智能学会进行了多方面的合作，包括开展学术研讨、开设学术讲座以及编写人工智能伦理方面的教科书等，这是跨学科研究应用伦理问题的有益尝试。应用伦理的跨学科研究，要尽量避免不同学科的学者自说自话的现象。比如人工智能学者主要讲人工智能的具体技术层面，甚少涉及对具体技术的伦理探究；伦理学者主要讲一般性的伦理原则和道德规范，甚少讨论伦理与具体技术如何结合的问题。

李佳辉：孙老师，请问您，应用伦理学是否具有对某一应用领域的道德立场进行伦理学理论辩护的功能呢？

孙春晨：应用伦理学是伦理学学科版图中的一门新兴学科，作为学科的应用伦理学虽然致力于探索现实社会伦理问题，但是，这样的探索依然是理论或学术层面的工作。我们经常听到应用伦理某一领域的某种做法或某一道德立场"能不能得到伦理学辩护""能不能获得伦理学支持"的问题或质疑，如何回答这些问题或质疑？这就涉及你提出的应用伦理学为某一道德立场进行理论辩护的问题。应用伦理学的功能在于，通过对现实社会伦理问题的反思和探究，提出解决现实伦理问题所应遵循的伦理原则与道德规范。对现实伦理问题的学术研究和论证辩护使应用伦理学具有理论性和学术性色彩。应用伦理学以提出解决现实伦理问题的一般性原则和规范为研究目标。应用伦理学提出的伦理原则和道德规范以抽象和普遍的形态呈现，并被用来为具体领域的应用实践方案提供辩护。应用伦理学面向现实伦理问题的实践智慧体现在它的解释性、引导性和辩护性之中。应用伦理不等于应用伦理学，应用伦理是各种具体伦理形态的集合概念，如科技伦理、经济伦理、生命伦理、生态伦理、企业伦理、教育伦理、法律伦理等，它们都涵盖在应用伦理这一专业性的集合名称之内。应用伦理是专业性的道德实践智慧系统，其专业目标是通过不同应用场景的职业活动实现对具体现实问题的伦理治理，以改善现实的伦理生活世界，推动社会治理体系与治理能力向着伦理之善的正确方向发展。

李佳辉：应用伦理研究带有专业化的特征，我们在学习过程中给老师提交的应用伦理研究论文，老师有时候会说论文"没有伦理味"。您怎么看这个问题？

孙春晨：我在与不同职场的实际工作者接触时，他们向我反映，我们伦理学者撰写的相关应用伦理学论文或提出的伦理治理对策建议，不是"没有伦理味"，而是感觉哲学味或伦理味太浓了，能解决现实问题的、有用的伦理建议不多。比如说企业伦理，企业发展中碰到的哪些问题属于企业伦理问题？它们在企业发展中有哪些具体表现？对这些伦理问题，运用什么样的方式才能有效解决？企业家们需要伦理学者提供的是能够切实解决具体问题的方案。如果我们伦理学者沉浸于给企业家讲各种伦理学大道理，或者只是对企业伦理的重要性进行学术论证，那么这就不是企业家所迫切需要的解决具体问题的对策和方法。我们伦理学者应该怎么做？如果伦理学者不了解某个企业内部的运作机制、企业文化、企业与利益相关者（股东、员工、消费者、地域社会等）的伦理关系等具体情况，其研究就没有针对性和实用性，企业家也就不可能从伦理学者的研究中真正受益。

你提出的问题又是另一种情况。前面我在讲应用伦理跨学科协同研究中可能出现自说自话现象时涉及这个问题。老师们说青年学生撰写的应用伦理某一领域的论文"没有伦理味"，大体上就是说这类论文只谈某一领域如技术领域的各种问题，而缺乏对这些问题的深入的伦理分析和论证。比如，一篇以人工智能伦理为研究主题的论文，如果文中呈现的大量内容是人工智能的技术知识和前沿发展，"文科生"和非人工智能专业的学者及青年学生甚至看不懂，有关伦理的内容仅仅是点缀，那么，这篇论文直观的问题就是你所说的"没有伦理味"。应用伦理尤其是具体领域应用伦理的研究论文很难写好，因为它需要多学科知识的融会贯通，还需要较高科研能力的加持。

李佳辉：感谢孙老师的解释。在通常情况下，应用伦理的研究内容都涉及某个领域新兴的道德冲突或道德难题。伦理学者对相关问题的理解和态度会有不同，时常会产生一些学术争论。我们青年学生在选择研究方向或研究论题时是否应避开这些学术争论呢？

孙春晨：我的态度是，青年学生在选择研究方向或研究论题时不需要刻意避开学界的相关争议话题，如果是你感兴趣且有一定研究积累的论题，你就可以主动地、自觉地参与学术争论。学术研究的健康发展，需要理性的学术争论，问题越辩越明。我们看到，国内一些期刊有专门设置的"争鸣"类栏目，发表争论性商榷论文。青年学生在学习和研究中，若对某个学者的学术观点、论证逻辑或论据有不同看法，即使这位学者是所谓的"学术权威"，也可以与其进行理性的学术商榷，但要注意的是，你要能对自己提出的不同见解或论证方式做到有理有据、自圆其说，而不是为了争论而争论，更不能出于某种功利目的而制造学术争论。我鼓励青年学生以各种方式（比如参加学术研讨会、发表论文）参与学术争论，这对青年学生提高学术研究的素养、提升对学术问题的研究能力大有裨益。

张雪：孙老师，您担任主编的《道德与文明》期刊创刊于1982年，40余年来，您和《道德与文明》见证了伦理学在中国的发展。您认为《道德与文明》期刊在我国伦理学学科发展过程中充当了什么样的角色？您心目中的伦理学期刊应该发挥怎样的作用？

孙春晨：中国伦理学会会刊《道德与文明》创刊时的刊名叫《伦理学与精神文明》，后改为《道德与文明》。这本期刊已经走过了40余年的历程，与改革开放和中国伦理学学科的恢复、发展与繁荣同呼吸、共命运。《道德与文明》全面记录了40余年来中国伦理学人不断探索伦理学理论和道德实践问题的丰硕成果。

《道德与文明》作为中国伦理学人共同体的专业期刊，它所发挥的作用主要体现在为中国伦理学事业的发展提供了四个平台：第一，《道德与文明》是发布和传播伦理学研究成果的平台，该刊所发表的各类论文，展示了我国伦理学理论研究和道德文化建设取得的令人欣喜的成绩；第二，《道德与文明》是推动我国伦理学工作者进行学术交流和学术讨论的平台，该刊鼓励全国伦理学人针对一些重要的伦理学理论和道德实践问题进行深入讨论，展开理性的学术争鸣；第三，《道德与文明》是推动我国伦理学学科发展的平台，在我国伦理学学科体系从恢复到不断完善的过程中，发挥了重要的桥梁和纽带作用；第四，《道德与文明》是组织和参与伦理学学术活动的平台，该刊组织和参与的各种类型的学术活动，得到了全国伦理学教学和研究机构以及广大伦理学人的积极响应与大力支持。

今后，《道德与文明》将在以下几个方面做出更多的努力。一是为构建中国自主的伦理学知识体系发挥更大的作用。二是持续推进重大伦理学理论和道德实践问题的研究。三是更加关注经济社会发展中出现的新型伦理问题。四是大力扶持青年学人的成长和发展。

从马克思财富观汲取增进人民幸福的伦理智慧

——贺汉魂著作《马克思增进人民幸福的财富伦理思想研究》简评

何云峰*

财富伦理研究属于应用伦理学领域，马克思的财富伦理思想是马克思经济伦理思想的重要组成部分。在全面建成小康社会、不断实现人民对美好生活的向往成为社会发展重要主题的时代背景下，马克思财富伦理思想研究成为一个极具理论价值和现实意义的选题，对于实现人民幸福、实现中华民族伟大复兴的中国梦是一种角度新颖的伦理学思考。贺汉魂教授新著《马克思增进人民幸福的财富伦理思想研究》（人民出版社，2023）的出版可谓恰逢其时。通读之，可见该著历史与逻辑、科学与价值相结合，规范与实证高度统一，充分比较不同财富伦理思想，经济学与伦理学深度融合，对马克思财富伦理思想进行了系统而深入的研究。

该著应用语义分析法、情景回顾法与文本证实法论证了增进人民幸福是推动马克思财富伦理思想形成、发展的根本动因，阐析了财富虚化、幸福幻化、人性异化的联动关系，论证了扬弃财富异化、增进人民幸福是马克思财富伦理思想的根本主题，新解了共享经济的内涵，指出保障人民共享（享用）生活资料、共享（享受）生产劳动、共享（享有）生产资料是增进人民幸福的根本途径。通过如上研究，该著明确了增进人民幸福是马克思财富伦理思想的根本旨趣。

该著将马克思经济形态论与人的发展阶段论合而论之，立足马克思人道、自由、正义思想的实际表达，阐析了马克思财富伦理主体的历史形

---

*　何云峰，上海师范大学教授。

态、马克思的资本批判精神，分析了马克思增进人民幸福的财富伦理主体定律与原则。该著重点研究了马克思的财富生产、分配、交换、消费伦理思想。关于马克思增进人民幸福的财富生产伦理思想，该著认为：财富生产是增进人民幸福的根本道义前提；财富生产过程应合乎道德要求；促进劳动解放是财富生产增进人民幸福的根本伦理矛盾；体面劳动是劳动者重要的美好生活需要，是解决财富生产内在伦理矛盾的现实途径。关于马克思财富分配伦理思想，该著认为：被分配的对象应是增进人民幸福的真实财富；应按真实贡献分配；正义的局限决定了应超越按贡献分配的方式；人民主导是财富分配增进人民幸福的根本保障。关于马克思财富交换伦理思想，该著认为：交换的根本对象应是劳动产品，交换主体对交换对象的持有应是正义的持有；意志自由是交换发生的根本前提，契约信任是交换进行的根本保障，平等互利是交换的根本要求。关于马克思的财富消费伦理思想，该著认为：批判消费异化是核心内容，生产与消费同一是独特的视角，实现人的自由全面发展是根本指向，不伤害是底线伦理要求，适宜消费是根本原则，消费主体、客体和环境是三大实行维度，人的需要是逻辑起点。

该著最后研究了马克思增进人民幸福的财富伦理思想的历史地位与当代价值，指出马克思财富伦理思想是人类财富伦理思想发展的伟大成果，在当代社会实现了情景再现、灵魂复活，对实践以人民为中心的发展观、满足人民美好生活需要等均有重要启示意义。

通过如上内容的深入研究，该著全面论证了马克思财富伦理思想深刻批判财富异化的伦理之殇，科学揭示了"国""民"均富的伦理之道，全面展示了增进人民幸福的伦理之美，是推动幸福中国建设的伦理之光。

该著最大特色和主要贡献有二。一是充分应用语料库技术，以财富、幸福、伦理为主题，对文献资料进行归纳整理、分析鉴别、深入研究，从而发现文献资料的新联系、新规律，支撑起研究的科学认知，形成研究的逻辑框架和科学认知。二是话语有所突破，主要表现是：在学术思想方面，理论与实践话语呼应，发现了增进人民幸福是马克思财富伦理思想的内在精神，尝试从旨趣、主体、活动三维度系统化其具体内容；在学术观点方面，文本与文献话语互译，阐析了马克思财富思想的伦理新意，如马克思人民共福的体面劳动观、人民共享的分配正义观、和谐的劳动伦理关系；在粮食安全、土地安全、食品安全研究方法方面，经济学、伦理学的知识和方法话语互融，有效推进了伦理话语体系与非伦理话语体系的有机整合，创新了话语表达方式。

迄今，以马克思财富伦理思想为专门研究对象，立足满足人民的美好生活需要、增进人民幸福的新时代语境进行研究的成果甚少，该著具有深化马克思财富伦理思想内涵、促进财富伦理学研究的意义。习近平主席提出的以人民为中心的发展思想是马克思增进人民幸福的财富伦理思想中国化的新成果，该著具有促进以人民为中心的发展思想的理论研究和实践应用的意义。该著还形成了有实践启示价值的研究结论，为建设和谐劳动关系、实践体面劳动、保障食品安全、化解深层矛盾提供了有益的参考，为党政部门推进幸福中国建设提供理论依据和决策参考，为宣传部门的理论宣传提供了思想与资料来源，为国民的幸福观、财富观的教育提供了参考资料。

任继周院士对中国农业伦理学的探索

——读《中国农业伦理学导论》

张言亮[*]

众所周知，任继周院士是中国草业科学的奠基人，他对中国草业科学的发展做出了巨大的贡献。很多人并不知道，任继周院士在耄耋之年开始关注中国农业伦理学的问题。对于中国农业伦理学的发展，任继周院士也做出了很多有益的探索和贡献。任继周院士为什么要在耄耋之年还关注农业伦理学的问题呢？他认为哪些问题是中国农业伦理学研究的关键问题呢？他对于中国农业伦理学又有一些什么样的探索呢？对于任继周院士的探索，还存在哪些进一步值得探讨的问题呢？笔者希望这篇文章能够很好地回答这些问题。

一　任继周院士研究农业伦理学的缘起

中国是一个农业大国，对于中国社会来说，"三农"问题一直是一个非常重要的问题。从中华人民共和国成立到现在，"三农"问题没有得到彻底解决。如何更好地解决"三农"问题，不仅是政治经济的问题，还是哲学社会科学的问题。

在当代，为了更好地解决"三农"问题，国家吹响了乡村振兴的号角。乡村振兴战略是习近平总书记在党的十九大报告中提出的战略。党的十九大报告指出，农业农村农民问题是关系国计民生的根本性问题，必须

＊　张言亮，兰州大学哲学社会学院教授。

始终把解决好"三农"问题作为全党工作重中之重，实施乡村振兴战略。但是，农村和城市之间的差距问题并没有得到很好的解决。对于很多农民来说，逃离农村、摆脱农民身份仍然是他们最为重要的追求。虽然现在已经有一些乡村振兴的成功案例，并且现在有些农村地区已经跟城市差别不大，但是，总体来说，"三农"问题并没有得到有效解决。农村和城市之间的差距仍然巨大，大部分农民生活依然艰苦，大部分农村的生活条件依然艰难。在《中国农业伦理学导论》绪论的第2页，任继周院士指出了当代中国农业面临的诸多问题。

中国农业面临许多令人迷惑的问题。例如，为什么在国家崛起的大好形势下，"三农"问题依然存在？为什么我们几十年来从未停止过多种支农活动，却不见城乡差距的明显缩小，反而不时表现得更加突出？为什么我们倾全力维护的18亿亩耕地红线以内的农民收入微薄，甚至种地赔钱，青壮劳动力冒险冲破"盲流"的樊篱而纷纷离开农村？为什么我国农村出现"空巢"现象，只留下老人和儿童？为什么我国的农产品生产成本比进口产品到岸价还高？更为严重的是，为什么作为立国之本的水土资源被严重耗损，甚至被毒化，殃及社会的食物安全？①

这些"三农"问题无疑是中国现代社会迫切需要解决的问题。在任先生看来，这些问题的根源跟中国现代社会农业伦理观的缺失有关。任先生说道："这些令人困惑的问题显示中国农业的严重失常，必将涉及社会诸多方面，盘根错节，头绪万端，究其根源不应归咎于某届政府或某项政策的得失。中国农业沉疴的症结在于时代性的农业伦理观的严重缺失。"② 任先生认为中国农业中存在的很多问题都跟农业伦理观的缺失有关。在序言部分，任先生对这一观点阐述得更为明确。

"如何面对这从未有过的复杂、困难局面？回顾既往，我们冷静思考，首先问责的不是哪几届政府，也不是哪几项政策的偏差，而是我国农业伦理观的缺失。我们自诩为农业文明古国，有丰富的农业伦理学的正反两方

---

① 任继周主编《中国农业伦理学导论》，中国农业出版社，2018，绪论，第2页。
② 任继周主编《中国农业伦理学导论》，绪论，第2页。

面的经验和素材，但我们却不曾把它们上升到农业伦理观的高度。我们缺乏农业伦理学自觉。在医学伦理学、生态伦理学、工程伦理学和商业伦理学等都早已走上大学讲坛多年时，我国却没有一所农业大学开设农业伦理学课程，到目前为止也没有一部农业伦理学的科学著作。"①

那么，农业伦理到底是一种什么样的伦理呢？在《中国农业伦理学导论》的序言第6页，任继周院士对于什么是农业伦理学给出了说明，并且对于研究农业伦理学的目的给出了说明。

农业伦理学是研究农业行为中人与人、人与社会、人与生存环境发生的功能关联的道德认知，并进而探索农业行为对自然生态系统与社会系统这两大生态系统的道德关联的科学。其终极目的是实现农业现代化，填平城乡二元结构的鸿沟，使农民获得尊严与幸福，使农村繁荣而美丽。②

从上面这些论述中，我们可以很明显感觉到任继周院士讨论农业伦理学问题的出发点是解决中国的"三农"问题。为了社会和谐有序的发展，"三农"问题也是一个不得不解决的问题。而中国农业伦理观的建构无疑是解决"三农"问题的一个非常重要的切入点。在任先生看来，"中国农业伦理观的严重缺失是农业本身的短板，导致中国农业呈现跛脚状态，在发展的道路上步履维艰"。③ 那么，在任先生看来，农业伦理学是一门什么样的学问呢？主要研究一些什么样的问题呢？

二　任继周院士概括的中国农业伦理问题领域

任先生将农业伦理学界定为"研究农业行为道德的科学"，并且将农业伦理学作为伦理学的一个分支来对待。在任先生看来，"农业伦理学除了对社会公理的认知，如公平、正义、仁爱、诚信、善恶、幸福这类道德的客观标准以外，还应结合农业行为的内涵，以伦理学的语境，列出农业

---

① 任继周主编《中国农业伦理学导论》，序言，第5~6页。
② 任继周主编《中国农业伦理学导论》，序言，第6页。
③ 任继周主编《中国农业伦理学导论》，绪论，第2页。

伦理学公认的基本道德语言，并加以简约诠释"。① 那么，农业伦理学的基本理论有哪些呢？任先生将以下八条作为农业伦理学的公理依据。②

（1）辩证唯物论和历史唯物论：农业伦理学的方法论。

（2）生命体都属某一生态系统：生态系统内各组分共生。

（3）生态系统有生存权和发展权：农业行为应照顾相关生态系统的生存和发展的正常运行，尊重生态系统的多样性。

（4）农业是一种与环境友好相处的特殊生态系统，需维持所依存环境的持续健康：农业生态系统不对所处环境产生损害。

（5）重时宜：时、空和农事活动协同发展。

（6）明地利：土地是有生命的，要养护其肥力长盛不衰，关注土地，充分利用当地条件，发挥土地的永续效益。

（7）行有度：农业行为不可超越理性阈限。

（8）法自然：农业行为在自然的"恢恢法网"之下有序运行，尊重自然规律，不偏益偏损。

这八条原则不仅概括了农业伦理学的方法论，而且对农业伦理学所依据的主要原则进行了概括。任先生进一步从多维结构的角度来概括农业伦理学的基本理论。任先生提到："现代农业伦理学的核心价值在于农业生态系统生存权与发展权。农业系统的生存权体现为农业生态系统的持续健康，是为经；农业系统的发展权体现为农业系统的外延发展，是为纬。在这个农业伦理学经纬结构的基础上，需构建农业伦理大厦的'四梁八柱'，即多维结构。其中的维性知识贯穿伦理系统存在的全时空，具有规范、联通伦理系统的功能。我们认为农业伦理系统的多维结构由时、地、度、法四者构成。"③ 简单来说，"时、地、度、法"就是任先生对农业伦理学基本原则和基本规范的概括。那么，"时、地、度、法"这些基本原则的具体内容是什么？这些基本原则又指向了一些什么样的规范性要求呢？

---

① 任继周主编《中国农业伦理学导论》，绪论，第 7 页。
② 任继周主编《中国农业伦理学导论》，绪论，第 7 页。
③ 任继周主编《中国农业伦理学导论》，绪论，第 23 页。

三　任继周院士对农业伦理学基本原则的提炼

任先生对农业伦理学基本原则的提炼，首先建立在对农业活动的深刻理解和洞察的基础之上，其次建立在马克思主义伦理学的基本理论和人类历史上最为重要的一些伦理学理论的基础之上。在构建农业伦理学基本原则的时候，任先生总是能够在充分吸收人类历史上优秀伦理资源的基础上很好地概括出农业伦理学的一些基本原则。那么，这四条基本原则都包括一些什么样的具体内容和具体要求呢？下面，笔者将对任先生的这四条基本原则进行简单的概括。

第一，时之维。任先生观察到，"在自然环境中，自然生物似乎比人类更守'时'——时至而生，时过则竭。农业是人类利用自然生物的生长规律来解决自身生存问题而做出的努力。农业生物的生长发育，农业生产的吉凶顺逆，农业系统的兴衰消长，无不与'时'息息相关。春种、夏长、秋收、冬藏，人之事稼穑，必须依时而作、适时而动"。① "时"对农业活动来说至关重要，人在从事农业活动的时候就有了"适时"与"违时"之分。从"时"这个维度，任先生提出了其规范性要求，即"农业时序及农时不可违"。

第二，地之维。地是农业活动最为重要的承载者，但是，正如任先生所观察到的，"从古到今人类对土地资源的掠夺和毫无节制的大量使用从未停止过。尤其进入工业社会以来，因化肥、农药、农膜、除草剂、重金属化合物等外力因素引起的土壤面源污染越来越严重，破坏了土地生态系统。土地数量的减少和质量的下降乃是中国农业之殇，根源之一就在于对地的农业伦理观的缺失"。②

地之维的要求是什么呢？任先生认为，"人作为农业生产活动的主体，在进行农业活动时必须清晰认识地境的特质和类型，因地制宜地进行农业

---

① 任继周主编《中国农业伦理学导论》，第 30 页。
② 任继周主编《中国农业伦理学导论》，第 92 页。

生产，尊重农业生物的多样性，实施合理耕作、养护地力，使农业生态系统健康发展"。① 在这个基本原则的主导之下，任先生进一步提出了人类应该遵循的五大生态伦理原则，"平等互爱原则；公平分配原则；互利互惠原则；代内与代际平等原则；经济和社会活动生态化原则"。②

第三，度之维。任先生认为，"'度之维'对于中国农业伦理学具有本体论、认识论和方法论三个层面的意义"。③ 在对"度"这个字进行了全方位的考察之后，任先生指出，"总体来说，'度'这个字的含义甚广，最基本的含义应该是具有时空属性的标准、规范、制度、法制、法度、尺度的意思。也就是说，'度'这个字所表示的外在的规定性有'限制''范围'等的寓意。进一步理解则可以解释为，超过这个'限制'和'范围'，所描述的事物或事情的性质就发生变化"。④ 那么，"度"这个原则有什么要求呢？"作为'农业伦理学'的核心原则之一，'中度法则'强调农业生产、经营、管理、规划和开发等相关活动，要在遵循自然法则、保护生态环境与维护生产条件的前提下，服从农业系统各个界面、生产层的特点与规律，努力做到'合乎时宜、因地制宜、取予有度、均衡种养、中和均衡'，兼顾各方利益，寻求系统耦合与公平正义，促进城乡均衡协调发展，确保农业健康可持续发展。"⑤ 具体来说，"'中度法则'主要有三重内涵：首先是因法因序为度，即道法自然、系统耦合；其次是因时因地为度，即合乎时宜、用养结合、利用厚生；最后因事因势为度，即结合农业现代化任务与乡村振兴战略，促进农业发展'事势相应、均衡协调'"。⑥ 在这部著作中，任先生还探讨了在农业系统中如何发现和应用"度"。

第四，法之维。任先生认为，"法是自然生态系统和社会生态系统普遍存在的规律，随着时代的变化而不断发展完善，无论你认知与否，它都

---

① 任继周主编《中国农业伦理学导论》，第92页。
② 任继周主编《中国农业伦理学导论》，第100~101页。
③ 任继周主编《中国农业伦理学导论》，第130页。
④ 任继周主编《中国农业伦理学导论》，第131页。
⑤ 任继周主编《中国农业伦理学导论》，第174页。
⑥ 任继周主编《中国农业伦理学导论》，第174页。

是不可违逆的实在。如有违逆必遭灾殃"。① 当然，任先生在书中所讲的"法"不仅有规律的意思，还有建构的法律的意思，比如在书中讨论的"生态系统之法、农业界面之法、农业层积之法，保护动物之法、食品安全之法、美丽乡村之法"。② 在这一部分，任先生认真讨论了如何更好地遵循自然规律，如何更好地建设生态文明、美丽乡村。

以上四条原则就是任先生对中国农业伦理学基本原则的探索。任先生还将这些基本原则运用到农业生产实践中，强调运用这些基本原则来指导农业生产和实践。

四　任继周院士在农业伦理学探索中一些有待进一步讨论的问题

在上述关于任先生思想的总结中，我们可以看到任继周院士对中国农业伦理学进行了非常多的有益的探索，创造性地建构了中国农业伦理学的一些基本原则。这些探索对于指导中国农业实践来说都是非常重要的。

笔者在读完《中国农业伦理学导论》一书后，认为有如下一些问题仍值得进一步商榷。

第一，农业伦理是否能够解决"三农"问题？

任继周院士探索农业伦理学的一个非常重要的原因是解决"三农"问题，特别是解决农村和城市的二元结构问题。但是，读完《中国农业伦理学导论》以后，笔者发现对于现在农村中出现的各种社会问题，任继周院士对农业伦理学原则的概括并不能很好地应对。如何解决城乡二元结构问题，书中也没有提到有效的解决方案。《中国农业伦理学导论》更多的是在讨论农业实践中应该遵循的一些伦理原则，也就是农业的问题。对于农村和农民问题，农业伦理学探讨较少。按照任先生一开始的设想，农业伦理学应该更为关注农民问题。农民问题在一定程度上跟现有的制度安排有

---

① 任继周主编《中国农业伦理学导论》，第 226 页。
② 任继周主编《中国农业伦理学导论》，第 227 页。

关。在现有的利益分配中，农民的利益是很容易被忽视的那部分。"三农"问题非常复杂，涉及的问题也非常多。但是有一点是值得认真对待的，农民的利益长期得不到平等对待是一个不得不关注的问题。现在的农民跟以往的农民已经很不一样，甚至很多农民现在不会种地。在城市化进程中，很多农民变成了市民。但是，因为城乡的二元结构，这些变成市民的农民的权益并没有得到很好的保护。如何更好地解决城乡二元结构问题，如何更好地解决"三农"问题，仍然是需要进一步深入探索的问题。

第二，农业伦理学的基本原则是否还有进一步概括的可能性？

任继周院士虽然高度概括了农业伦理学的原则，特别是从"时、地、度、法"这四个不同的维度来概括农业伦理学的原则。但是，这四个原则并不是按照同一标准来划分的，甚至这四个原则之间有一些重复的地方，比如"时"的原则，在其他三个原则中都有体现。"地""度""法"等原则，都需要考虑"时"。"法"的原则也体现在其他三个原则之中。笔者认为需要进一步思考的是：我们是否能够把这四个不同的原则进一步凝练，用一句话或者一条原则来概括农业伦理学的原则。就像利奥波德在《沙乡年鉴》里对大地伦理的高度概括那样。利奥波德用这样一个命题来判断行为的正确性："当一个事物有助于保护共同体的和谐、稳定和美丽的时候，它就是正确的，当它走向反面时，就是错误的。"[①] 这个命题可以很好地指导人们判断一个行为的正确性。我们是否可以在任先生对农业伦理学基本原则的探索上进一步深入下去，进一步凝练一个更为简单、更为明确的原则呢？这个凝练的工作有待于进一步展开。

第三，任继周院士提出的农业伦理学基本原则是否能够跟现代农业相适应？

现代农业在很多方面不同于传统农业。现代农业是建立在工业化和现代技术基础上的农业。在现代社会中，农业的实践已经发生了很多的变化。比如，在传统农业中，按照农时安排农业生产非常重要。这也是任先生所提到的"时"的原则的一个基本要求。但是，在现代社会，人们完全

---

① 奥尔多·利奥波德：《沙乡年鉴》，侯文蕙译，商务印书馆，2017，第258页。

可以用大棚技术来打破农时。在现代大棚技术的支持下,人们一年四季都能够进行农业生产。这种现代农业的实践很明显跟任先生提出的"时"这样的农业伦理学基本原则相冲突。在现代农业生产中,为了提高农作物产量,农民在进行农业实践过程中,使用了大量的农药和化肥,这样的做法很明显跟任先生所提到的"地"的原则相冲突。很多有识之士也看到现代农业的这种弊端,但是,现在让农民减少农药和化肥的使用估计也是非常困难的。很多农民在考虑问题的时候还是从经济利益的角度出发,并不会考虑农药、化肥对地力的透支和污染。现代农业存在很多问题,但是这些问题在很大程度上可以通过技术的革新来解决。如何更好地面对现代农业发展给我们带来的一些理论难题,仍然是现代的农业伦理学需要认真思考的问题。在现代社会,随着生物技术和计算机技术的发展,人类可以在基因层面对物种进行创造和改造。在农业生产过程中,转基因食品的安全问题长期以来存在很多争议。这些问题都是农业伦理学在将来应该关注的问题。

结 语

在这篇文章中,笔者概括了任继周院士探索农业伦理学的缘起、任继周院士对农业伦理学基本问题域的概括以及任继周院士对农业伦理学基本原则的提炼。在对任继周院士关于农业伦理学思想进行学习的基础上,笔者进一步提出了三个值得思考和商榷的问题。第一,农业伦理学是否能够解决"三农"问题?第二,农业伦理学的基本原则是否还有进一步概括的可能性?第三,任继周院士提出的农业伦理学基本原则是否能够跟现代农业相适应?这些问题的存在指引着我们继续深入探索农业伦理学问题。

在当今强调生态文明建设和乡村振兴的时代,任继周先生对农业伦理学的探索对解决中国面临的生态危机和"三农"问题显得尤其重要。任继周院士在《中国农业伦理学导论》中所做的探索必将对中国的农业实践产生深远的影响,指引中国农业走上健康发展的道路,避免农业现代化发展中的种种弊端。

《应用伦理研究》征稿说明

1. 《应用伦理研究》是由中国社会科学院应用伦理研究中心主办的综合性应用伦理研究学术刊物，致力于推动我国应用伦理学学术共同体的构建、研究成果的展示、教研队伍的成长以及伦理学研究的跨学科融合，为建设中国自主的应用伦理学知识体系和培养应用伦理专业人才做出积极贡献。本刊为"2022年度中国人文社会科学集刊AMI综合评价"入库集刊。

2. 本刊刊发与应用伦理相关的论文、译文、访谈、书评、学术活动纪要和会议综述等，尤其欢迎科技伦理、政治伦理、经济伦理、环境伦理、生命（医学）伦理、传媒伦理、教育伦理、社区伦理以及应用伦理专业硕士培养等方向的研究论文。

3. 来稿要求和注意事项

（1）来稿应为原创首发，译文须经原作者授权并附原文。稿件要求重点突出，条理分明，论据充分，资料翔实、可靠，图表清晰，文字简练。除特约稿件外，每篇稿件字数（包括图、表）以8000字~15000字为宜。

（2）来稿须提供一式两份电子版论文（word版+PDF版），通过电子邮件发送至本刊唯一投稿邮箱 cassethics@ 163. com。论文内容须包括：题目、内容摘要、关键词、正文、注释（本刊不单列参考文献，请以注释形式体现参考文献），并提供作者相关信息（姓名、单位、研究方向、职称、电子邮箱、手机号码及通信地址等）以及项目信息。论文撰写体例参照本刊体例。

（3）论文中所引用的文字、数字、图表等内容和出处，请务必认真查校。引文出处或者说明性的注释，请采用脚注，置于每页下（注释体例参照本刊体例）。

4. 本刊所刊发的稿件，不代表编辑部观点，文责自负。不接受一稿多投，本刊可视情况对稿件进行压缩、删改，作者如不同意请在来稿中声明。

5. 本刊采用双向匿名审稿制，收到稿件 3 个月内通知作者是否采用。

6. 来稿一经刊登，赠送作者样刊 2 册，并奉上稿酬。

投稿邮箱：cassethics@163.com

通信地址：邮政编码 100732

北京市建国门内大街 5 号中国社会科学院哲学研究所

《应用伦理研究》编辑部（收）

图书在版编目（CIP）数据

应用伦理研究. 第 6 辑 / 中国社会科学院应用伦理研
究中心编. -- 北京：社会科学文献出版社，2024.10.
ISBN 978-7-5228-4003-1

Ⅰ. B82

中国国家版本馆 CIP 数据核字第 2024S9N190 号

应用伦理研究 第 6 辑

编　　者 / 中国社会科学院应用伦理研究中心

出 版 人 / 冀祥德
责任编辑 / 卫　羚
文稿编辑 / 李铁龙
责任印制 / 王京美

出　　版 / 社会科学文献出版社·人文分社（010）59367215
　　　　　地址：北京市北三环中路甲 29 号院华龙大厦　邮编：100029
　　　　　网址：www.ssap.com.cn
发　　行 / 社会科学文献出版社（010）59367028
印　　装 / 三河市尚艺印装有限公司

规　　格 / 开　本：787mm×1092mm　1/16
　　　　　印　张：17.5　字　数：269 千字
版　　次 / 2024 年 10 月第 1 版　2024 年 10 月第 1 次印刷
书　　号 / ISBN 978-7-5228-4003-1
定　　价 / 128.00 元

读者服务电话：4008918866